Mein kleiner Garten – ganz groß

Helmut Lass

Mein kleiner Garten -ganz groß

BUCH UND ZEIT
BZ

Buch und Zeit Verlagsgesellschaft mbH · Köln

ISBN 3-8166-9496-9

Die Ratschläge in diesem Buch sind von Autor und Verlag sorgfältig erwogen und geprüft, dennoch kann eine Garantie nicht übernommen werden. Eine Haftung des Autors bzw. des Verlages und seiner Beauftragten für Personen-, Sach- und Vermögensschäden ist ausgeschlossen.
Fotos: Helmut Lass
Zeichnungen: Edith Kuchenmeister
Satz: H. G. Gachet & Co., Langen
Druck: May & Co., Darmstadt
1999949684X7 2635 4453 6271

Inhalt

Was ist ein Garten?

Unter einem Garten versteht man ein Stück Land, das für Anbau, Zucht und Pflege von Kulturpflanzen, teils zu Nutzzwecken, teils aus Liebhaberei, zur Verschönerung oder zur Erholung dient.

Die Gestaltung eines Gartens richtet sich nicht nur nach der Größe, sondern auch nach den Gefühlen und Bedürfnissen seines Besitzers.

Ein zu Nutzzwecken angelegter Garten ist eindeutig auf Obst- und Gemüseanbau ausgerichtet. Bei einem aus Liebhaberei angelegten Garten dagegen kommt es mehr auf das Gestalten, auf das Ausprobieren von neuen Techniken, neuen Kulturen und vielem mehr an.

Ein Schaugarten wiederum ist eine kleine Ausstellung von Pflanzen, die der Besitzer der Umwelt zeigen möchte.

Andere Gärten, so z. B. der Vorgarten, sind mehr oder weniger eine Visitenkarte des Hauses. Hier muß der Besitzer nicht unbedingt ein Gartenliebhaber sein, es ist jedoch eine zwingende Notwendigkeit vorhanden, den Garten entsprechend zu pflegen, da er in der Regel an einer Straße liegt.

Der Gartenkunst sind keine Grenzen gesetzt. Künstlerisch gestaltete Gärten wurden durch seltene Pflanzen und Wasseranlagen zu Weltberühmtheiten, doch sollen sich nachfolgende Ausführungen nur auf kleine Gärten in ihren verschiedenen Formen beschränken.

Der Kleingarten

Der Kleingarten, der frühere Schrebergarten, nach dem Bundeskleingartengesetz (BKleingG) vom 28. Februar 1983 ist ein nicht bei der Wohnung liegendes Gartengrundstück. Er dient dem Kleingärtner zur nichterwerbsmäßigen gärtnerischen Nutzung, insbesondere zur Gewinnung von Gartenbauerzeugnissen für den Eigenbedarf sowie der Erholung.
Kleingärten sind in Anlagen zusammengeschlossen, die aus 30, aber auch aus 300 Gärten bestehen können. Das Land, die Stadt oder die Gemeinde ist meistens Eigentümer dieser Flächen, die aber nicht mit jedem einzelnen Kleingärtner einen Pachtvertrag abschließt, sondern mit dem Verein (Vorstand) einer Kleingartenanlage.
Die ideale Kleingartengröße ist 300 m^2, doch schwanken die Gartengrößen in der Praxis. Das Kleingartengesetz besagt im § 3, Abs. 1, daß ein Kleingarten nicht größer als 400 m^2 sein soll. In vielen Anlagen findet man jedoch verschiedene Gartengrößen (Parzellen) von 200 bis 400 m^2 und mehr vor. Dadurch ist dem Gartenfreund, je nach Alter und Bedürfnis, die Möglichkeit gegeben, die Gartengröße an seine Verhältnisse anzupassen. So hat z. B. ein älterer Gartenfreund, dem es schwerfällt, sein großes Grundstück ausreichend zu bewirtschaften, die Möglichkeit, dieses gegen eine kleinere Parzelle zu tauschen.

Der Kleingarten am Rande der Großstadt.

Einteilung des Kleingartens

Wer in einen Kleingartenverein eintritt, muß Regeln beachten, die in der Gartenordnung, die sich jeder Verein gibt, niedergeschrieben sind und die der Kleingärtner bei der Übernahme eines Gartens anerkennen muß.
Eine Drittelteilung, die sich aufteilt in

a) Erholungsteil (dazu zählen in erster Linie die Laube, freie Sitzflächen, Rasen, Spielecken, eventuell ein Steingarten oder ein kleiner Gartenteich, besondere Zierbeete usw.),
b) Gemüsebau mit Erdbeeren (dazu zählen alle Gemüsearten, auch ein eventuelles Frühbeet, Erdbeerbeete, Kompostanlage),
c) Obstbau (dazu zählen alle Obstgehölze, Obstspaliere, auch Beerenobstgehölze),

ist eine aus Erfahrung herrührende Aufteilung, die für die Dauerbewirtschaftung eines Kleingartens am günstigsten ist. Natürlich ist diese Aufteilung nicht so zu verstehen, daß man die Parzelle in drei Segmente teilt und dann jedes Segment entsprechend bepflanzt, sondern das Gesamtbild soll ein harmonisches Ineinandergehen der einzelnen Kulturen in Verbindung mit dem Erholungsteil darstellen.
Ein Gartenfreund, der z. B. aus seinem Garten nur einen Erholungsteil machen möchte, ist in einem Kleingartenverein fehl am Platz. Auf der anderen Seite sollten dem Kleingärtner nicht zu viele Beschränkungen auferlegt werden, so daß ihm noch genügend Spielraum für ein individuelles »Gärtnern« gegeben wird. Hier sollte ein goldenes Mittelmaß gelten, uniformierte Gärten sehen nicht nur unschön aus, sondern beschränken den Kleingärtner in seiner Entfaltung.

Gartenlaube

Für die Gartenlaube, das Zentrum des Kleingartens, sind bestimmte Vorschriften zu beachten, die man bei einem Neubau unbedingt einhalten muß.
Das Bundeskleingartengesetz sagt im § 3, Abs. 2, daß im Kleingarten eine Laube in einfacher Ausführung von höchstens 24 m^2 Grundfläche einschließlich überdachtem Freisitz zulässig ist. Sie darf nach ihrer Ausstattung und Einrichtung nicht zum dauernden Wohnen geeignet sein.
Das einfachste ist wohl, daß sich der bauwillige Kleingärtner an seinen Vereinsvorstand wendet. Von diesem kann er genau erfahren, was er zu beachten hat und wie er bauen kann. Es gibt Vereine, die durch Vereinsbeschluß nur bestimmte Arten von Bauten, z. B. Holz oder Massiv, zulassen. In der Regel hat jeder Verein Unterlagen (Baupläne) parat, so daß sich der Bauwillige einen Einblick verschaffen kann. Jeder Laubenbau, Hüttenbau oder wie man das Gartenhäuschen auch nennen mag, bedarf einer Genehmigung (Baugenehmigung), die im Einverständnis mit dem Vorstand des Vereins und den zuständigen Behörden (je nach Eigentümer des Geländes) erteilt wird. Ohne Behörde geht es auch hier nicht. Hat man die Genehmigung eingeholt (in der Regel besorgt diese der Vorstand), kann mit dem Bau gemäß der genehmigten Form begonnen werden.
Kleingartenhäuser sollen auch für den finanziell schwächeren Personenkreis erschwinglich sein, deshalb ist es von Vorteil, daß das Bundeskleingartengesetz nur Lauben in einfacher Ausführung zuläßt, um so bei einem eventuellen Wechsel die Preise nicht ins Uferlose klettern zu lassen.

Gartenlaube aus Holz.

In der Bundesrepublik gibt es eine Reihe von Gartenhausherstellern, die verschiedene Haustypen anbieten. Im Vordergrund steht aber auch hier der Selbstaufbau, um Kosten zu sparen. Ebenfalls gilt, was vorher schon gesagt wurde: Genehmigung einholen! Nicht jedes angebotene Fertighaus ist für den Kleingarten geeignet. Hinzu kommt, daß in der Regel nur *ein* Bauwerk zulässig ist (keine Anbauten, Zusatzbauten usw.). Natürlich gilt eine Pergola nicht als Anbau, sondern der Zierde; allerdings darf sie nicht unbegrenzt groß sein, in der Regel dürfen 10 m^2 nicht überschritten werden.

Gemauerte Gartenlaube (KIGV „Am Brünnchen").

Pergola

Eine Pergola ist ein Holzgerüst, das zum Halt von Kletterpflanzen dient. Sie wird häufig als Laubengang oder natürliche Überdachung von Sitzgelegenheiten verwendet.

Die einfache Pergola besteht aus 2 Pfosten, 2 Sattelbalken und je nach Länge aus mehreren Reitern (Querbalken).

Eine weitere Version ist die Doppelpergola, die aus 4 Pfosten, 4 Sattelbalken und Reitern besteht.

Pergolen kann man bereits fertig zugeschnitten und imprägniert im Handel kaufen, dem Selbstbau jedoch sind, je nach Gegebenheiten und Umständen, keine Grenzen gesetzt.

Einfache Pergola.

Doppelpergola.

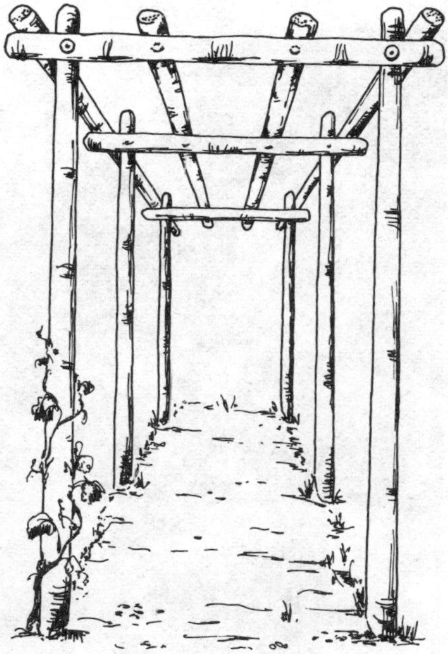

Pergola aus einfachen Rundhölzern.

Gartenwege/Einfassungen im Kleingarten

Der Hauptweg führt meistens direkt zur Gartenlaube bzw. zum Sitzplatz an der Laube. Das muß aber nicht sein, ja es sollte gar nicht so sein, denn jeder, der vorbeigeht, hat geraden Blick auf den Sitzplatz.

Man kann dieses leicht vermeiden, indem man den Hauptweg vor der Laube bzw. dem Sitzplatz rechtzeitig in einem Bogen ableitet. Der Sitzplatz, sei er im Freien oder überdacht, sollte ein ungestörter Platz sein.

Durch sinnvolles Bepflanzen kann man den Sitzplatz sehr gut abschirmen. Vor dem Sitzplatz kann man eine Bepflanzung mit immergrünen oder auch laubabwerfenden Ziersträuchern vornehmen (sind die Ziersträucher kahl, sitzt man sowieso nicht im Garten). Aber auch hohe Stauden, z. B. Rittersporn, abwechselnd mit Dahlien gepflanzt, machen sich gut. Schneidet man den Rittersporn nach der Blüte zurück, haben bereits die Dahlien die richtige Höhe erreicht.

Auch Obstbäume, z. B. als „schlanke Spindel" gezogen, lassen sich gut als Sichtschutz verwenden.

Man sollte es vermeiden, den Hauptweg zu betonieren, wie man es leider häufig sieht. So werden nämlich unsere Gärten nach und nach zubetoniert. Oft geht man so weit, daß auch Seitenwege betoniert werden. Hinzu kommt meistens noch eine Beeteinfassung aus Beton, mit der einzelne Areale eingefaßt werden. An den Vereinsvorständen liegt es, daß sie solche „Betonauswüchse" nicht aufkommen lassen.

Hier führt der Hauptweg direkt zum überdachten Sitzplatz.

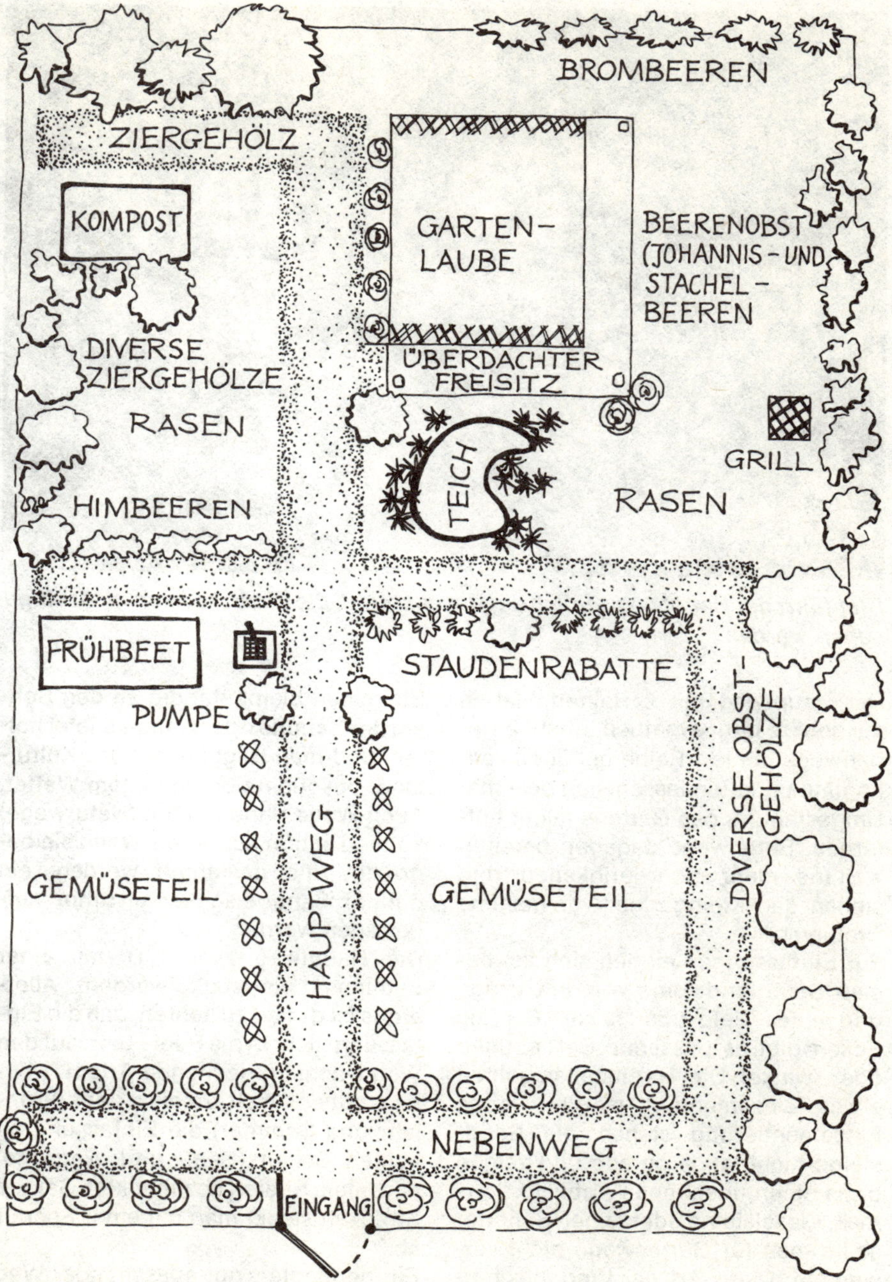

Beispiel für die Aufteilung eines Kleingartens von 300 m² (ohne Maßstab).

Hier führt der Hauptweg seitlich auf die Laube zu, die Sitzecke kann nicht eingesehen werden.

Der Hauptweg mit 2 Reihen Platten ausgelegt und eventuell noch 2 Nebenwege mit je 1 Reihe genügen vollkommen. Platten lassen sich bei einer Umgestaltung des Gartens leicht entfernen, Betonwege dagegen bereiten weitaus mehr Schwierigkeiten und stellen den Kleingärtner vor manche Probleme.

Für Einfassungen eignen sich am besten Betonrandsteine von 1 m Länge und einer Tiefe von 35 cm. Für die Ecken gibt es passende Betonbogen oder -winkel. Die Trennstellen sollten etwas einzementiert werden, ohne Einzementierung stehen die Randsteine nicht lange gerade und zeigen dann einen unschönen Anblick.

Kies, Kieselsteine oder feinen Schotter sollte man für Gartenwege nicht verwenden. Diese Art der Wegaufschüttung trägt man nämlich mit den Schuhen auf die Beete. Ein Teil der kleinen Steinchen bleibt ständig an den Sohlen der Schuhe oder Gummistiefel haften, und man trägt sie auf das Kulturland, besonders bei feuchtem Wetter. Auch Wege ohne Platten (Naturwege) können schön aussehen, wenn sie begradigt und gestampft werden; ein dünner Sandbelag kann vorher aufgetragen werden.

Der Hauptweg kann z. B. mit einer Sedumart eingefaßt werden. Allerdings ist darauf zu achten, daß die Einfassung nicht in die Beete bzw. auf den Weg wächst (kriechende Arten).

Es empfiehlt sich, 2mal im Jahr (Frühjahr und Sommer) die Einfassung an beiden Seiten (Beet- und Wegseite) mit einem Spaten abzuhacken. Gerade Strecken steckt man mit einer Schnur ab.

Ein gepflegter, gut aussehender Weg trägt viel zum Gesamtbild eines Gartens bei.

Rasen

Vor dem Haus oder der Gartenlaube wird in der Regel ein kleines Rasenstück angelegt, sei es als Spielplatz für die Kinder, sei es als Liegeplatz zum Sonnenbaden oder sei es eben nur zur Zierde. Meistens ist es also ein Stück des Gartens, das oft sehr beansprucht wird und deshalb guter Pflege bedarf. Die häufige Ansicht, daß Rasen fast keiner Pflege bedarf, ist falsch; er braucht mindestens soviel Pflege wie jede andere Kultur auch.

Aussaat

Eine sehr sorgfältige Bodenvorbereitung ist für eine Rasenanlage – sei sie noch so klein – sehr wichtig.
Zunächst wird der Boden tief gelokkert, d. h. umgegraben; danach folgt die Bodenverbesserung. Man verwendet dazu in erster Linie Komposterde. Voraussetzung ist allerdings, daß bei der Kompostierung keine samentragenden Unkräuter verwendet wurden, denn sonst kann man sein blaues Wunder erleben, was da so alles keimt. Weiter wird Torfmull verwendet, besser aber noch ein mit Dünger angereicherter Torf, z. B. Super Manural. Häufig führt die Annahme zur Verwechslung, daß normaler Torf auch düngt. Normaler Torf hat keine Dungkraft. Er dient nur zur Bodenlockerung und sorgt dafür, daß die obere Bodenschicht feucht bleibt, besonders bei sandigen, leichten Böden, die schnell austrocknen. Torfmull wird niemals untergegraben, er wird nur in die obere Bodenschicht eingearbeitet.
Ist der Boden schwer, wirft man noch ein paar Schaufeln Sand darüber. Das ganze wird dann mit Hilfe eines Vierzinks eingearbeitet.
Ist der Boden trocken, muß angefeuchtet werden, oder man wartet mit der Weiterverarbeitung, bis es regnet. Wurde das Areal bewässert, läßt man es über Nacht liegen und beginnt erst am nächsten Tag mit der Weiterbearbeitung.
Danach wird das Stück glatt gerecht und kleine Unebenheiten werden ausgeglichen. Ein gut vorbereitetes Rasenaussaatstück muß leicht federn, wenn man mit einem Brett unter den Schuhen darauf tritt.
Nun kann die Aussaat beginnen. Bei windigem Wetter sät man natürlich nicht aus, da Grassamen sehr leicht ist. Und da eine Grassamenmischung auch aus unterschiedlich schweren Samenkörnern besteht, genügt oft schon ein leichter Wind, um die Gleichmäßigkeit einer Aussaat zu beeinträchtigen.
Für kleine Flächen rechnet man 40–50 g Samen pro Quadratmeter, für größere Flächen kommt man mit 30 g/m^2 aus.
Um sich die Dichte der Aussaat zu verdeutlichen, macht man folgendes: Man steckt oder zeichnet einen Quadratmeter ab, danach wiegt man 40 oder 50 g Grassamen ab und sät, d. h. verteilt ihn auf diesem Quadratmeter schön gleichmäßig. Jetzt kann man genau sehen, wie dicht der Samen liegen muß. Man sollte ruhig diese kleine Hilfe einmal anwenden, es erspart später Enttäuschungen.
Hat man den Samen gleichmäßig ausgebracht, wird er mit dem Rechen flach eingearbeitet. Damit die Aussaatfläche nicht mit den Schuhen betreten wird, benutzt man ein Brett als Unterlage. Von diesem Brett aus kann man dann Stück für Stück den Samen einarbeiten.
Zum Abschluß wird die Aussaatfläche

festgewalzt. Falls keine Walze verfügbar ist, nimmt man wieder das Brett, das man zum Einharken benutzte, und drückt durch Daraufstellen Streifen für Streifen die Aussaat fest. Man kann sich auch sogenannte „Trittbretter“ anfertigen: Man nimmt zwei kurze Brettstücke und bindet sie sich mit Schnur oder Draht an die Schuhe.

Das Andrücken ist wichtig, einmal wird der noch oben liegende Samen durch den Wind nicht fortgeweht, zum anderen werden kleine Hohlräume geschlossen, so daß der Samen mit der Erde in enge Berührung kommt und der Keimungsprozeß gleichmäßig stattfinden kann.

Nach der Aussaat wartet man auf Regen. Aber leider kommt er nicht auf Bestellung, so daß man die Aussaat mit einer Gießkanne oder einem Schlauch bewässern muß. Aber Vorsicht, nicht zu viel des Guten, sonst werden die obersten Saatkörner weggeschwemmt, und unsere gleichmäßige Aussaat kommt aus dem Gleichgewicht.

Grassamen

Man verwendet für die Raseneinsaat keine einzelnen Grassorten, sondern Grasmischungen. Die bekanntesten und bewährtesten Mischungen sind folgende:

Bleichrasen; hier handelt es sich um einen unempfindlichen Rasen, der Flächen schnell begrünt.

Spiel- und Sportrasen; diese Mischung besteht aus besonders strapazierfähigen Rasensorten.

Berliner Tiergartenmischung; diese bekannte und bewährte Mischung wird gerne für größere Flächen genommen, die dauerhaft angelegt werden.

Zier- oder Teppichrasen; diese feine Mischung bildet einen festen Rasenteppich und ist für hohe Ansprüche gedacht.

Englischer Rasen; hier handelt es sich um allerfeinste, zarte Gräser, dementsprechend auch empfindlich.

Neben diesen vorgenannten Mischungen gibt es noch **Spezialmischungen.**

Schattenrasen; diese Mischung enthält in der Hauptsache Gräser, die auch in schattigen Lagen wachsen.

Hühnerauslaufmischung; diese Mischung, der auch etwas Klee beigegeben ist, empfiehlt sich für Flächen, die gelegentlich von Hühnern aufgesucht werden. Auf Flächen, die immer von Hühnern benutzt werden, kann auch die beste Rasenmischung nicht bestehen.

Dauerwiesenmischung; diese Mischung enthält ebenfalls Klee, sie eignet sich besonders für schwere Böden.

Weidenmischung; diese Mischung besteht aus Samen, die saftiges Wiesenfutter bringen.

Es werden oft **Grassamenmischungen** angeboten, die andere Bezeichnungen haben, im Grunde aber nichts anderes als eine der vorgenannten Mischungen sind.

Rasen sollte nicht vor April ausgesät werden. Je wärmer es ist, desto schneller geht er auf und wächst zügig weiter. Man sollte auch nicht voreilig nachsäen und schlechtes oder ungleiches Auflaufen der vielleicht schlechten Keimfähigkeit zuschreiben. Eine Mischung besteht aus verschiedenen Grassorten, und diese keimen nicht alle gleichzeitig, besonders die zarten, schwachwachsenden Gräser brauchen länger als die starkwüchsigen Sorten.

In guten Samenhandlungen kann man auch einzelne Grassorten bekommen, d. h. man kann sich eine Mischung selbst zusammenstellen. Aber das sollte man lieber einem Fachmann überlassen; es wäre auch nur für extreme Lagen zu empfehlen. Einzelne Grassorten werden deshalb nicht allein gesät, da sie nie einen dichten Rasen bilden würden, und darauf kommt es dem Gartenfreund doch besonders an.

Rasenpflege

Ist der Rasen etwa 6 cm lang, wird er zum erstenmal geschnitten; wenn möglich nicht gleich mit dem Rasenmäher, sondern mit einer Rasenschere oder einer scharfen Sichel. Das kann man natürlich nur bei kleinen Flächen machen. Für größere Flächen benutzt man eine Sense, aber da gehört schon etwas Übung dazu. Wird der erste Schnitt trotzdem mit dem Rasenmäher durchgeführt, dann möglichst bei trockenem Wetter und den Rasenmäher nicht zu tief einstellen. Auch sollte darauf geachtet werden, daß der Rasen in der ersten Zeit nach der Aussaat nicht mehr als nötig betreten wird.
Leider ist mit dem Gras auch das Unkraut aufgegangen, und diesem müssen wir den Kampf ansagen; denn haben sich Dauerunkräuter erst einmal festgesetzt, ist es schwierig, sie wieder los zu werden. Unkraut wächst immer stärker und schneller als Rasen und verdrängt ihn. Reicht das Ausstechen mit einem Unkrautstecher nicht aus, muß man zur chemischen Unkrautbekämpfung greifen. Der Handel bietet eine Reihe von Mitteln an, die, werden sie nach Vorschrift angewendet, das Unkraut vernichten oder fernhalten.
Um dem Rasen die bestmögliche Entfaltung zu geben, muß für genügend Feuchtigkeit, Düngung und rechtzeitigen Schnitt gesorgt werden. In Trokkenperioden muß der Rasen kräftig gewässert werden, es genügt nicht, daß man mit dem Schlauch ein wenig darüberspritzt und das Gras befeuchtet, sondern man muß den Boden regelrecht einweichen. Rasenboden kann sehr lange Wasser aufsaugen, man kann den Sprenger stundenlang daraufstellen und ist überrascht, wenn man nachprüft, wie wenig tief das Wasser eingedrungen ist.
Wenn man von Rasenpflege spricht, darf man den „Frühlingsputz" des Rasens nicht vergessen. Etwa Ende März/Anfang April wird mit dieser Arbeit begonnen. Dazu benötigt man einen Schneidrechen (Verticutierrechen), mit dem man den Rasen systematisch bearbeitet. Die Messer dieses Schneidrechens ritzen die Grasnarbe auf, dadurch können Luft und Sauerstoff in den Boden gelangen. Durch das Durchtrennen der Rasenwurzeln wird aber auch das Wachstum gefördert bzw. angeregt; neue Wurzeln bilden sich, in den Rasen kommt wieder Leben. Wenn man noch düngt, wird man überrascht sein, wie ein oft schon abgeschriebener Rasen plötzlich austreibt.
Man kann die Belüftung auch mittels einer Grabegabel vornehmen. Man sticht mit der Gabel zahlreiche Löcher in die Erde, das braucht gar nicht so tief zu sein und lüftet dadurch ebenfalls die Grasnarbe. Zuvor nimmt man einen Eisenrechen und säubert den Rasen gründlich, Moos und dürres Gras bleiben im Rechen hängen.

Düngung

Zur Düngung verwendet man einen speziellen Rasendünger, der im Handel erhältlich ist. Diese Rasendünger haben meistens Langzeitwirkung, so daß man mit 2–3 Düngergaben im Jahr auskommt. Streut man diesen gekörnten Dünger gleichmäßig aus, braucht man keine Angst zu haben, daß Verbrennungsschäden eintreten. Über die Streumenge unterrichtet man sich anhand der Gebrauchsanweisung, die auf jeder Packung aufgedruckt ist. Ältere Rasenflächen sind für einen Humus- oder Torfmischdünger sehr dankbar.

Rasenschnitt

Wenn eingangs gesagt wurde, daß Rasen mindestens ebensoviel Pflege braucht wie jede andere Kultur, dann merkt man das spätestens beim Rasenschnitt. Denn Rasen muß in der Wachstumszeit, besonders im Mai/Juni, alle 8–10 Tage geschnitten werden. Ausgesprochener Zierrasen wird ganz kurz geschnitten, d. h. 2–3 cm, dadurch bekommt man den sogenannten „Rasenteppich". Wird der Rasen häufig betreten und beispielsweise zum Spielen benutzt, wird nicht so kurz geschnitten, sondern man beläßt es etwa bei 4 cm.
Ist der Rasen einmal länger geworden, weil man vielleicht wegen Regens nicht mähen konnte oder während der Urlaubszeit, dann braucht man nicht gleich zu verzagen. Es wird dann nicht sofort kurz gemäht, was sich sowieso oft schlecht machen läßt, sondern man läßt ihn länger und schneidet ihn erneut nach 4–5 Tagen auf die richtige Länge.

Der Vorgarten

Den Vorgarten kann man als die Visitenkarte eines Hauses bezeichnen. Vorgärten erfüllen auch städtebaulich eine größere Aufgabe. Wenn sie in der Regel auch nicht groß sind, kann man sie aber doch mit einer Anzahl von Sträuchern, Stauden, Blumenzwiebeln oder Einjahresblumen bepflanzen, ohne daß sie überladen wirken.

Anlage

Ein Vorgarten hat Grenzen, die durch eine Mauer, ein Eisengitter oder einen Zaun zum Nachbarn oder zur Straße hin gekennzeichnet sind. Doch ist das nicht die Regel, es gibt Vorgärten, die zwar zur Straße hin eingefaßt, aber zum Nachbarn hin offen sind, andere wieder sind ganz offen. Das kann auf nachbarliche Absprache geschehen, aus Kostengründen oder auch, weil man die Vorgartenanlage als Ganzes sehen soll.

Vorgärten, die mit hohen Zäunen abgegrenzt sind, wirken eingezwängt, die Bepflanzung kommt weitaus weniger zur Wirkung als bei einem entsprechend niedrigen Zaun oder einer Einfassungshecke. Ideal ist, wenn ein Vorgarten Gefälle hat. Hier läßt sich besonders gut ein Steingarten anlegen.

Man sollte sich davor hüten, den Vorgarten mit hochwachsenden Koniferen oder Laubgehölzen zu bepflanzen. So lange sie niedrig sind, mag es schön aussehen, aber schon nach wenigen Jahren, wenn die Gehölze höher und höher werden, sieht ein Vorgarten dunkel und öde aus. Es wächst keine Unterbepflanzung mehr, meistens stehen die Bäume noch zu dicht, so daß die untersten Äste zum Teil absterben, und gerade die kahlen unschönen Stellen bieten sich dem Auge zuerst dar.

Die Bäume sind zwar weiter oben ein-

Vorgarten mit Autoabstellplatz (IGA München).

Vorgarten mit Sitzgruppe, zweiseitig mit einem Rankgerüst abgegrenzt (IGA München).

ladend grün, doch diesen Genuß hat man nur, wenn man im ersten Stock wohnt. Es gibt genügend Laubgehölze, immergrüne oder laubabwerfende, und Koniferen, die niedrig bleiben oder die man durch entsprechende Schnittmaßnahmen niedrig halten kann.
Hier muß auch oft den Landschaftsgärtnern der Vorwurf gemacht werden, daß sie bei Neuanlagen von Vorgärten zu dicht pflanzen, d. h. zu viele Pflanzen auf kleinstem Raum unterbringen. Im Augenblick der Neupflanzung sieht das zwar gut aus, aber spätestens in 4–5 Jahren muß man zu eng gepflanzte Gehölze oder Stauden wieder entfernen.

Plan

Möchte man sich selbst einen Vorgarten anlegen oder einen bereits vorhandenen von Grund auf neu gestalten, fertigt man sich zunächst eine Grundrißzeichnung an. Je größer man den Plan macht, desto genauer und detaillierter kann man ihn entwerfen.

Der Plan sollte enthalten:
a) Grenzverlauf,
b) Wege mit Einfassungen,
c) Rabatten, Rondell,
d) Rasenteil,
e) Stand eines eventuellen Beleuchtungskörpers.

Vorgärten lassen sich nicht in ein Schema zwängen, wie vielleicht Kleingärten, die in Parzellen eingeteilt sind. Vorgärten liegen nicht immer in der Sonne, deshalb muß sich das Bepflanzen nach der Lage richten.
Sehr früh blühende Pflanzen stehen oft noch in der Sonne (Frühlingszwiebeln), während wenige Tage und Wochen später die gleiche Stelle – bedingt durch in der Nähe stehende Laubbäume, die inzwischen ihr Laub bekommen haben – schattig oder halbschattig ist.
Das Einzeichnen der Pflanzen in den Plan muß deshalb unbedingt nach diesem Gesichtspunkt erfolgen; nämlich Pflanzen für sonnige, halbschattige oder schattige Lagen.

Pflanzen

Ein weiterer wichtiger Punkt ist die Bepflanzungsart mit

a) mehrjährigen Pflanzen (Stauden),
b) zweijährigen Pflanzen (Herbstpflanzung),
c) einjährigen Pflanzen (Frühjahrspflanzung),
d) gemischten Pflanzungen.

Ziergehölze
a) laubabwerfende Gehölze,
b) immergrüne Laubgehölze,
c) Koniferen.

Boden

Gerade bei Neuanlagen von Vorgärten ist der Beschaffenheit des Bodens große Aufmerksamkeit zu schenken. Fehler, die man hier begeht, sind oft nur sehr schwer wieder gutzumachen. Eventuell vorhandener grober Bauschutt und anderer Unrat ist wegzuräumen. Ist das Stück mit tiefgelegener Aushuberde aufgefüllt, wird man nicht umhinkommen, Mutterboden aufzufüllen. Bei schlechter Bodenbeschaffenheit sollte man diese Maßnahme auf jeden Fall durchführen. In ländlicher Umgebung ist es meistens kein Problem, Muttererde zu bekommen, schwieriger ist es dagegen in der Stadt. Man kann sich aber mit Tiefbaufirmen in Verbindung setzen, die dann je nach Bedarf einen oder mehrere Lkw mit Mutterboden anfahren. Läßt man den Garten von einer Gartenbaufirma anlegen, sorgt diese für den richtigen Boden.

Der aufgefüllte Boden wird gleichmäßig verteilt; danach bringt man je 100 m^2 etwa 3000 l Torfmull aus. Das hört sich zwar im ersten Moment viel an, es ist aber keinesfalls zuviel.

Zusätzlich wird noch ein Volldünger, z. B. Blaukorn, von 8–10 kg pro 100 m^2 gegeben.

Verwendet man einen mit Dünger angereicherten Torfmull, so läßt man natürlich den Volldünger weg. Auf Stellen für eventuell vorgesehene Wege, Abstellplätze für Auto usw. bringt man keinen Torf und Dünger aus, sondern spart die Plätze aus. Eine eventuell anfallende erneute Aushuberde für die Anlage von Wegen, Plätzen usw. wird auf das übrige Land gleichmäßig verteilt.

Danach wird der Torf eingearbeitet. Man nimmt dazu am besten den Vierzink und hackt und zieht ihn ein. Auf keinen Fall untergraben!

Anfallende Wurzelteile, Steine, Holzteile und alles, was in einen Gartenboden nicht hineingehört, wird dabei aufgesammelt. Danach wird das Stück mit einem Eisenrechen glatt gerecht. Man kann dazu das Land ruhig betreten. Nun ist der Vorgarten pflanz- und säfähig.

Gehölze pflanzt man möglichst im Herbst (siehe Kapitel Gehölze); kleinere Gehölze werden aber auch in Containern angeboten, so daß eine Ganzjahrespflanzung möglich ist, allerdings sind diese Pflanzen etwas teurer.

Die Raseneinsaat kann von April bis September vorgenommen werden. Frühlingsblumenzwiebeln kommen ab September in die Erde.

Am Rande der Internationalen Gartenausstellung 1983 in München wurden ein paar Vorgärtenmodelle gezeigt. Hier wurden auch Sitzplatzgruppen in den Vorgarten integriert, diese wurden zum Teil mit Klettergerüsten für Schlingpflanzen eingefaßt. Allerdings liegen diese Vorgärten nicht an einer Verkehrsstraße, sondern an einer Fußgängerzone, so daß man, ohne dem Verkehrslärm ausgesetzt zu sein, im Vorgarten sitzen kann. Das Beispiel sollte Schule machen, so kann man auch einen Vorgarten beleben.

Der Steingarten

Das Hauptgestaltungselement dieser Art des Gartens sind, wie der Name schon sagt, Steine meist unterschiedlicher Größe. Sie können aus gleichen Materialien, also gleichen Steinsorten bestehen, jedoch finden auch unterschiedliche Steinsorten Verwendung.

Die Steine haben folgende Aufgaben zu erfüllen:

1. Sie erhalten den Pflanzen Feuchtigkeit.
2. Sie speichern Wärme.
3. Sie sind temperaturausgleichend, und zwar besonders im Winter durch verschieden hohe Tag- und Nachttemperaturen.
4. Sie prägen das Aussehen des Steingartens.

Lage

Die Lage eines Steingartens sollte nicht willkürlich gewählt, sondern sie muß sorgsam ausgewählt werden. Ein Steingarten wird für viele Jahre angelegt; es kommen Pflanzen hinein, die eine lange Lebensdauer haben, aber auch kurze Vegetationszeit innerhalb des Jahres. In der Regel sind es Alpen- oder Steppenpflanzen, also Pflanzen, die viel Licht benötigen. Deshalb benötigt der Steingarten einen Sonnenplatz. Schattige oder halbschattige Lagen sind für die meisten Pflanzen ungeeignet. Die Sonneneinstrahlung muß das ganze Jahr stattfinden können, so daß auch unter hochwachsenden, laubabwerfenden Bäumen, die im Winterhalbjahr die Sonne durchlas-

Dieser Steingarten zwischen Wohnhaus und Garage fügt sich gut als Überbrückung ein.

sen, kein geeigneter Platz für eine Steingartenanlage wäre.
Die meisten Steingartenpflanzen sind von Natur aus für einen Platz an der Sonne ausgestattet, z. B. durch lange Wurzelbildung, so daß auch bei Trokkenperioden noch genügend Feuchtigkeit erreichbar ist, oder durch behaarte Blätter, die einen Schutz gegen starke Verdunstung bilden.
Das Gedeihen hängt also von der Lage ab. Eine sonnige Süd- oder Südwestlage ist die Voraussetzung für den Standort eines Steingartens.

Setzen des Steinmaterials

Wie eingangs schon erwähnt, sollen Steine die Feuchtigkeit im Boden erhalten sowie die Wärme speichern. Das können sie am besten in liegender Stellung, d. h., sie müssen mit der flachen Seite aufliegen, bei Hanglage aber möglichst horizontal im Hang eingefügt werden.
Ein Steingarten sollte gut wasserdurchlässig sein. Sofern das nicht der Fall ist, bringt man beim Setzen der Steine Schotter oder Bauschutt mit ein. Men hebt Stück für Stück, jeweils 40–50 cm tief aus und füllt 10–20 cm Schotter oder Bauschutt hinein, dann deckt man wieder 20–30 cm Erde darüber. Die Steine müssen gut eingebaut werden, d. h., es sollten sich keine Hohlräume darunter befinden, da Wurzeln nicht in Hohlräume hineinwachsen; außerdem ist es eine ideale Wohnung für Mäuse.

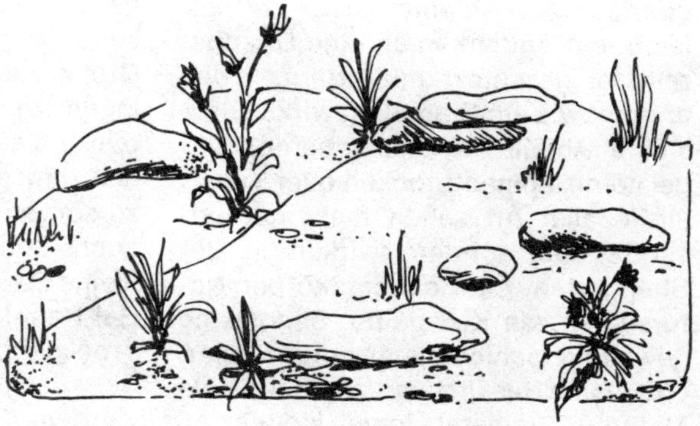

Steine sollten immer auf der flachen Seite liegen.

Stehende Steine wirken unschön und speichern wenig Feuchtigkeit und Wärme.

Steine werden stets unregelmäßig gesetzt. Man verwendet Steine unterschiedlicher Größe. Erweist sich ein Stein als zu groß, kann man ihn halbieren, oder man gräbt ihn geschickt tief ein. Man kann aber auch einen größeren Stein solitär setzen und eine Gruppe kleinerer in unregelmäßigen Abständen um diesen Solitärstein gruppieren. Man sollte in jedem Fall die unregelmäßige Gruppierung berücksichtigen, da die Natur auch nicht mit geometrischer Genauigkeit arbeitet. Ebenso sollte man sich nicht gleichzeitig eine Steinsammlung anlegen und ein Sammelsurium zusammensetzen. Wenn schon verschiedenartige Steine verwendet werden, dann nur gruppenweise, d. h. von jeder Sorte eine Gruppe bildend. Es bleibt natürlich dem Steingartenfreund überlassen, ob er einen Stein, der vielleicht ein Andenken an eine Urlaubsreise ist, geschickt unterbringt, so daß er nicht wie ein Fremdling wirkt. Glassteine (Abfälle der Glasindustrie), Ziegelsteine, Zementbrocken oder Kunststoffe aller Art sehen nicht nur unschön aus, sondern wirken in der Steingartenwelt wie Fremdkörper. Natursteine, wie Kalksteine, Sandsteine (jeweils verschiedene Arten), Schiefer, Granit und Basaltsteine sind das ideale Material; Schiefer kann jedoch an feuchten Stellen bald zerfallen.

Größe

Ein Steingarten muß nicht unbedingt groß sein, er läßt sich auf kleinstem Raum einrichten. Man kann sich auch ein Steingärtchen in einem Steintrog einrichten, der nicht einmal eine Fläche von 1 m^2 hat.

Ein Steingartenbeet ist ebenfalls sehr beliebt und hat viele Vorteile. Ist das Beet schmal, ist es gut von allen Seiten zu bearbeiten, bei breiten Beeten dagegen legt man sich sogenannte Trittsteine hinein, durch die man das Beet zum Bearbeiten betreten kann. Eine Einfassung eines derartigen Beetes mit Steinen ist zu empfehlen, denn es wirkt abgegrenzter und hebt den Steingarten besonders heraus.

Entlang eines Plattenwegs läßt sich ebenfalls ein Steingarten einrichten, man hat dadurch eine Seite klar abgegrenzt. Sind die Platten versetzt gelegt worden, so daß sie am Rand vor- und zurückstehen, lassen sich Steingartenpflanzen besonders wirkungsvoll unterbringen. Aber auch links und rechts von Steintreppen kann man Steingartenpflanzen ansiedeln, besonders Bodendecker sind hierfür bestens geeignet, sie leiten den Übergang von der Treppe zum Steingarten ein.

Große Steingärten wirken an Hanglagen am besten. Doch für große Gärten sind auch größere Steine erforderlich, um genügend für Auflockerung zu sorgen; allerdings lassen sich hier auch Gehölze mit einbauen, die in kleine Steingärten nicht hineinpassen. Bei Hanglage kann als Abschluß eine Trockenmauer einbezogen werden, diese sollte jedoch niedrig gehalten werden (50–60 cm); hohe Trockenmauern sind unschön, da sie wie eine Festung wirken. Für die Trockenmauer kann man alle kantigen Gesteinsarten verwenden. Rundsteine sind hierfür nicht geeignet, da sie Pflanzen und Erde wenig Halt geben und diese bei Regen ausgespült werden. Die Trokkenmauer sollte eine leichte Neigung nach hinten haben. Den Abschluß einer Trockenmauer bilden flache Steine, die darunterliegenden Fugen müssen mit der letzten Steinschicht unbedingt abgedeckt werden.

Bepflanzen des Steingartens

Vor der Bepflanzung des Steingartens ist gründliche Bodenvorbereitung erforderlich. Der Boden wird aufgelokkert sowie Torf und Sand untergearbeitet. Je nach Pflanzenart ist es erforderlich, daß einzelne Pflanzstellen individuell bearbeitet und vorbereitet werden. So muß man bei kalkliebenden Pflanzen die Pflanzstelle mit Zugaben von Kalk und Thomasmehl aufbereiten, hier läßt man Torf ganz weg oder gibt ihn nur in geringer Menge. Umgekehrt ist es bei kalkfeindlichen Pflanzen, hier gibt man eher mehr Torf als zu wenig.

Um die Pflanzstelle von kalkliebenden Pflanzen kann man auch Kalksteinsplit oder -mehl auftragen.

Bevor man anfängt zu pflanzen, stellt oder legt man sich die Pflanzen an der gewünschten Stelle aus. Jetzt kann man die eine oder andere Pflanze noch auswechseln, ohne daß man sie wieder ausgraben muß. Hat man die richtige Zusammenstellung gefunden, wird gepflanzt. Pflanzen mit Topfballen weicht man vorher ein, sie sollten auf keinen Fall trocken gepflanzt werden. Kleine Pflänzchen müssen notfalls mit Steinchen beschwert werden, falls sie an einer steilen Stelle oder in eine Trockenmauer gepflanzt werden, damit sie beim folgenden Angießen oder beim nächsten Regen nicht ausgeschwemmt werden.

Gepflanzt wird im Frühjahr, etwa ab April oder im Spätsommer Ende September. Containerpflanzen, also Pflanzen mit Topfballen, lassen sich jedoch das ganze Jahr über verpflanzen.

Der Hügelsteingarten

Um eine Hügellandschaft aufzubauen, muß für die nötige Erde gesorgt werden. Als Unterbau verwendet man Bauschutt, Schlacke, zerkleinerte Ziegelsteine oder Zementbrocken u. ä. Diese Aufschüttung muß gut festgestampft werden, bevor die Erde aufgetragen wird. Die Erdschicht sollte schon eine Stärke von 40–50 cm betragen. Ist der Hügelsteingarten größer als 2 m^2, müssen Trittplatten eingebettet werden, damit man später, ohne auf Pflanzen zu treten, Arbeiten im Steingarten ausführen kann. Man sollte darauf achten, daß der Hügel nicht zu steil wird, da es sonst bei Regen zu Abschwemmungen kommt.

Neben den Steinen arbeitet man kleine Terrassen ein, in die später die Pflanzen eingepflanzt werden. Man sollte einen Hügelsteingarten nicht gleich bepflanzen, sondern ihn einige Zeit (etwa über Winter) liegen lassen. So kann sich das aufgebaute Material setzen, und man erlebt keine unangenehmen Überraschungen beim späteren Bepflanzen.

Beginnt man im Frühjahr mit der Bepflanzung, wird der Boden vorher gründlich aufgelockert, man arbeitet je nach Bepflanzung noch einmal Torf ein oder mischt Kalk bei kalkliebenden Pflanzen unter.

Nach dem Pflanzen wird reichlich angegossen. Der Liebhaber von Blumenzwiebeln wird diese erst im Herbst ab Ende August einpflanzen, hierfür eignen sich besonders Krokus, Schneeglöckchen, Schneeglanz, Traubenhyazinthe oder Zwergnarzisse.

Im Sommer erfreuen Steingartennelken (Dianthus deltoides).

Pflege des Steingartens

Bei der Pflege des Steingartens ist auf die Eigenart der Pflanzen Rücksicht zu nehmen. Viele Steingartenpflanzen sind Pflanzen, die im Hochgebirge wachsen, also Alpenpflanzen. Diese wiederum werden im Winter mit einer hohen Schneedecke zugedeckt, so daß sie einen Winterschutz in Form einer dicken Schneedecke haben. Im Flachland fehlt häufig der Schnee, so daß man Winterschutz in Form von Abdecken mit Fichtenreisern vornimmt. Alpenpflanzen erfrieren nicht, sondern sie vertrocknen in Wintern mit wenig Niederschlag. In Trockenperioden ist deshalb vor dem Abdecken ein gründliches Wässern zu empfehlen.

Die Reisigdecke wird im März abgenommen, die abgefallenen Nadeln läßt man liegen. Durch Frost angehobene Pflanzen werden angedrückt, hier und da ist ein Auffüllen von Erde erforderlich, welche weggeschwemmt wurde. Nach dem Abtrocknen wird eine Bodenlockerung vorgenommen, diese wiederholt man im Laufe des Frühlings und Sommers. Kräftigwachsende kriechende Pflanzen werden zurückgenommen. Fruchtstände von verblühten Pflanzen werden abgeschnitten. Das Ausstreuen von mit Dünger angereichertem Torf fördert das Pflanzenwachstum außerordentlich. Läßt die Blühwilligkeit einzelner Pflanzen nach, wird umgepflanzt, dabei kann gleichzeitig eine Teilung stattfinden. Man braucht nicht den ganzen Garten umzupflanzen, sondern nur einzelne Pflanzen, denen man entsprechend neue Erde gibt; sie können dann wieder am selben Platz eingepflanzt werden.

Man achte auf Schädlinge und Krankheiten; Spritzungen mit geeigneten Mitteln sind vorzunehmen.

Kleinodien für den Steingarten

Das Angebot an Steingartenpflanzen ist so groß, daß man ein Buch damit füllen kann. Deshalb soll im Rahmen dieser Ausführungen auch nur auf ein paar Pflanzen eingegangen werden, die nicht überall zu finden sind.

Zwergmaßliebchen
(Bellium bellidioides)
Die Blüte ist ähnlich des Gänseblümchens, nur etwas kleiner. Mit 5–8 cm Höhe eignet es sich sehr gut für den Steingarten. Es bildet Ausläufer, die ihren Weg zwischen den Steinen suchen. Die Blütezeit reicht über den ganzen Sommer. Im Schatten eines Gehölzes oder einer Staude fühlt es sich auch wohl.

Glockenblume
(Campanula pusila [cochleariifolia])
Die kleinste Glockenblume in dieser Familie, sie blüht im Juni/Juli in hellblauen Blütenglöckchen. Sie eignet sich besonders gut für Trockenmauern. Sie wird etwa 10 cm hoch. Es gibt auch weißblühende.

Frühlingslichtblume
(Colchicum bulbocodium)
Sie ähnelt der Herbstzeitlose, doch ist die Blüte zerschlitzt und sitzend, purpurviolett blühend im März/April. Man pflanzt sie 10 cm tief.

Alpenveilchen *(Cyclamen coum)*
Dieses Alpenveilchen blüht schon im Februar/März. Die Blüten sind leuchtendkarminrot. Die Blätter sind rundlich-nierenförmig und erscheinen erst

Steingartenpflanzen direkt in einen größeren Stein gepflanzt in dem vorher Löcher geschlagen bzw. gebohrt wurden.

Ministeingarten.

Trogsteingarten mit kleinen Gehölzen.

im Herbst. Es wird 10 cm hoch. Die Knollen sollte man nicht tiefer als 4 cm setzen. In guten Gärtnereien werden sie in Töpfen angeboten.

Tränendes Herz *(Dicentra cucullaria)*
Im Gegensatz zu der uns wohl am meisten bekannten Herzblume, die 70 cm hoch wird, wird diese Art nur etwa 12 cm hoch. Es bildet kleine Kapuzen, die an der Krone gelb sind. Eine sehr gut funktionierende Dränage ist bei dieser Pflanze notwendig.

Silberwurz *(Dryas)*
Diese Pflanze bildet immergrüne Teppiche und gedeiht in kalkhaltigem Boden, auch in Felsspalten und Trokkenmauern. Die kleinen weißen Blütchen im Mai/Juni werden 15 cm hoch und ähneln der einer Anemone.

Strohblume
(Helichrysum milfordiae)
Große weiße Blüten über dichten silbernen Blattpolstern. Die Blüten zeigen beim Aufblühen im Mai/Juni einen karminrosafarbenen Hauch und werden nur 5 cm hoch.

Schwertalant *(Inula ensifolia)*
Dieser Spätblüher im Juli bis September ist durch die Sorte „Compacta" für die Zeit, in der im Steingarten wenig blüht, zu empfehlen. Die gelben Blüten leuchten wie kleine Sonnen und werden etwa 20 cm hoch.

Moltkia *(Moltkia petraea)*
Die Pflanze zählt zu den Halbsträuchern und wird nur 20 cm hoch. Die ganze Pflanze ist seidig behaart mit lilablauen Blüten. Die Pflanze sollte im Frühjahr nur in Topfware gekauft und gepflanzt werden, da sie schlecht anwurzelt.

Himalajahauswurz *(Sempervivella)*
Diese Rosettenstaude wird nur 3 cm hoch und blüht im Juli/August in weißen Sternblütchen. Sie breitet sich zwischen Steinen und Geröll aus, sie möchte aber keine Winternässe.

Townsendia excapa
Wird im Heimatland (USA) Ostergänseblümchen genannt, einen deutschen Namen gibt es nicht. Diese Steingartenpflanze ist ein wahres Kleinod. Sie ist sehr empfindlich und wächst bei uns nur im Weinbauklima oder aber sehr milden Gegenden. Der Boden sollte kalkfrei sein, auch das Gießwasser. Die Blütenköpfe haben einen Durchmesser von 3 cm, die Höhe liegt bei 5–6 cm. Im großen und ganzen eine sehr heikle Pflanze, aber auch eine Herausforderung an den Steingartenliebhaber.

Steingartenstauden bekommt man in Spezialbetrieben (Staudengärtnereien). Man kann sich auch an den Bund deutscher Staudengärtner im Zentralverband Gartenbau, Gießener Str. 47, 6310 Grünberg 1, wenden, der einen Lieferanten nennen kann. Man sollte nur Arten in den Steingarten setzen, die aus gärtnerischer Kultur stammen, denn nur so wird man Freude an Wuchs und Blüte haben. Doch kann sich der Steingartenfreund verschiedene Steingartenpflanzen auch selbst aus Samen ziehen.

Verschiedene Steingartenbeetformen.

Pflanztröge

Pflanztröge lassen sich je nach Geschmack und Liebhaberei in vielfacher Hinsicht bepflanzen. Sie haben den Vorteil, daß sie beweglich sind; man kann sie also an jeder gewünschten Stelle des Gartens oder des Balkons aufstellen oder abbauen.

Es gibt Steinpflanztröge, aus Zement gegossene und Holztröge. Für welche Art man sich entscheidet, bleibt dem Liebhaber überlassen.

Bepflanzung

Die Größe der Tröge richtet sich nach der Bepflanzung. In einem hohen Steintrog werden wohl niedrige, 10 cm hohe Pflänzchen nicht so wirken wie vielleicht kleine Gehölze oder andere höhere Pflanzen. Hohe Tröge haben eine Erdtiefe von 50–60 cm, so daß man dieses Volumen mit höheren Pflanzen auch ausnutzen kann.

Auch Obstbäume kann man in tiefe Pflanztröge pflanzen, die Abbildung zeigt einen Pfirsichbaum mit Erdbeeren als Unterbepflanzung.

Pflanztröge müssen mit einem oder mehreren Abflußlöchern versehen sein (das gilt für alle Pflanztröge). Zur Vorbereitung der Pflanzung wird erst eine Schicht Kies oder Schotter eingebracht. Man kann sich auch selbst Steine oder Ziegelsteine kleinschlagen und diese auf den Troggrund verteilen (5–10 cm).

Als Erde verwendet man Balkonpflanzerde oder mischt sich selbst eine passende Zusammensetzung: etwa 2 Teile Lehmerde, 1 Teil Gartenerde, 1 Teil Torf und 1 Teil Sand, hinzu kommen noch Hornspäne oder ein anderer organischer Dünger.

In dieser Grundmischung gedeihen die meisten Pflanzen. Möchte man allerdings spezielle seltene Pflanzen in den Trog pflanzen, muß man schon eine spezielle Erdmischung anfertigen. Der Liebhaber seltener Pflanzen wird sich bestimmt in einem Fachbuch oder in einer Gärtnerei entsprechend informieren.

Bepflanzungsbeispiele

Ein Pflanztrog läßt sich mit allem bepflanzen, was auch im Garten gedeiht. Man kann eine Dauerbepflanzung durchführen oder eben nur mit einjährigen, d. h. mit nicht winterharten Pflanzen.

Steht der Trog z. B. in unmittelbarer Nähe eines Rasenstückes, wird man kräftig leuchtende Blumen einpflanzen.

Als buntgemischte Pflanzung für die Sonnenlage in nicht zu tiefen Trögen wäre zu empfehlen:

Holztrog mit Gehölz bepflanzt.

stehende Geranien in Rot *(Pelargonium zonale)*,
hängende Geranien in Lachsrosa *(Pelargonium peltatum)*,
Petunien in Blau oder Blau-weiß gestreift *(Petunia)*,
Pantoffelblumen in Gelb *(Calceolaria integrifolia)*;
stehende Geranien in Rot *(Pelargonium zonale)*,
gefüllte Kamille in Weiß *(Chrysanthemum parthenium)*;
kleine Buschmargeriten in Weiß *(Chrysanthemum frutescens)*,
hängende Lobelien in Tiefblau mit weißem Auge *(Lobelia pendula* „Saphir"*)*;
halbhohe Tagetes in Gelb *(Tagetes)*,
Verbenen in Rot oder Rosa *(Verbena)*,
Hornveilchen in Blau und Weiß *(Viola cornuta)*;
Salvien in Rot *(Salvia splendens)*,
niedrige gefüllte Tagetes in Gelb *(Tagetes erecta nana plena)*,
Petunien in Rot *(Petunia)*,
Lobelien in Blau *(Lobelia)*.

Der Pflanztrog als Heidegärtchen

Möchte man sich einen kleinen Heidegarten anlegen, kann man auch einen Trog dazu verwenden. Man wählt einen sonnigen Standort im Garten aus, das kann z. B. auch auf einer Terrasse sein. Der Trog muß einen guten Wasserabzug haben; am besten eine Schicht Kies oder kleine Kieselsteine einbringen. Danach füllt man den Trog mit Heideerde auf. Fertige Heideerde gibt es in Fachgeschäften zu kaufen. Heideerde besteht bis zu 50% aus Humus, trotzdem ist sie von Natur aus arm an Nährstoffen. Doch das reicht den Heidekräutern vollkommen. Sie wachsen langsam und haben keine Konkurrenz zu befürchten, da sich andere Kräuter dort nicht ansiedeln.

Man kann die Heideerde verlängern, indem man 3 Teile Heideerde, 1 Teil Lauberde, 1 Teil Torf und 1 Teil Sand zusammenmischt. Hat man Nadelerde zur Verfügung, kann man auch von dieser noch 1 Teil dazugeben.

Miniheidegärtchen.

Für das Bepflanzen des Heidetroges steht eine große Anzahl von Heidepflanzen zur Verfügung und hier in erster Linie niedrige Kleingehölze.

Da wäre die **Schneeheide** *(Erica carnea)* zu nennen, sie gibt es in roten, rosa und weißen Farbtönen. Sie beginnt schon im März zu blühen, wenn oft noch Schnee liegt und blüht bis in den April hinein.

Danach kommt die **Sonnenheide** *(Erica vagans)* mit ihren weißen oder lachskarminroten Blüten sowie die Glockenheide *(Erica tetralix)* mit ihren weißen oder rosa Glöckchen.

Schon im Juli bis in den Herbst hinein folgt die **Herbstheide** *(Calluna vulgaris)*, auch Besenheide genannt, in roten, rosa und weißen Blüten.

Man sollte am Rande des Troges (je nach Größe und Tiefe) ein etwas größeres Gehölz pflanzen, dies gibt der kleinen Heidelandschaft im Trog erst den richtigen Anblick. Dazu kann man z. B. einen Wacholder verwenden, gut sieht ein Säulenwacholder aus, aber auch eine Bergkiefer. Werden diese mit den Jahren zu üppig, entfernt man sie und pflanzt sie an eine geeignete Stelle im Garten.

Eine Auflockerung des Heidetroges bringt eine Zwischenpflanzung mit Ziergräsern. Es gibt einjährige und mehrjährige Ziergräser. Einjährige kann man an Ort und Stelle aussäen, besser ist jedoch eine Vorkultur mit Aussaat ins Frühbeet und einmal pikieren.

Das bekannte **Zittergras** *(Briza maxima)* mit den zahlreichen kleinen hängenden, zapfenartigen Blüten ist einjährig und wird 40 cm hoch, es blüht von Juni bis August.

Das nur etwa 25 cm hoch wachsende

Farbtafel 1: Blumen, Obst und Gemüse im Kleingarten.

Heidegarten mit Schwarzkiefer und Grauheide.

Samtgras *(Lagurus ovatus)*, auch Hasenschwanzgras genannt, wirkt sehr dekorativ mit den seidig weichen Hasenschwänzchen; es blüht von Juni bis September.

Als Staudengras ist der **Blauschwingel** *(Festuca glauca)* zu erwähnen, er bildet dichte blaugrüne Rasenpolster, aber auch der **Zwergblauschwingel** *(Festuca vallesiaca)*, der ganz gleichmäßig gefärbt und niedrig bleibt, eignet sich besonders gut für Heidegärten.

Die **Kammschmiele** *(Koeleria glauca)* kann als wertvoller Bodendecker bezeichnet werden. Das weiche, stahlblaue Laub bildet gute Abwechslung im Gesamtbild eines Troggärtchens; sie wird nur 25 cm hoch und blüht im Juni/Juli.

Um im Frühjahr Farbtupfer in das Heidegärtchen zu bringen, kann man verschiedene Blumenzwiebelarten im Herbst pflanzen. Gut eignen sich Kleinblumenzwiebeln, so z. B. Wildkrokusse, aber auch herbstblühende Krokusse, weiter kann man Schneestolz *(Chionodoxa)*, Winterlinge *(Eranthis)*, Schneeglöckchen *(Galanthus)* oder Puschkinien *(Puschkinia)* pflanzen.

Da das Heidegärtchen im Trog gut überschaubar ist, läßt es sich auch leicht pflegen. Im großen und ganzen ist die Pflege gering. Man achte auf genügend Bodenfeuchtigkeit.

Beim Pflanzen empfiehlt sich als Abschluß eine feuchte Torfschicht aufzubringen, dadurch wird eine gleichmäßige Feuchtigkeit erreicht. Auch im Herbst und im Winter ist auf genügend Feuchtigkeit zu achten, denn die Heidekräuter gehören zu den immergrünen Pflanzen, die auch im Winterhalb-

Farbtafel 2: Steingarten im Frühjahr (oben);
Vorgarten mit Raseneinsaat und Rhododendronbüschen (unten).

Das Liebhabergärtchen im Holztrog.

jahr genügend feucht gehalten werden müssen.

Als Düngung verwende man organische Dünger, wie z. B. Hornspäne; mit anorganischen Düngern ist Vorsicht geboten.

Für eine stetige Erneuerung des Humus ist zu sorgen, indem man, wie schon erwähnt, Torf zwischen die Pflanzen streut.

Um ein Überaltern der Heidekräuter zu verhindern, schneidet man sie nach dem zweiten oder dritten Jahr nach der Pflanzung zurück.

Die Herbst- oder Besenheide *(Calluna vulgaris)* schneidet man im Frühjahr vor dem Austrieb etwa um ein Drittel zurück.

Die Schneeheide *(Erica carnea)* wird nach der Blüte zurückgenommen, also kurz vor dem Neuaustrieb.

Die Ausführungen über das kleine Heidegärtchen im Trog gelten natürlich auch für größer angelegte Heidegärten im Freiland. Hier hat man die Möglichkeit, größere Gehölze, wie neben dem Wacholder auch Kiefern, Ginster oder Birken zu integrieren.

Der Balkongarten

Der Balkongarten hat besonders für den Städter sein Berechtigungsdasein.
Je nach Größe des Balkons lassen sich Gefäße verschiedener Art aufstellen. Neben den Balkonkästen, die in der Regel außerhalb des Balkons hängen, stehen oder hängen alle anderen Pflanzgefäße innerhalb des Balkons.
Neue Züchtungen, die auch für Gefäße geeignet sind, machen es dem Balkongärtner heute möglich, auch Gemüsearten auf dem Balkon zu ziehen.

Gemüse und Kräuter

Da ist der Pflücksalat zu nennen. Er kann in Gefäße gesät werden und wächst nach dem Ernten immer wieder nach. Auch Bohnen lassen sich auf dem Balkon ziehen. Da gibt es z. B. die Prunkbohne ‚Butler'. Die Kultur entspricht der der Stangenbohnen. Sie ist sehr reichblühend und reichtragend, und was wichtig ist, völlig fadenlos. An Stangen, Klettergerüsten oder an Drahtgerüsten läßt sie sich hochziehen.
Eine wichtige Balkongemüsepflanze ist die Tomate. Der Anbau von Tomaten in Balkonkästen oder anderen Gefäßen hat sogar Vorteile, vor allem dann, wenn ein überstehendes Dach Schutz gegen Niederschläge bietet. Für den Balkon verwendet man am besten Buschtomaten. Bewährt haben sich folgende Sorten: ‚Patio', ‚Lyconorma', ‚Lycoprea', ‚Rentite', ‚Fruchta', ‚Maja'.
Diese 6 Sorten wurden 1980 am Lehrstuhl für Gemüsebau der TUM in Weihenstephan in Balkonkästen angebaut und ihre Eignung für die Form dieses Anbaus demonstriert. Es wurden 4 Pflanzen pro Kasten, 15 x 15 x 100 cm, in 17 l Einheitserde gepflanzt. Bewässert wurden sie mit einer Tropfenbewässerungsanlage. Tropfenbewässerungsanlagen mit automatischer Steuerung werden im Fachhandel zu einem erschwinglichen Preis angeboten. Diese Bewässerungsanlage sollte man sich zulegen, wenn man sich ernstlich mit der Balkongärtnerei befassen möchte, man kann dann auch in den Urlaub fahren, ohne den Nachbarn mit dem Gießen zu beauftragen.
Der Ertrag der vorgenannten Sorten war bei dem Versuch recht zufriedenstellend, es wurden pro Pflanze zwischen 4,8 und 7,9 kg Tomaten geerntet. Alle vorgenannten Sorten wurden für den Balkonkastenanbau als geeignet empfohlen.
Ebenso wichtig wie die Bewässerung ist das regelmäßige Düngen. Bei dem Versuch wurde 3 Wochen nach der Pflanzung die erste Düngung gegeben, danach wurde jede Woche einmal gedüngt (7–10 g Flory 2 je Kasten), und zwar über die Bewässerungsanlage. Flory 2 ist ein Mischdünger; er ist voll wasserlöslich und erwies sich als gut geeignet (15% N, 5% P_2O_5 und 25% K_2O.
Der Versuch zeigte auch, daß die Pflanzen mit zunehmendem Gewicht der Früchte eine Stütze benötigen.
Viele Gartenbaubetriebe bieten Buschtomaten an, so daß das Besorgen der Pflanzen im Frühjahr kein Problem sein dürfte. Die Anzucht von Buschtomaten kann man jedoch auch selbst vornehmen (siehe Tomaten).
Küchen- und Würzkräuter lassen sich auch im Balkonkasten ziehen. Man sät natürlich nur die Kräuter, die man im Haushalt auch verbraucht. Dazu verwendet man Einheitserde und sät di-

rekt in den Kasten. Ein Abdecken mit Folie bis zum Auflaufen oder Glasplatten bei kaltem Wetter, ist zu empfehlen. Die Aussaat darf nie austrocknen. Nach dem Auflaufen wird das Glas oder die Folie abgenommen.

Blumen

Die Bepflanzung der Balkonkästen mit Blumen stellt den Liebhaber vor keine Probleme. Die Auswahl ist sehr groß, so daß für jeden Geschmack etwas zusammengestellt werden kann.
Als Hauptpflanze ist hier die Geranie, sowohl als aufrechtwachsende wie auch als hängende *(Pelargonium zonale* und *P. peltatum)* zu nennen. Sie kann allein gepflanzt werden oder in Verbindung mit anderen Blumenarten.
Bei der Anschaffung von Balkonkästen sollte man jedoch darauf achten, daß diese genügend tief und breit sind. Eine Tiefe und Breite von mindestens 15 cm sollte schon erreicht sein. Ideal sind Eternitkästen, wenn sie auch schwerer sind als Kunststoff- oder Holzkästen. Sie besitzen die nötige Breite und Tiefe und trocknen nicht so schnell aus.

Balkonbepflanzung mit Sommerblumen.

Balkonbepflanzung mit Dauerpflanzen.

Gemischter Balkonkasten (links und rechts Heliotropium, in der Mitte Begonien semperflorens und als Hängepflanzen Verbenen).

Ein paar Beispiele für Blumenzusammenstellungen in Balkonkästen:

2 aufrechtwachsende Geranien in Rot *(Pelargonium zonale),*
2 Pantoffelblumen in Gelb *(Calceolaria integrifolia),*
2 Goldrandblümchen in Gelb mit schwarzer Mitte *(Sanvitalia procumbens),*
3 Lobelien in Blau *(Lobelia erinus pendula* ‚Saphir‘*);*

4 aufrechtwachsende Geranien in Rot *(Pelargonium zonale),*
3 kleine Margeriten in Weiß *(Chrysanthemum paludosum),*
5 Lobelien in Blau *(Lobelia erinus pendula* ‚Saphir‘*);*

4 aufrechtwachsende Geranien in Rot *(Pelargonium zonale),*
3 hängende Geranien, Farbe nach Wahl *(Pelargonium peltatum),*
3 Sonnenwende in Dunkelblau *(Heliotropium).*

Blumenwand, Blumensäule

In der Nähe eines Sitzplatzes, als Abgrenzung oder auch an einem anderen geeigneten Platz im Garten aufgestellt, kann die Blumenwand oder -säule zum Blickfang werden.

Alles was man braucht ist ein Gestell, das man mit Maschendraht bespannt, und viel Torf.

Ein Gestell kann man sich selbst aus Dachlatten anfertigen. Die Maße richten sich je nach Verwendungszweck und vorgesehenem Aufstellplatz. Man kann z. B. ein schmales Gestell bauen, etwa 1 m hoch und 30 cm breit. Dieses Gestell bespannt man am besten mit kunststoffummanteltem Maschendraht (5 cm Maschenweite). Nun füllt man den Kasten mit Düngetorf, der allerdings gut feucht sein muß und stampft ihn leicht ein.

Für die Bepflanzung eignen sich eine Reihe von niedrigen Sommerblumen wie Ageratum, Alyssum, Begonien semperflorens, Impatiens, Lobelien, Petunien, Tagetes, Verbenen, aber auch Hängegeranien (siehe Bild) machen sich gut.

Der Pflanzvorgang ist nicht ganz einfach, da man durch den Maschendraht pflanzen muß, doch mit einem bißchen Geschick schafft man es schon. Man bohrt mit dem Pflanzholz Löcher schräg in die Torfwand und drückt die Pflanzen gut fest. Man pflanzt ziemlich eng (20 cm), damit die Wand schnell zuwächst. Nach dem Pflanzen wässert man das Ganze noch einmal gut ein. Nach dem Anwachsen ist regelmäßiges Düngen erforderlich, man verwendet dazu einen Flüssigfertigdünger. Wichtig ist, daß das Ganze immer regelmäßig feucht gehalten wird, es darf auf keinen Fall austrocknen, denn nur so wird man Freude an dieser Art Bepflanzung haben. Normaler Torf ist nicht dafür geeignet, sondern es muß ein mit Dünger angereicherter Torf sein.

Blumenwand (Impatiens).

Gartenteich oder Wassergarten

Viele Gartenfreunde wünschen sich einen kleinen Gartenteich. Ein Gartenteich ist eine wertvolle Bereicherung für den Garten und für die Freizeit. Wasser ist ein Element, das Leben bringt; ganz gleich, ob man Wasserpflanzen zieht oder vielleicht ein Pärchen Goldfische in den Teich setzen möchte, besser ist jedoch beides zusammen.

Bevor es soweit ist, muß man sich jedoch über eine Reihe wichtiger Dinge klar werden:

1. Wahl des Platzes,
2. Größe des Teiches,
3. fertiger Behälter oder Selbstbau,
4. Wasserzufuhr.

Wahl des Platzes

Es ist oft nicht leicht, ein geeignetes Plätzchen für den Gartenteich zu finden, zumal man meistens schon jeden Quadratmeter ausnutzt. Das beste ist, man nimmt Papier und Bleistift zur Hand und macht sich erst einmal eine Skizze. Man muß das Für und Wider des Platzes abwägen und dabei ein paar wichtige Dinge beachten.

Es gibt wenige Sumpf- und Wasserpflanzen, die sich nur mit Schatten begnügen. Der weitaus größere Teil dieser Pflanzen liebt Sonne. Allerdings fördert starke Sonneneinstrahlung auch die Algenbildung sehr stark.

Der Platz für den Gartenteich sollte gut ausgewählt werden und zum Verweilen einladen.

Der Teich sollte auch nicht in einer bisher ungenutzten Ecke eine Art „verstecktes Dasein" führen. Im Gegenteil, er sollte einen würdigen Platz im Garten haben, so daß man ihn vielleicht von der Sitzecke aus einsehen kann. Wie man sieht, ist es gar nicht so leicht, einen geeigneten Platz zu finden. Legt man Wert auf Goldfische, empfiehlt es sich auf jeden Fall, den Platz so zu wählen, daß ein Teil des Teiches zumindestens zeitweise im Schatten liegt.

Größe des Teiches

Die Größe des Teiches richtet sich nach den vorhandenen Gegebenheiten, aber auch nach der Größe des Gartens. Ein großer Teich würde das Gesamtbild eines kleinen Gartens verfälschen. Ein Teich sollte sich harmonisch in den Rasen- oder Staudenteil einfügen.

Fertiger Behälter oder Selbstbau

Im Fachhandel werden eine Reihe fertiger Kunststoffbecken in vielen Größen angeboten. Diese sind relativ leicht an Ort und Stelle einzugraben. Es ist nur ein dem Becken entsprechend großer und tiefer Erdaushub vorzunehmen, dann wird das Becken eingebettet, und fertig ist der Gartenteich. Nur sind die fertigen Gartenteiche nicht gerade billig. Für ein mittleres Becken mit einem Durchmesser von etwa 230 cm und einer Tiefe von 60 cm muß man zur Zeit 800 DM investieren. Entscheidet man sich trotzdem für ein Fertigbecken, sollte man eine dunkle (schwarze) Farbe wählen. Dunkle Becken geben bei entsprechender Bepflanzung einen schönen Kontrast. Die Ränder kann man zusätzlich mit Steinplatten abdecken oder aber durch geschickte Bepflanzung tarnen. Zu erwähnen wäre noch, daß ein Kunststoffbecken frostbeständig und verrottungsfest ist.

Wasserzufuhr

Die Wasserzufuhr bereitet häufig Probleme mangels einer nahegelegenen Quelle (Pumpe, Wasserleitung). Daher bietet es sich an, den Teich durch Regenwasser zu speisen.
Eine Rohrleitung von der Dachrinne des Hauses oder der Gartenlaube zum Teich hin, unterirdisch verlegt, löst so manches Problem. Erfahrungen haben gezeigt, daß Regenwasser für Pflanzen und Tier im Gartenteich bestens geeignet ist. Allerdings wird man bei längeren Trockenperioden nicht ohne eine andere Wasserquelle auskommen. Hier bietet sich die Pumpe oder die Wasserleitung an. Doch sollte man nicht immer gleich nachfüllen. Wenn auch der Wasserstand etwas absinkt, schadet es Tier und Pflanze keinesfalls. Ständiges Nachfüllen fördert die Algenbildung, denn das geschaffene Gleichgewicht zwischen Tier, Pflanze und Wasser wird dadurch gestört.
Man kann am Fallrohr der Dachrinne einen Schieber anbringen (wird im Handel angeboten), dadurch wird unterbunden, daß das erste Regenwasser vom Dach, welches meist verschmutzt ist, gleich in den Teich läuft. Doch sollte man auch hierbei nicht so ängstlich sein. Wenn auch viel vom „sauren Regen" gesprochen wird, im Gartenteich spielt er keine Rolle. Beispiele zeigen, daß Regenwasser auch im unmittelbaren Umland des Teiches üppiges Pflanzenwachstum fördert.
Ist man auf eine Pumpe oder Wasserleitung angewiesen, sollte man darauf

achten, daß das Wasser ohne Druck in den Teich gelassen wird. Durch starken Druck wird das Bodenmaterial aufgewirbelt. Man kann die Wasserversorgung vom Bassin aus mit einem Schlauch vornehmen. Dazu hängt man den Schlauch ins Bassin und saugt am anderen Ende mit dem Mund an (Saugverfahren), schon fängt das Wasser mit wenig Druck an zu laufen (indirekte Wasserversorgung).
Nimmt man das Wasser direkt von der Wasserleitung, dreht man den Hahn entsprechend wenig auf.

Der Folienteich

Der selbstgebaute Folienteich oder Wassergarten – wie man ihn auch nennen mag – dürfte für den kleineren Garten die idealste Lösung sein. Er läßt sich relativ leicht mit wenig Mitteln fertigstellen, und er läßt sich problemlos wieder abbauen.
Alles was man benötigt, ist eine geeignete Folie und ein wenig Sand. Der Handel bietet eine Reihe geeigneter Folien an. Die Wahl der Foliendicke richtet sich nach dem Untergrund, auf dem die Folie gelegt werden soll. Normalerweise reicht eine Folie von 0,5 mm Stärke völlig aus, d. h., wenn der Untergrund steinfrei ist und keine größeren Bäume in der Nähe stehen, deren Wurzeln die Folie eventuell beschädigen könnten.
Es gibt UV-stabilisierte und nicht UV-stabilisierte Folien. Nicht UV-stabilisierte Folien müssen mit Erdreich abgedeckt werden, damit sie nicht dem Licht (UV-Strahlen) ausgesetzt werden.
Hat man den richtigen Platz gefunden, steckt man Form und Größe des Teiches ab und beginnt mit dem Aushub. Ob rund, oval oder viereckig, das bleibt dem Liebhaber überlassen. Nur muß man darauf achten, daß die Ränder nicht zu steil abfallen, falls man eine Randbepflanzung bis ins Wasser hinein vornehmen möchte. Möchte man später Seerosen pflanzen, sollte man nach Fertigstellung eine Mindestwassertiefe von etwa 60 cm haben. Das heißt aber nicht, daß man den Aushub nur 60 cm tief macht; eine Tiefe von

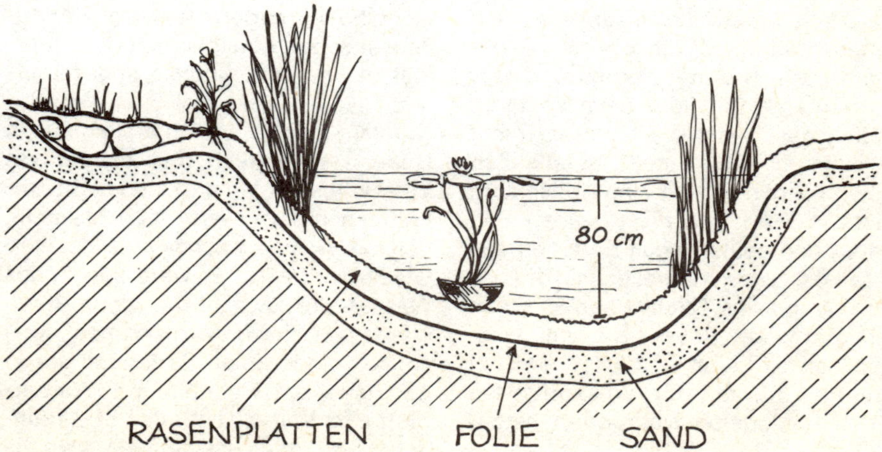

Querschnitt eines Folienteiches.

80 cm wäre dann erforderlich. Ist nämlich der Untergrund nicht einwandfrei, sollte man unter die Folie eine etwa 8 cm dicke Sandschicht ausbringen, damit die Folie schön weich liegt. Folie garantiert zwar für Wasserdichtheit, doch kommt man nicht darum, den Untergrund sauber vorzubereiten (Steine und Wurzeln entfernen), man erspart sich späteren Ärger.
Nach dem Aushub und dem Aufbringen der Sandschicht legt man die Folie aus. PVC-Folie kann man ohne weiteres in Falten legen, sie verträgt das. Beim Auslegen sollte man darauf achten, daß die Folie genügend über den Rand hinausgeht, abschneiden kann man sie später.
Jetzt beginnt das Bedecken der Folie. Man verwendet dazu möglichst Rasenerde. Um den Halt der Erde bei einem steileren Teichufer zu gewährleisten, kann man folgendermaßen vorgehen: Sicher hat man ein Rasenstück, das man sowieso nachsäen wollte. Aus diesem Stück sticht man 8–10 cm dicke Rasenplatten aus und verwendet sie dann zum Bedecken der Teichböschung. Man fängt unten an und baut die Böschung nach oben auf, natürlich kommt die Rasenseite nach unten. Bedingt durch das Wurzelgeflecht des Rasens bekommt dieser Aufbau Halt und fällt beim späteren Füllen des Teiches mit Wasser nicht zusammen. Bei steil abfallenden Teichwänden kommt eine Bedeckung nicht in Frage, da diese keinen Halt findet und später, beim Einfüllen des Wassers, zusammenfallen würde.
Den Grund des Teiches bedeckt man mit normaler Rasenerde, der man noch etwas Lehm und Knochenmehl untermischt, um für Waserpflanzen einen geeigneten Nährboden herzustellen.
Hat man nun die Folie entsprechend bedeckt, kann man mit dem Wasserfüllen beginnen. Man legt den Schlauch auf den Grund des Teiches und läßt das Wasser langsam hineinlaufen. Es ist darauf zu achten, daß das Wasser nicht unter zu starkem Druck in den Teich fließt, denn das würde unter Umständen der aufgebauten Erdabdekkung sicher nicht gut bekommen (eventuell Saugverfahren).
Der Teich wird erst einmal bis zur Hälfte mit Wasser gefüllt, nach 1–2 Tagen füllt man ganz auf. Danach geht es an die Fertigstellung des Teichrandes. Erde, Sand und Torf leiten das Wasser nach außen ins Umland, so daß man eine Unterbrechung schaffen muß. Entweder schneidet man die Folie 2 cm über der Erde ringsum ab und verdeckt den Rand durch geschickte Bepflanzung, oder man bildet unter der überstehenden Folie einen leichten Wall aus Sand oder Ziegelsteinen und schlägt die überstehende Folie darüber. Auf diesen Wall kann man Natursteine oder Gehplatten legen, die man auf der Teichseite etwas überstehen läßt, so daß man von der Folie nichts mehr sieht. Folienränder, die nun an der Außenseite der Abdeckung noch überstehen, werden einfach abgeschnitten.
Nun läßt man den Teich erst einmal in Ruhe. Gelegentlich füllt man etwas Wasser nach. Man darf sich nicht entmutigen lassen, wenn man feststellt, daß das Wasser, nachdem es klar war, wieder trüb wird. Es wäre falsch, das Wasser auszuwechseln, denn dann würde sich dieser Vorgang nach kurzer Zeit wiederholen. Es handelt sich in der Regel um Algenbildung (Wasserblüte). Im Wasser befinden sich nämlich Nährstoffe, die den Algenwuchs fördern, und solange man kein biolo-

Die Randeinfassung kann durch Natursteine, Gehplatten oder geschickte Bepflanzung vorgenommen werden.

gisches Gleichgewicht geschaffen hat (Verhältnis: Pflanze, Tier, Wasser), wird man auch mit Algen zu kämpfen haben. Von einer Düngung sollte man deshalb am Anfang ganz absehen.

Bepflanzung des Teiches

Die Bepflanzung des Teiches setzt eine richtige Auswahl der Wasserpflanzen voraus. Es gibt einschlägige Kataloge, in denen Sumpf- und Wasserpflanzen angeboten werden. Man kann Wasserpflanzen direkt ins Erdreich, oder aber in Töpfe, Container oder Körbe pflanzen. Die Pflanzzeit sollte nicht vor Ende April/Anfang Mai sein. Uferpflanzen kann man auch im Herbst setzen, besonders solche, die schon im zeitigen Frühjahr blühen.

Läßt man sich die Pflanzen schicken, dann möglichst sofort nach Erhalt pflanzen.

Schwimmpflanzen und Unterwasserpflanzen werden nur bei gefülltem Teich gepflanzt. Man drückt die Pflanzen einfach in den schlammigen Grund. Bei einigermaßen warmem Wetter wachsen die Pflanzen schnell an und beginnen mit dem Neutrieb. Um ein mögliches Aufschwimmen zu verhindern, beschwert man die Pflanzen mit kleinen Steinen. Bringt man die Pflanzen in Töpfen oder Körben in den Wassergarten, ist darauf zu achten, daß die Gefäße gerade stehen.

Im zeitigen Frühjahr herrscht noch Ruhe in und am Wasser (links Primula denticulata, rechts Caltha).

Plastikgefäße mit durchbrochenen Wänden und Böden sowie Weidenkörbe eignen sich besonders gut als Wasserpflanzenbehälter. Hinzu kommt, daß man Gefäße durch Unterlegen von Ziegelsteinen entsprechend höher stellen kann, um so die Pflanzen auf den richtigen Wasserstand zu bringen.

Sumpf- und Wasserstauden

Nachfolgend ein paar winterharte Sumpf- und Wasserstauden, die mehr oder weniger bekannt sind:

Sumpfdotterblume *(Caltha palustris)*
Früher fand man die Sumpfdotterblume sehr häufig in feuchten Wiesen, an Wassergräben, kleinen Bächen und Teichen. Heute muß man sie schon suchen; denn feuchte Wiesen wurden trockengelegt, Wassergräben und Bäche begradigt oder tiefer gelegt. Es gibt aber noch Gegenden, in denen sie reichlich vorkommt. Sumpfdotterblumen eignen sich besonders gut zur Uferbepflanzung eines Teiches. Sie können sowohl unmittelbar am Wasser stehen, als auch weiter weg, nur muß eben genügend Feuchtigkeit vorhanden sein; sie können auch zeitweise im Wasser stehen.
Die Blätter sind nierenförmig, glänzend und leicht gekerbt. Die Blüten sind dottergelb und besitzen fünf Blätter.
Neben der einfachen, wildwachsenden Art, gibt es noch eine gefülltblühende Züchtung (*Caltha palustris* ‚Multiplex‘). Die gut gefüllten Blüten sind goldgelb, blühen etwas später als

Gefüllte Sumpfdotterblumen (Caltha „Multiplex")

die einfache Art und sind etwas niedriger (25 cm).
Es gibt auch noch eine weißblühende Sumpfdotterblume (Caltha palustris alba) mit einer sehr auffallenden Blüte. Wer einer hohen Art den Vorzug geben möchte, kann die *Caltha polypetala* anpflanzen. Sie wird 70–80 cm hoch. Die Blätter sind groß, glänzend und dunkelgrün, die Blüten goldgelb.
Die Vermehrung der Sumpfdotterblumen geschieht im allgemeinen durch Teilung im zeitigen Frühjahr, aber auch durch Aussaat. Läßt man die Fruchtstände ausreifen, kommt es häufig zur Selbstaussaat. Sumpfdotterblumen werden gerne von Mehltau befallen, deshalb eventuell vorbeugend spritzen.

Zyperngras *(Cyperus longus)*
Zyperngras ist mehr als Topfpflanze bekannt. Es empfiehlt sich aber auch im Wassergarten eine Topfkultur, d. h., man stellt es mit dem Topf ins Wasser. Es kann im Sumpf stehen, verträgt aber auch einen Wasserstand bis zu 20 cm. Die dunkelgrünen Blätter sind leicht überhängend. Die Blüten sind rotbraun in Büscheln angeordnet, die Höhe liegt etwa bei 120 cm.

Wasserhyazinthe
(Eichhornia crassipes)
Hier handelt es sich um eine Schwimmpflanze. Die Stiele der Blätter sind zu Schwimmblasen ausgebildet, die die Pflanze auf dem Wasser tragen. Die Blüten sind blauviolett, ährenförmig. Leider ist die Wasserhyazinthe nicht winterhart, so daß man sie in einem geeigneten hellen Raum über Winter einschlagen muß. Hierzu verwendet man nassen Torf und achtet stets darauf, daß er nicht austrocknet. Die Temperatur des Raumes sollte nicht unter 15°C absinken.

Wasserpest *(Elodea candensis)*
Diese bekannte Unterwasserpflanze hat eine sehr wasserreinigende Wirkung. Besonders wenn man Fische in den Wassergarten setzen möchte, sollte man sich diese Pflanze beschaffen. Nur muß man stets darauf achten, daß sie sich nicht zu sehr ausbreitet, da sie sonst den ganzen Teich bedeckt. Sie benötigt einen Wasserstand von 20 bis 100 cm.

Sumpfwolfsmilch
(Euphorbia palustris)
Die Wolfsmilch wird etwa 1 m hoch. Ihre grüngelben Blüten erscheinen schon im Mai. Sie verträgt einen Wasserstand bis 10 cm, doch braucht sie einen sonnigen Platz. Man kann sie auch im Topf oder Container ins Wasser stellen.

Japanische Sumpfiris
(Iris kaempferi)
Diese Sumpfiris mit ihren frischgrünen Blättern und ihren großen, radförmig ausgebreiteten Blüten braucht zum Gedeihen einen flachen Wasserstand oder sumpfigen Boden. Die Kultur neben anderen Sumpf- und Wasserpflanzen ist nicht so ganz ideal, da sie nämlich in den Herbst- und Wintermo-

naten etwas trockener stehen möchte. Sie blüht von Mai bis Juli und wird etwa 80 cm hoch, der Standort sollte sonnig sein.

Als weitere japanische Sumpfiris ist die *Iris laevigata* zu empfehlen. Sie benötigt ebenfalls einen feuchten Standort, jedoch während des ganzen Jahres. Sie wird 60 cm hoch und blüht im Juli/August. Beide Arten gibt es in blauen, violetten und rosafarbenen Tönen.

Tannenwedel *(Hippuris vulgaris)*
Wie der Name schon sagt, sind die Triebe dieser Wasserpflanze tannenähnlich ausgebildet. Die Blüte ist recht unscheinbar, deshalb pflanzt man den Tannenwedel in erster Linie wegen des Blattwerks. Er wird etwa 40 cm hoch und benötigt eine Mindestwassertiefe von 30 cm. Er bildet unter Wasser kräftige Ausläufer, so daß er bald an mehreren Stellen im Teich auftaucht und man Einhalt gebieten muß.

Links Vergißmeinnicht (Myosotis), rechts Tannenwedel (Hippuris).

Vergißmeinnicht *(Myosotis palustris)*
Das Sumpfvergißmeinnicht sollte in keinem Wassergarten fehlen. Zur Uferbepflanzung, auch noch ins Wasser hineinragend, blüht es bis in den Herbst hinein. Die Blätter sind frischgrün, es ist ausdauernd und läßt sich sehr leicht durch Stecklinge vermehren, da sich an den Trieben, die im Wasser hängen, Wurzeln bilden. Es soll im Wassergarten keine Schnittblumen liefern, sondern in der blütenarmen Zeit das Ufer bereichern.

Seerose *(Nymphaea)*
Seerosen gibt es in vielen Sorten und Farben. Für den kleinen Wasserteich reicht aber in der Regel eine Pflanze völlig aus, zumal es Sorten gibt, die einen Durchmesser von 150–180 cm (Blattwerk) auf der Wasseroberfläche erreichen.

Gepflanzt wird ab Ende April/Anfang Mai. Pflanzt man in Gefäße, müssen diese groß genug sein. Körbe, Kistchen und Tonbehälter sind gut geeignet, ebenfalls durchlöcherte Gefäße

Seerose „Rosennymphe".

aus Kunststoff. Man kann aber auch direkt in den Teich pflanzen, wenn man beim Anlegen diesen tief genug ausgehoben hat.

Die Pflanzstelle sollte schon aus einer etwa 25 cm dicken Schicht Pflanzerde bestehen. Als Pflanzerde verwendet man eine kräftige Lehmerde, der man einen Teil Rasenerde und einen Teil Torf hinzufügt und diese gut vermischt; die Erde sollte kalkarm sein.

Nach der Pflanzung deckt man das Gefäß oder die Pflanzstelle mit Sand ab. Das Rhizom wird mit einem Stein beschwert oder mit Draht verankert, damit es nicht hochschwimmt; es wird schräg gepflanzt. Ist der Wassergarten flach angelegt, muß man der Seerose einen Winterschutz geben oder sie herausnehmen und in einem frostfreien Raum überwintern. Dabei ist aber zu beachten, daß die Erde nicht austrocknet. Eine Abdeckung mit feuchtem Torf ist von Vorteil.

Ist der Teich tief genug, so daß das Wasser nicht bis auf den Grund einfrieren kann, läßt man natürlich die Seerose in Ruhe. Läßt man das Wasser über Winter ab, kann man die Seerose auch im Teich lassen, nur muß das Gefäß oder die Pflanzstelle mit einer dikken Laubschicht zugedeckt werden, zusätzlich legt man noch ein paar Fichtenreiser darüber.

Für einen niedrigen Wasserstand von 20–40 cm pflanzt man Sorten mit einem Blattwerkdurchmesser von 25–75 cm; für einen mittleren Wasserstand von 40–80 cm Sorten mit einem Blattwerkdurchmesser von 100 bis 130 cm; für einen hohen Wasserstand von 80–100 cm und darüber wählt man Sorten mit einem Durchmesser von 150–180 cm.

Jede gute Gärtnerei, die sich mit Wasserpflanzenzucht beschäftigt, bietet diese, für die jeweiligen Wasserstände geeigneten Seerosen an.

Noch ein Wort zu vorkommenden tierischen Schädlingen bei Seerosen.

Die Schlammschnecke kann die Blätter an der Unterseite befressen, so daß diese gelb werden und absterben. Hier sollte man sich die Mühe machen, in regelmäßigen Abständen zu kontrollieren; Ablesen ist die einfachste Bekämpfung.

Junge Blätter, aber auch die Blütenstiele werden oft von Blattläusen befallen. Hier hilft nur das Spritzen mit einem Insektizid, doch muß man vorsichtig sein; und sofern man an die Pflanzen herankommt, nur mit einem Handzerstäuber die jeweiligen befallenen Stellen besprühen. Bei Fischbesatz, Molchen und Fröschen sollte man von einer Spritzung ganz absehen und versuchen, die Blattläuse von Hand zu zerdrücken.

Bei regelmäßiger Kontrolle jedoch können Schädlinge gar keinen Schaden anrichten.

Rohrkolben *(Typha)*

Rohrkolben gibt es in verschiedenen Arten, die dementsprechend verschiedene Höhen erreichen.

Typha angustifolia wird bis zu 200 cm

hoch und benötigt eine Wassertiefe von 30 cm.
Typha laxmanii hat schmale Blätter und lange, jedoch zierliche Kolben von etwa 15 cm Länge. Diese Art erreicht eine Höhe von 150 cm und braucht einen Wasserstand von 30 cm.
Typha minima ist zierlich und wird nur 40 cm hoch, ein Wasserstand von 5–10 cm ist angebracht.

Wasserschwertlilie
(Iris pseudacorus)
Diese heimische Sumpfiris ist in Sümpfen und wasserführenden Gräben anzufinden. Sie wird 60–80 cm hoch, hat breite, schwertförmige Blätter und blüht gelb. Die Blüte ist in der Mitte schwarzbraun geadert. Am Blütenstengel stehen mehrere Blüten. Die Blütezeit reicht von Mai bis Juli, je nach Standort, ob sonnig oder schattig. Diese Iris ist besonders für den Anfänger zu empfehlen. Sie ist für die Uferregion gut geeignet, d. h. bis zu einem Wasserstand von etwa 30 cm. Sie zählt zu den Pflanzen, die sowohl Nährstoffe aus dem Boden als auch aus dem Wasser aufnehmen.

Uferbepflanzung

Für die Uferbepflanzung, d. h. unmittelbar am Wasser, wählt man Pflanzen aus, die ständige Bodenfeuchtigkeit beanspruchen. Nachfolgend einige geeignete Arten:

Prachtspiere *(Astilbe)*
Diese Staude ist ein idealer Blüher für halbschattige Lagen. Bei ständiger Bodenfeuchtigkeit gedeiht sie aber auch in der Sonne gut. Es gibt eine große Arten- und Sortenauswahl, dementsprechend auch verschiedene Blühzeiten, nämlich von Juni bis August. *Astilbe japonica* blüht von Juni

Prachtspiere (Astilbe).

bis Juli, *Astilbe simplicifolia* von Juli bis August, *Astilbe arendsii* von Juli bis September.

Spierstaude *(Filipendula)*
Diese dekorative Staude ist ebenfalls für die Pflanzung am Wasser gut geeignet. Mit ihren gefiederten oder gelappten Blättern bereichert sie das Ufer. Die Blütenfarben sind nicht ganz rein. Es gibt weiße, gelbe, rosa und rote Sorten. Die Blütezeit reicht von Juli bis August. Die Spierstaude ist sowohl für sonnige als auch für halbschattige Lagen geeignet.

Sibirische Iris *(Iris sibirica)*
Diese Iris eignet sich besonders gut für die Uferbepflanzung. Ihre schilfähnlichen Blätter verleihen ihr schon ein für die Wassernähe geeignetes Aussehen. Sie blüht im Juni/Juli und liebt einen sonnigen Standort. Das Sorten-

angebot ist sehr groß. Neben vielen Blautönen gibt es auch weiße Sorten. Die Höhe liegt bei den meisten Sorten zwischen 80–120 cm.

Rosenprimel *(Primula rosea)*
Diese kleine zierliche Primel ist eine der schönsten Primeln. Im zeitigen Frühjahr, noch bevor sie die Blätter entwickelt hat, entzückt sie mit ihren leuchtendrosafarbenen Blüten auf langen Stielen. Sie ist für die Randbepflanzung eines Wassergärtchens sehr gut geeignet, da sie stets feuchten, lehmigen Boden braucht; sie darf nicht trocken stehen, unter Umständen geht sie dann ein.
Im Herbst verschwinden die Blätter, sie geht ohne Blätter in den Winter, wie eine große Knospe, da sie eine winterliche Ruhezeit braucht. Die Vermehrung erfolgt durch Aussaat. Der Standort sollte sonnig bis halbschattig sein. Die ersten Blüten erscheinen schon im März.

Rosenprimel (Primula rosea).

Trollblume 'Golden Queen' (Trollius).

Trollblume *(Trollius)*
Die Trollblume fühlt sich in feuchten Lagen sehr wohl, deshalb sollte man ihr einen Platz in der Nähe des Teiches geben. Sie liebt einen sonnigen bis halbschattigen Standort.
Trollius europaeus, die europäische Art, hat hellgelbe Blüten und wird 50 cm hoch, sie blüht im Mai/Juni; sie wächst in vielen Gebieten (Alpenregion, Schwarzwald) wild und zählt zu den gesetzlich geschützten Pflanzen.
Trollius chinensis blüht goldgelb und hat auffallend hervortretende Honigblätter, sie wird 100 cm hoch und blüht später als die europäische Art, nämlich erst im Juni/Juli.
Trollius pumilis, die Zwergart unter den Trollblumen, wird nur 20 cm hoch, die Blüten sind gelb und schalenförmig, die Blütezeit liegt im Juni/Juli.

Sind Bäume in der Nähe, empfiehlt es sich im Herbst den Teich mit einem Netz zu überspannen.

Der Gartenteich im Herbst und Winter

Im Herbst, wenn das Laub von den Bäumen fällt, empfiehlt sich eine lose Abdeckung des Teiches mit einem Vogelschutznetz (natürlich nur wenn Bäume in der Nähe sind). Das hineinfallende Laub sinkt nach und nach auf dem Teichgrund, es wird schwarz. Das Wasser bleibt dadurch zwar klar, bekommt aber ein schwärzliches oder rötliches Aussehen. Das biologische Gleichgewicht ist nicht mehr gegeben. Durch das Überspannen mit einem Netz verhindert man weitgehend, daß sich Blätter auf dem Teichgrund sammeln. Ist trotzdem einmal Laub in den Teich gekommen, sollte man sich die Arbeit machen und es entfernen. Eine eventuelle Kalkgabe (pro m^3 Wasser 100–200 Gramm) stellt das Gleichgewicht des Teiches wieder her.

Im Winter läßt man den Teich in Ruhe. Das Wasser sollte möglichst im Becken bleiben. Um die Fische braucht man sich keine Sorgen zu machen, sie bleiben auch im Winter im Teich, sofern die Wassertiefe mindestens 60 cm beträgt; in kalten Gegenden sollten es 80 cm sein. Die meisten Fischarten, die für den kleinen Gartenteich in Frage kommen, gehen im Winter auf den Grund des Teiches und verhalten sich ruhig. Auf keinen Fall sollte man bei Fischbesatz im Winter ein Loch in das Eis schlagen, dadurch kann man den Fischen Schaden zufügen. Durch die Erschütterungen bzw. Schwingungen des Schlages können den Fischen die Schwimmblasen platzen.

Im Herbst sollte man die Stengel von den Wasser- und Uferpflanzen nicht abschneiden. Sie bilden bei zugefrorenem Teich eine Sauerstoffleitung.

Hat man einen Stromanschluß in der Nähe des Teiches, kann man mit einem Aquariumheizstab ein Loch in der Eisdecke offenhalten.

Der Wintergarten

Ein Wintergarten ist wie ein Übergang zwischen freier Natur und einem Stück selbstgeschaffener Natur im Haus.
Es gibt heute die Möglichkeit, sich ohne große finanzielle Mittel einen Wintergarten einzurichten. Wenn früher ein Wintergarten nur beim Bau eines Hauses mit eingeplant werden konnte, hat man heute die Möglichkeit, an jedes Haus einen Wintergarten oder ein Anlehngewächshaus anzubauen.
Im Zeitalter des Energiesparens wird ein Wintergarten, der ja gleichzeitig Sonnenraum ist und in dem durch die Sonne Wärme erzeugt wird und diese wiederum als Heizwärme mitverwendet werden kann, sehr interessant.
Erforderlich ist ein Platz an der Sonnenseite des Hauses. Es können aber auch Garten-Sitzplätze mit überdacht werden. Es kann ein Platz vor dem Wohnzimmer sein, so ist es möglich, z. B. eine Terrasse mit einzubeziehen. Es gibt also eine Reihe von geeigneten Plätzen am Haus. Man sollte sich von einschlägigen Firmen über das Wintergartenprogramm beraten lassen. Die Konstruktionen sind meistens so ausgeführt, daß ein Selbstbau ohne weiteres möglich ist. Als Material wird hauptsächlich Aluminium verwendet, das in verschiedenen Farbnuancen lieferbar ist.
Diese Wintergärten können mit Sicherheitsglas oder mit Doppelverglasung ausgerüstet werden. Neben automatischen Fensteröffnern (Flüssigkeitsausdehnung) gibt es Schattieranlagen für innen und außen, so daß Pflanzen vor Verbrennungen durch die Sonne geschützt werden können.

Einige Pflanzen für den Wintergarten

Bromelie *(Aechmea)*
Die Familie der Ananasgewächse, zu der die Bromelie gehört, ist sehr groß. Die Heimat ist das tropische Südamerika, hauptsächlich Kolumbien und Brasilien. Dort wachsen viele Arten auf Bäumen und fangen mit ihren trichterförmigen Blattrosetten das Regenwasser auf. Deshalb gießt man das Wasser auch in diese Blattrosetten und nicht direkt in den Blumentopf. Aus diesem Trichter wächst später auch die Blüte, die bei manchen Arten zwar recht unscheinbar ist, jedoch geben die intensiv gefärbten Hochblätter den Pflanzen ein reizvolles Aussehen. Diese gefärbten Hochblätter überdauern die Blüte noch lange Zeit.
Nach der Blüte stirbt die Mutterpflanze ab, doch sie hat für Nachwuchs gesorgt. Sie hat rechtzeitig Seitensprosse gebildet (Kindel), die man abtrennt und in nicht zu große Töpfe (etwa 8 cm) pflanzt. Schon nach 1–2 Jahren blühen sie erneut. Die Pflanzerde entspricht der der Orchideen, nämlich durchlässigen Kompost mit Heideerde, Sand und Torf vermischt.
Zum Umtopfen nimmt man keine großen Blumentöpfe, sondern nur ein wenig größere als die vorherbepflanzten, die Pflanzen müssen aber guten Halt haben.
Bromelien lieben hohe Luftfeuchtigkeit und Wärme. Im Winter sollte die Temperatur 15–18°C betragen, im Sommer und besonders in der Blütezeit 20–25°C.

Bromelie (Aechmea) aufgeblüht.

Junge Bromelien (Kindel) werden von der Mutterpflanze getrennt und eingepflanzt.

Flamingoblume *(Anthurium)*
Die Flamingoblume zählt ebenfalls zu den Ananasgewächsen; sie stammt aus dem tropischen Amerika. Scherzers Flamingoblume *(Anthurium scherzerianum)* ist mit ihrer roten Blütenfarbe vielen Blumenliebhabern bekannt. Sie benötigt hohe Luftfeuchtigkeit und Wärme, jedoch liebt sie keine direkte Sonnenbestrahlung und sollte deshalb schattiert werden.
In der Ruhezeit, etwa von Oktober bis Januar, wird wenig gegossen. Die Blütezeit beginnt im Februar und endet im Juli. Anthurien brauchen einen guten Wasserabzug. Deshalb sollte beim Umpflanzen etwa ein Drittel des Topfes mit zerkleinerten Topfscherben gefüllt werden. Die Pflanzerde sollte ziemlich grob sein und aus einer Mischung von Komposterde, Heideerde und Torf bestehen.

Aukube *(Aucuba)*
Von dieser robusten Zimmerpflanze gibt es schöne Kulturformen mit gelb- und rotgefleckten Blättern. Ein heller, luftiger Standort sagt ihr zu, doch sollte sie nicht in praller Sonne stehen. Reichliche Wasserzufuhr und Besprühen im Sommer ist notwendig. Im Winter benötigt sie nur wenig Wasser und kommt schon mit 3°C aus.
Die Aukube blüht etwa im Juni, doch sind die Blüten unscheinbar und bedeutungslos. Im Frühjahr sollte sie in eine gute Einheitserde umgepflanzt werden. Gelegentliche Düngergaben im Sommer (flüssiger Dünger) sind zu empfehlen.
Die Aukube kann eine beachtliche Höhe von 1,50–2 m erreichen, deshalb ist sie für den Wintergarten gut geeignet.

Dieffenbachie *(Dieffenbachia)*
Diese Pflanze ist in den Urwäldern Brasiliens zu Hause und nach dem deutschen Arzt Dr. Dieffenbach benannt. Sie zählt zu den Aronstabgewächsen.
Die gärtnerische Kulturform mit ihren schönen Blättern ist eine Kreuzung aus zwei brasilianischen Wildformen. Die Blüten sind unscheinbar und von keiner Bedeutung. Die Pflanze benötigt viel Wärme und hohe Luftfeuchtigkeit. Die Temperatur sollte auch im Winter, während der Ruhezeit, nicht unter 14–16°C absinken. Im Sommer muß reichlich gegossen werden. Da die Blätter sehr schön gezeichnet sind,

Dieffenbachia.

ist von häufigen Düngergaben abzuraten, da sie sonst zu leicht vergrünen.
Umgepflanzt wird im Frühjahr in etwas grobe Erde, die aus Lauberde, Komposterde, Lehm und Sand zusammengesetzt sein sollte, natürlich kann man auch Einheitserde verwenden.

Riemenblatt *(Clivia)*
Clivien sind unter ihrem botanischen Namen eher bekannt als unter dem deutschen; sie zählen zu den Amaryllisgewächsen. Die Clivie ist eine sehr dekorative Pflanze, allein schon durch das Aussehen ihrer Blätter.
Sie blüht erst, wenn sie älter wird und dann nur im Frühjahr. Der Standort sollte warm und hell sein, aber nicht in praller Sonne. Die Ruhezeit tritt etwa ab September ein, in dieser Zeit wird sie nur wenig gegossen; eine Temperatur von 10°C genügt.
Eine Vermehrung kann durch Seitentriebe erfolgen; sie werden am besten erst von der Mutterpflanze getrennt, wenn sie schon Wurzeln gebildet haben.
Umgepflanzt wird im Frühjahr, dabei ist auf die leicht zerbrechlichen fleischigen Wurzeln Rücksicht zu nehmen.
Gedüngt wird nur bis Juli.

Zimmeraralie *(Fatsia)*
Diese Pflanze, die bei guter Pflege viele Blätter treibt und als Blattpflanze hohen Wert hat, kommt im Winter mit niedrigen Temperaturen von 5–8°C aus.
Aralien lassen sich leicht aus Samen ziehen, wobei die Aussaatzeit das Frühjahr ist. Das Umpflanzen sollte ebenfalls im Frühjahr in eine gute Einheitserde erfolgen.
Im Sommer kann man Aralien auch ins Freie stellen, am besten man senkt die Pflanze mit dem Topf an einer leicht schattigen Stelle im Garten ein.

Neben der breitblättrigen Aralie gibt es noch die Fingeraralie *(Dizygotheca)*. Diese dekorative Pflanze, mit ihren schmalen, fingerartigen, gezackten Blättern weicht jedoch in der Haltung und Pflege wesentlich von der vorgenannten Art ab. Sie muß warm stehen; im Winter sollte die Temperatur nicht unter 15°C absinken. Als Erde verwendet man eine Mischung aus Laub- und Mistbeeterde sowie Sand und Torf.
Die Fingeraralie kann über Sommer nicht in den Garten gestellt werden.

Zimmerefeu *(Hedera helix)*
Der Efeu besitzt ein großes Verbreitungsgebiet, doch eignet sich der im Freiland wachsende Efeu weniger für den Wintergarten oder das Zimmer. Hierfür wurden zwergwüchsige, buntblättrige Formen gezüchtet.
Im Sommer sollte der Zimmerefeu halbschattig stehen, er kommt auch noch mit wenig Licht aus. Die Wasserzufuhr sollte mäßig sein, öfteres Besprühen der Blätter ist zu empfehlen. Als Pflanzerde genügt lehmiger Boden, dem man etwas Sand zufügt. Für regelmäßige Düngergaben ist die anspruchslose Pflanze jedoch dankbar.
Die Überwinterung kann in beheizten, aber auch in unbeheizten, jedoch frostfreien Räumen geschehen. Efeu kann als Ampelpflanze oder als Kletterpflanze gezogen werden. Die Vermehrung erfolgt durch Kopfstecklinge. Man steckt mehrere Triebspitzen zusammen in einen Topf. Die beste Zeit hierfür ist der Sommer.

Das Kleingewächshaus

Ein Kleingewächshaus im eigenen Garten ist der Traum vieler Gartenfreunde. Doch nicht jeder Platz ist hierfür geeignet. Besonders bei einem kleinen Garten ist es oft schwierig, ein Gewächshaus, sei es noch so klein, unterzubringen.

Ein Gewächshaus, wie auch ein Frühbeet, sollte immer den wärmsten Platz im Garten haben. Das heißt, der Platz sollte so lange wie möglich den Sonnenstrahlen ausgesetzt sein. Aber nicht nur bei sonnigem, auch bei trübem Wetter sollte die Einstrahlung des Lichtes so lang wie möglich sein und durch nichts (Mauer, Bauwerk, alter Baumbestand) abgehalten werden. Das ist besonders wichtig, wenn man das Gewächshaus auch in den kurzen Tagen im Winter benutzen möchte.

Der Handel bietet Kleingewächshäuser in allen Größen an. In den letzten Jahren wurden gerade auf diesem Gebiet sehr viele Neuheiten entwickelt, um es dem Liebhaber leichter zu machen. Auf Gartenausstellungen in Essen, Stuttgart, Frankfurt, Nürnberg, auf Bundesgartenschauen, aber auch auf regionalen Ausstellungen sowie in größeren Gartencentern oder beim Hersteller selbst sind Kleingewächshäuser ausgestellt; hier kann man sich vor Ort ausreichend über das weitgefächerte Angebot informieren.

Überschreiten Gewächshäuser eine bestimmte Größe, ist das Aufstellen genehmigungspflichtig. Das kann von Bundesland zu Bundesland verschieden sein. In der Regel kann aber auch der Hersteller Auskunft geben, ob ein Haus einer Genehmigung bedarf oder nicht. Nicht zuletzt hat man die Möglichkeit, beim städtischen Bauamt (Stadtgebiet) oder beim Kreisbauamt (ländliches Gebiet) Auskunft einzuholen.

Freistehendes Kleingewächshaus mit Satteldach.

Das Folienhaus

Das einfachste Gewächshaus ist das Folienhaus. Der Handel bietet hier ein Selbstmontage-System an. Alle Teile werden zerlegt angeliefert, so daß es kein Problem ist, so ein Folienhaus nach der beiliegenden Montageanleitung selbst aufzubauen. Einfache Steck- und Schraubenverbindungen erleichtern einen mühelosen Aufbau.
Die Gewächshausfolie wird nach Abschluß des Aufbaues einfach über das Gerüst gespannt. Auf diese Spezialfolie, die natürlich UV-stabilisiert ist, geben die Hersteller mehrere Jahre Garantie. Doch sollte man auf die Folienstärke achten, sie sollte nicht unter 0,2 mm liegen.
Ein Foliengewächshaus ist für den Gartenfreund zu empfehlen, der ein Grundstück nur gepachtet hat oder der Erfahrungen mit einem Gewächshaus sammeln möchte. Auch Folienhäuser können eine sehr komfortable Inneneinrichtung besitzen; so werden Ventilatoren, Arbeitstische, Hängeregale und vieles mehr angeboten. Die Größe dieser Folienhäuser reicht von 5 m^2–25 m^2 und mehr. Besonders für die Übergangszeiten im Frühjahr und Herbst kann ein solches Gewächshaus gute Dienste leisten.

Das Gewächshaus aus Glas

Glas ist seit alters her Baustoff für Gewächshäuser. Bei den verwendeten Glasarten unterscheidet man in Blankglas und Klarglas.
Blankglas ist durchsichtig, wie unser Fensterglas, die Pflanzen erhalten direktes Licht.
Klarglas dagegen ist nicht durchsichtig, die Pflanzen erhalten zerstreutes Licht.
Das Glasgewächshaus bedarf einer soliden Holz- oder Metallkonstruktion. Holz wurde in den letzten Jahren durch Metall verdrängt, und hier in erster Linie Aluminium.
Aluminium ist haltbar, verzieht sich nicht und rostet nicht, außerdem ist kein Streichen erforderlich. Aus Aluminiumlegierung hergestellte Gewächshäuser haben sich im Erwerbsgartenbau sehr bewährt.
Bekanntlich mußten Glasgewächshäuser immer verkittet werden. Diese Art der Kittverglasung hat man heute bei Kleingewächshäusern zum Teil nicht mehr. Das Glas liegt auf elastischen Kunststoffstreifen und wird durch Stahl- oder Glasklammern festgehalten.
Muß dennoch verkittet werden, wird immer Unter- und Oberkittung vorgenommen. Der Kitt wird auf die Sprossen gleichmäßig aufgetragen, dann erst wird die Scheibe aufgesetzt (Unterkittung). Die Oberkittung bildet den Abschluß, d. h., sie dichtet die Fugen zwischen Glas und Sprosse an der Oberseite ab. Hierfür gibt es spezielle Gewächshauskitte.
Die Verlegung von Glas ist für den ungeübten Hobbygärtner nicht einfach. Glas bricht leicht und wiegt schwer. Hinzu kommt, daß beide Glasarten, also Blankglas und Klarglas bei starker Sonneneinstrahlung und bei frischen Pflanzungen sowie bei Aussaaten schattiert werden müssen, wenn auch bei Klarglas die Sonneneinwirkung etwas gemindert wird.
Die verwendeten Stärken belaufen sich bei Blankglas auf 2,8 mm MD (mittlere Dicke) und 3,8 mm DD (doppelte Dicke), bei Klarglas auf 3,0 mm, 3,8 mm und 5,0 mm.
Als Besitzer eines Gewächshauses sollte man darauf achten, daß das Glas durch oberflächlichen Schmutz nicht an Lichtdurchlässigkeit verliert, des-

halb ist eine Generalreinigung im Herbst angebracht, um bei einer Ganzjahresnutzung in der lichtarmen Zeit genügend Lichteinfall zu haben.
Glas ist schwer, deshalb empfiehlt es sich wegen der hohen Transportkosten, dieses vom örtlichen Handel zu beziehen, zumal die Glaspreise etwa überall einheitlich sind. Die Hersteller von Kleingewächshäusern liefern dem Gartenfreund außerdem einen Glasplan mit, aus dem man die benötigten Mengen und Maße ersehen kann.

Das Gewächshaus aus Kunststoff

Eine weitere Gruppe von Werkstoffen, die zum Bau von Gewächshäusern verwendet werden, sind Kunststoffe. Sie sind witterungsbeständig und sehr widerstandsfähig gegen Bruch. PVC-Wellplatten in verschiedenen Qualitäten und Ausführungen finden Verwendung, die durchaus als Glasersatz bezeichnet werden können.
Eine durch die Wellung verursachte Lichtbrechung bzw. Lichtstreuung erübrigt in der Regel ein Schattieren. Ein wichtiger Punkt ist noch die UV-Lichtdurchlässigkeit, die für ein gesundes Pflanzenwachstum erforderlich ist.
Nach einer gewissen Bewährungszeit werden auch in verstärktem Maße Plexiglas-XT-Stegdoppelplatten im Gewächshausbau verwendet. Diese bestehen aus zwei Platten, die durch Stege verbunden sind. Diese Platten geben durch den Hohlraum eine ausgezeichnete Wärmeisolation, das bedeutet bei einem Warmhaus beachtliche Heizkostenersparnis. Die Licht- und UV-Durchlässigkeit ist sehr hoch.
Als weitere Kunststoffe werden noch Acrylglas und glasfaserverstärktes Polyester benutzt. Die Lichtdurchlässigkeit liegt bei Acrylglas bei fast 90% und entspricht etwa dem im Gewächshausbau verwendeten Glas.
Für alle vorgenannten Kunststoffabdeckungen sind die Gewächshauskonstruktionen natürlich aus Aluminium- bzw. verzinkten Metallteilen.

Gewächshausformen

Für den kleineren Garten kommen in erster Linie Giebelgewächshäuser (Satteldach) oder Pultdachgewächshäuser (Anlehngewächshaus) in Frage.
Giebelgewächshäuser sind in der Hauptsache freistehend, doch können sie auch mit der Stirnseite an eine Mauer oder Garagenwand angebaut werden.

Giebelgewächshaus.

Pultdachgewächshaus (Anlehngewächshaus).

Das Pultdachhaus dagegen benötigt immer eine Wand zum direkten Anbau, das schließt nicht aus, daß es sogar als Wintergarten verwendet werden kann.

Warmhaus oder Kalthaus

Der Berufsgärtner teilt die Gewächshäuser in der kalten Jahreszeit in
a) Kalthäuser (5–7°C),
b) temperierte Häuser (12–15°C),
c) Warmhäuser (15–30°C)
ein.
Für den Hobbygärtner stellt sich die Frage nicht. Für ihn kommt nur ein Kalthaus oder ein Warmhaus in Frage.
Ein Kalthaus kommt in der Regel ohne zusätzliche Technik aus. Im Winter wird es stillgelegt oder es kommen Pflanzen hinein, die mit extrem niedrigen Temperaturen auskommen und bei starken Frösten noch zusätzlich zugedeckt werden. Das können härtere Gewächse, wie Oleander, Myrten oder Kakteen sein, aber auch Fuchsien oder Pelargonien.
Ein Kalthaus kann auch zum Gemüseeinschlag verwendet werden, zur Lagerung von Obst und für vieles mehr.
Bei längerer Sonneneinstrahlung im Winter können auch im Kalthaus die Temperaturen ansteigen, so daß eine Lüftung erforderlich ist. Wiederholte extreme Temperaturschwankungen bekommen den zu überwinternden Pflanzen nicht.
Ein Kalthaus soll aber zumindestens im zeitigen Frühjahr frostfrei gehalten werden, deshalb ist nachts eine entsprechende Heizung erforderlich. Das kann ein Ölofen oder eine elektrische Heizung sein, die von den Gewächshausherstellern eigens dafür angeboten werden. Mit den länger werdenden Tagen hilft uns die Natur, tagsüber die Temperaturen steigen zu lassen.

Das Warmhaus ist für den Liebhaber von Warmhauspflanzen, wie z. B. Orchideenarten, Anthurien oder Farnkräutern, gedacht. Aber auch für die Anzucht von Frühgemüsepflanzen, von einjährigen Sommerblumen mit langer Anzuchtzeit, wie Begonien oder Verbenen, wird ein Warmhaus benötigt.
Voraussetzung für ein Warmhaus ist die Stabilität, die richtige Isolierung und nicht zuletzt die Heizung. Ein Folienhaus ist als Warmhaus nicht geeignet.

Heizung/Isolierung

Für die Heizung stehen die drei Energiequellen Heizöl, Gas und Elektrizität zur Verfügung.
Der Idealfall ist natürlich gegeben, wenn das Gewächshaus an der Zentralheizung des Hauses mit angeschlossen ist. Sicher berät der Heizungsinstallateur den Hobbygärtner zu dieser Frage ausreichend. Auch der Gewächshaushersteller gibt Ratschläge über Beheizungsmöglichkeiten und Kosten.
Eine Isolierung ist bei einem beheizten Gewächshaus unumgänglich. Sie macht sich weitgehend durch Heizkostenersparnis bezahlt. Da viele Gewächshäuser ohne Fundament auskommen, können entlang des Hauses in der Innenseite Styroporplatten eingegraben werden, so daß sie mit der Erdreichhöhe abschließen oder auch etwas höher stehen. Sehr zu empfehlen sind Isoliermatten aus Luftpolsterfolie, die man um das Gewächshaus anbringt und mit Klammern befestigt. Die Folie nimmt man im Frühjahr wieder ab, sie läßt sich viele Jahre verwenden, wenn sie sorgsam behandelt wird. Eine 10–20 cm dicke Laub- oder Mistabdeckung rings um das Ge-

wächshaus läßt ebenfalls von unten her keinen Frost eindringen.
Daß Türen und Lüftungsklappen gut schließen müssen, ist wohl selbstverständlich. Bei verkitteten Glasscheiben ist im Herbst eine Kontrolle über eventuelle Schadstellen vorzunehmen, notfalls müssen die Stellen neu verkittet werden.

Lüftung

Auf die Lüftung muß großer Wert gelegt werden. In einem ungelüfteten Gewächshaus können im Sommer bei Sonneneinstrahlung 50°C und mehr erreicht werden. Im allgemeinen ist die Lüftung an der höchsten Stelle des Hauses angebracht. Doch sollte eine Firstlüftung an beiden Seiten des Hauses angebracht sein, damit man je nach Windrichtung auf der einen oder anderen Seite lüften kann. Sehr empfehlenswert ist der Einbau eines Ventilators (wird vom Gewächshaushersteller mit angeboten), er sorgt für ständige Luftumwälzung, natürlich ist ein Stromanschluß Voraussetzung. Eine weitere Möglichkeit ist ein automatischer Fensterheber, der das Fenster öffnet und schließt, ohne elektrische Energie zu verbrauchen. Er funktioniert selbsttätig durch Wärmeeinwirkung auf unter Druck stehende Flüssigkeit.

Innenausstattung

Für die Innenausstattung eines Kleingewächshauses wird eine Reihe von Zubehör angeboten, in Form von Hängebrettern, Pflanztischen, Gewächshausstellagen und vielem mehr. Doch kommt es hierbei immer auf die Nutzung des Gewächshauses an. Bei Bepflanzung des Hauses mit Tomaten, Hausgurken oder anderen kälteempfindlichen Pflanzen, kann auf viele Einrichtungen verzichtet werden, weil sie dann nur im Wege sind. Die Einrichtung ist so zu treffen, daß möglichst viele Pflanzen gepflanzt oder aufgestellt werden können und noch so viel Raum bleibt, daß der Gartenfreund genügend Bewegungsfreiheit beim Arbeiten hat.
Der Wunsch eines jeden Gewächshausbesitzers ist natürlich auch ein Vermehrungsbeet. Dieses ist nichts anderes als ein kleiner Frühbeetkasten im Gewächshaus, der aber nicht auf ebener Erde steht, sondern erhöht auf einer Stellage. In diesem Kasten werden die feinsten Aussaaten in Schalen oder Kistchen vorgenommen oder Stecklinge zum Bewurzeln aufgestellt. Dieser Kasten kann noch zusätzlich beheizt werden, so daß der Gartenfreund auch tropische Pflanzen aussäen und vermehren kann.
Ein Maxima-Minima-Thermometer sollte in keinem Gewächshaus fehlen, es zeigt die jeweils herrschende Temperatur sowie die höchste und niedrigste Temperatur des Tages an. Zu empfehlen ist auch ein Bodenthermometer, besonders bei Bodenbepflanzung im Gewächshaus.

Schattierung des Gewächshauses

Viele Pflanzen im Gewächshaus würden durch die Sonneneinstrahlung Schaden nehmen, würde man sie nicht schützen. Man nennt das ganz einfach Schattieren. Durch die Schattierung sollen die Sonnenstrahlen abgehalten werden, ohne jedoch den Pflanzen das Licht vollends wegzunehmen. Man kann das mit Schattierfarbe tun; doch geht die Sonne weg, wird es meist etwas zu düster im Gewächshaus, wenn die Schattierfarben auch hell und

Gewächshaus mit schattierter Seite (aufrollbare Außenschattierung).

lichtdurchlässig sind. Ein weiterer Nachteil der Schattierfarbe ist, daß man im Herbst die Scheiben unter großem Arbeitsaufwand reinigen muß, weil die Farbe sich nicht immer leicht entfernen läßt.

Sehr zu empfehlen sind Außenschattierungen mit aufrollbaren Schattenleinen oder Schattendecken. Diese Art des Schattierens ist jedoch nur bei glasgedeckten Gewächshäusern notwendig. Bei Gewächshäusern mit PVC-Wellplatten oder auch mit Stegdoppelplatten gedeckten Häusern ist ein Schattieren durch die Lichtbrechung nicht erforderlich.

Gemüsezucht im Gewächshaus

Will man Gemüse im eigenen Gewächshaus ziehen, so ist das Winterhalbjahr besonders geeignet dazu. Zumal in diesen Monaten das Frischgemüse von weither oder aus Kühlräumen kommt und viel an Qualität verloren hat. Man sollte auch nicht unbedingt die Wirtschaftlichkeit abwägen, wie es der Berufsgärtner tun muß. Bewegung im Garten, Hobbyfreuden, gepaart mit gesundheitlichem Wert sollten immer ein Ansporn sein.

Die Samenzüchter haben für das Gewächshaus spezielle Gemüsesorten gezüchtet. So gibt es bei Kopfsalat und Radies sogenannte Kurztagssorten, diese Sorten können zum Teil schon ab Oktober bis Januar ausgesät werden. Sie sind schnellwachsend und benötigen weniger Licht (kürzeres Tageslicht) als übrige Sorten.

Kopfsalat ‚Larissa‘, eine schnellwachsende Sorte, die gute geschlossene Köpfe bildet. Resistent gegen den im Herbst und Frühjahr unter Glas auftretenden Mehltau. Für beheizten und kalten Anbau unter Glas und Folie. Günstige Aussaatzeiten für Frühanbau: Anfang Dezember bis Anfang Februar. Für Spätanbau: Mitte August bis Mitte September.

Kopfsalat ‚Verdi' ist ebenfalls für den Herbst- und Frühjahrsanbau unter Glas geeignet. Großer, schnellwachsender, kompakter Salat mit glatten, zarten, aber kräftigen Blättern. Widerstandsfähig gegen Randen und Glasigkeit. Aussaat: Ende August bis Ende Januar.

Radies ‚Boy', eine Kurztags-Treibsorte für Ausaat ab Oktober bis Anfang Januar; schnellwachsend, hellscharlachrote Knollen bildend. Die Kultur sollte bei 8–15°C stattfinden, Mindestabstand 6 x 6 cm.

Radies ‚Fix', ein polyploides, rotes Kurztagsradies für Aussaat in Folgesätzen ab Oktober bis Ende Dezember. Die Kultur sollte ebenfalls bei 8–15°C stattfinden. Dieses Radies hat eine schnelle Anfangsentwicklung und bildet langes Laub.

Ideale Treibkulturen für das Gewächshaus sind in erster Linie **Hausgurken und Tomaten.** Bei diesen beiden Kulturen darf man nur Sorten verwenden, die zum Treiben geeignet sind. Mit Freilandsorten hat man wenig Erfolg. Treibgurken werden an Drahtgerüsten hochgezogen, dazu müssen sie von Zeit zu Zeit angebunden werden. Sehr zu empfehlen sind die rein weiblichen F_1-Hybridsorten.

Die Aussaatzeit der Tomaten für den Treibanbau ist schon im Dezember/Januar. Im Gewächshaus pflanzt man 75 x 40 cm. Auch hier sind die F_1-Hybridsorten zu empfehlen.

Es gibt praktisch keine Gemüseart, die man nicht unter Glas ziehen kann. Wenn man das Gemüse auch nicht fertig zieht, sondern nur Jungpflanzen für das Freiland heranzieht, hat man doch schon viel gewonnen. Man weiß, welche Sorte man gesät hat, leider weiß man das beim Pflanzenkauf auf dem Markt nicht so genau, da man frühes Weißkraut oder frühe Blumenkohlpflanzen kauft, aber die Sorte meistens nicht erfährt.

Tomatenzucht im Gewächshaus bringt immer Erfolg.

Blumen im Gewächshaus

Neben dem Gemüse sollten die Blumen im Kleingewächshaus nicht vergessen werden. Hier gibt es Spezialisten, besonders auf dem Gebiet der Orchideen- und Kakteenzucht. Besonders bei Blumen sind Hängeborde, Hängetabletts und Tische notwendig. Blumen sollen in Tischhöhe stehen, man kann dann gut daran arbeiten. Auf die Tischblechen, auch Kulturtische oder Kulturbleche genannt, wird Torfmull gestreut, bevor Blumentöpfe daraufgestellt werden. Die meisten Kulturtische haben deshalb eine etwa 5 cm hohe Einfassung. Von Zeit zu Zeit sollte der Torf erneuert werden. Bei Kakteen wird statt Torf Sand verwendet.

Die Blumenzucht im Kleingewächshaus wird von Liebhabern bevorzugt.

Hängefuchsien im Kleingewächshaus.

Sehr reizvoll ist es, im Gewächshaus Blumenzwiebeln zu treiben. Die Blumenzwiebeln, Hyazinthen, Tulpen und Narzissen werden im Herbst eingetopft, im Freiland 10–15 cm tief eingegraben und mit Laub abgedeckt. Ab Dezember werden die Töpfe nach und nach in das Gewächshaus geholt und zum Treiben aufgestellt. Nun müssen sie reichlich gegossen werden. Die gelben Sprosse werden schnell grün und nach wenigen Wochen beginnt die Blüte.

Pelargonien für Balkon, Garten und Friedhof kann man sich selbst im Kleingewächshaus heranziehen. Die leichteste und schnellste Vermehrung ist die Anzucht durch Stecklinge.

Die Herbstvermehrung, ab August, bringt guten Erfolg und gibt bis April/Mai starke Pflanzen. Im Spätsommer und Frühherbst hat man genug Mutterpflanzen zur Verfügung, so daß kein Mangel an gesundem Stecklingsmaterial entsteht.

Die Stecklinge werden geschnitten (siehe Kapitel Kopfstecklinge) und bleiben dann an einem schattigen Ort 3–4 Stunden liegen, damit die Schnittflächen abtrocknen; der Gärtner nennt es auch „anwelken" lassen. Gesteckt wird direkt ins Vermehrungsbeet oder in 5–7 cm Töpfe, am besten in sandige Komposterde oder im Vermehrungsbeet in ein Sand-Torf-Gemisch.

Gründliches Bewässern, dafür weniger oft, ist besser als zu häufiges Spritzen. Bei dauerndem Feuchthalten der Blätter kann Fäulnis entstehen.

Nach der Bewurzelung (nach etwa 3 Wochen) wird gut gelüftet. Waren die Stecklinge im Vermehrungsbeet, werden sie herausgenommen und in kleine Töpfe gepflanzt.

Zunächst bleiben sie in den kleinen Töpfen stehen und werden nur wenig gegossen. Eine Temperatur von 8–10°C reicht vollkommen aus, sie kann zweitweise auch noch tiefer liegen.

Geschnittene Geranienstecklinge, links Hängegeranie, rechts stehende Geranie.

Umgepflanzt wird ab Januar in 12 cm Töpfe. Man kann sich selbst eine Erdmischung zusammenstellen, bei fertig gekaufter Erde weiß man nie, ob sie nicht zu fett ist. Zu fettige Erde geht auf Kosten der Blütezeit; es gibt zwar kräftige Pflanzen, doch tritt eine merklich verzögerte Blütezeit ein und bei Pelargonien kommt es in erster Linie auf die frühe Blütezeit an. Eine gute Erdmischung für Pelargonien ist folgende:

3 Teile Komposterde,
2 Teile Mistbeeterde,
1 Teil Lehm oder lehmhaltige Gartenerde,
2 Teile Torf,
1 Teil Sand.

Bei Hängepelargonien verfährt man ebenso, nur steckt man hier drei Stecklinge in einen 7–8 cm Topf. Hängepelargonien *(Pelargonium peltatum)* wurzeln etwas schwerer an als aufrechtwachsende Pelargonien *(Pelargonium zonale)*.

Ab Februar kann man eine Volldüngergabe in Form von Flüssigdüngung geben. Das Wachstum geht zügig voran, jetzt muß man darauf achten, daß die Pflanzen nicht zu dicht stehen. Legt man Wert auf besonders buschige Pflanzen, kann man nach dem Umpflanzen im Januar ein Entspitzen vornehmen. Man zwickt die Spitzen ganz einfach mit dem Daumennagel ab.

Im Gewächshaus lassen sich Pelargonien aus Samen ebenfalls leicht ziehen. Man ist unabhängig von Mutterpflanzen, und es werden keine Krankheiten mitverschleppt. Die Aussaat wird schon Mitte bis Ende Dezember vorgenommen. Pikieren in Saatkistchen ist erforderlich. Sind die Pflänzchen stark genug (nach etwa 3 Wochen), werden sie gleich in 10–12 cm Töpfe gepflanzt. Jetzt sollte die Temperatur allerdings um 20°C liegen. Nach dem Anwurzeln geht man mit der Temperatur etwa 1°C je Woche zurück; dadurch erreicht man bis April abgehärtete Pflanzen.

Zur kalten Überwinterung kann man aber auch schon Ende September aussäen, Anfang Oktober pikieren und 4 Wochen später eintopfen. Es genügt dann ein Aufstellen bei 3°C, erst ab Ende Februar/Anfang März geht man auf etwa 10°C bei Nacht und etwa 13°C am Tag. Die Temperatur kann bei Tag um diese Jahreszeit, bedingt durch die Sonneneinwirkung, auch höher sein.

Bei dieser kalten Überwinterung werden Heizkosten gespart. Die Überwinterung kann mit anderen Pflanzen, wie z. B. Kakteen, vorgenommen werden, wenn die kalte Kultur auch länger dauert als die normale warme Kultur.

Fuchsien lassen sich ebenfalls durch Kopfstecklinge leicht vermehren. Sie finden Verwendung für Balkon, Friedhof, aber auch als Zwischenpflanzung im Vorgarten.

Fuchsien lieben einen halbschattigen Standort, eine Ausnahme macht die röhrenblütige Art, sie gedeiht nicht im Schatten. Fuchsien lassen sich zu Pyramiden- oder Hochstammformen

„erziehen". Ein Hochstamm „erzieht" man folgendermaßen:
Der Steckling wird nach der Bewurzelung in nahrhafte Erde gepflanzt (8 cm Topf) und an einem halbschattigen Standort aufgestellt, damit die Blütenbildung nicht so früh einsetzt. Seitentriebe werden zurückgeschnitten. Man nimmt sie nicht ganz weg, sondern läßt zwei Blätter stehen, sie helfen das Dikkenwachstum des Stammes zu fördern. Später, wenn das Stämmchen ausgebildet ist, können die Triebe ganz entfernt werden. Ist der Stamm hoch genug, wird auch die Spitze ausgekniffen. Nun bilden sich obere Seitentriebe, durch die der Kronenaufbau beginnt. Mehrmaliges Einkürzen der Ästchen ist notwendig, um eine runde Krone zu bilden. Das Bäumchen sollte mit einem Stab gestützt werden, da die Krone, besonders im Freiland bei Regen, sehr schwer wird und leicht abbrechen kann.
Wenn eingangs gesagt wurde, daß Fuchsien einen halbschattigen Standort lieben, so soll das nicht heißen, daß sie unbedingt einen solchen Standort haben müssen. Sie gedeihen auch in der Sonne, immer vorausgesetzt, daß sie während der Sommermonate ausreichend feucht gehalten und gelegentlich gedüngt werden. Beim Aufbau eines Bäumchens sollte allerdings ein schattiger Standort eingehalten werden, da bei einem sonnigen Standort die Blütenbildung zu früh einsetzt.
Die Vermehrung durch Stecklinge kann vom zeitigen Frühjahr bis über den ganzen Sommer hindurch vorgenommen werden. Sie wurzeln relativ gut an. Die Stecklingserde sollte sandig sein. Komposterde mit reichlich Sand gemischt oder nur ein Sand-Torf-Gemisch ist zu empfehlen.
Das Umpflanzen in nahrhafte Erde sollte nach der Bewurzelung alsbald erfolgen. Als Erdmischung ist zu empfehlen:

1 Teil Rasenerde,
2 Teile Mistbeeterde
(oder Komposterde),
1 Teil Lauberde,
1 Teil Torf,
1 Teil Sand,

zusätzlich ein organisches Düngemittel (Knochenmehl oder Hornspäne).
Es gibt gefüllt- und einfachblühende Fuchsien, die einfachen Sorten blühen etwas früher. Neben den stehenden Fuchsien gibt es noch die Hängefuchsien (Ampelfuchsien), die Kultur ist dieselbe.
Das Überwintern der Fuchsien soll durch Einstellung der Düngergaben im Herbst eingeleitet werden. Ein Gewächshaus, das frostfrei gehalten wird, ist ideal zur Überwinterung. Während dieser Zeit darf nur sehr wenig gegossen werden, die Pflanze soll ruhen. Auch eine Überwinterung im Keller ist möglich, wenn dieser nicht zu warm und nicht zu dunkel ist.
Fuchsien können im Gewächshaus schon wieder im Januar/Februar zum Treiben aufgestellt werden. Sie werden kräftig zurückgeschnitten, da sie neue Triebe bilden, an denen später die Knospenbildung beginnt. Zu dieser Zeit ist auch ein Umpflanzen in nahrhafte Erde angebracht. Mit fortschreitendem Austrieb ist öfter zu gießen, gelegentliches Besprühen der Pflanzen ist zu empfehlen, das fördert die Laubbildung.

Farbtafel 3: Holztröge mit einjährigen Sommerblumen bepflanzt (oben); kombinierte Balkonbepflanzung (unten).

Das Frühbeet

Unter einem Frühbeet versteht man ein Beet, das durch einen Kasten umbaut und mit Fenster (Glas, Kunststoff, Folie) abgedeckt ist, um das Entweichen der Wärme zu verhindern.
Ein Frühbeet hilft, die Anzucht von Pflanzen vorzuverlegen, ebenso die Kultur von Frühgemüse und Blumen. Es hilft aber auch im Herbst, eingeschlagenes Gemüse (z. B. Kohlarten, Sellerie, Endivien) vor empfindlichen Erstfrösten zu schützen.
Man unterscheidet im allgemeinen zwei Gruppen von Frühbeeten:

a) Frühbeete, die lediglich durch die Sonneneinstrahlung in Verbindung mit den aufgelegten Fenstern erwärmt werden (kalte Kästen);
b) Frühbeete, bei denen auch der Erdboden von unten her erwärmt wird (warme Kästen).

In der Bauform unterscheidet man den einfachen Frühbeetkasten und den Doppelkasten (Sattelkasten). Letzterer kommt für den Kleingärtner weniger in Frage.
Den einfachen Frühbeetkasten kann man selbst bauen oder aber fertig kaufen. Die Industrie bietet Frühbeete aus Kunststoff im Baukastensystem an. Diese haben den Vorteil, daß sie an Ort und Stelle schnell aufgebaut und wartungsfrei sind. Bedingt durch das Baukastensystem ergibt sich die Möglichkeit, das Frühbeet beliebig zu verlängern.
Bevor man sich aber mit dem Bau oder Fertigkauf befaßt, muß man einen geeigneten Platz im Garten suchen. Ein Frühbeet sollte so aufgestellt werden, daß die Fenster nach Süden geneigt sind, denn dann kann die Sonne sehr lange in das Innere des Kastens einwirken. Leider läßt sich das im Kleingarten nicht immer durchführen. Trotzdem sollte man dem Frühbeet wenigstens einen geschützten Ort im Garten geben; kalte Zugwinde kühlen sonst den Kasten schnell ab. Unter „geschütztem Ort" darf man aber nicht etwa verstehen, daß man den Kasten unter einem Baum oder in unmittelbarer Nähe eines Baumes oder an einer Mauer aufstellt. Genügend Licht und Sonne ist für ein Frühbeet sehr wichtig.
Bevor man sich endgültig für einen Frühbeetkasten entscheidet, sollte man sich noch einige Fragen stellen: Benötigt man einen Frühbeetkasten? Kann man die nötige Zeit aufbringen, ihn zu betreuen?
Ein Frühbeet muß nun einmal ständig unter Kontrolle stehen. Auch dann, wenn es automatisch lüftende Fenster hat. Das gleichmäßige Feuchthalten oder das eventuelle Schattieren muß trotzdem besorgt werden. Versäumt man einmal diese wichtigen Arbeiten, kann es zu Verbrennungen kommen und die Aussaat oder Pflanzung war umsonst. Das gleiche gilt für das abendliche Abdecken mit Strohmatten oder anderem Abdeckmaterial, bei oft noch empfindlichen Nachtfrösten zur Saat- und Pflanzzeit. Die Abdeckung muß morgens wieder abgenommen werden. Bei Sonneneinwirkung muß entsprechend gelüftet werden, gegen Abend muß wieder abgelüftet werden. Hat man seinen Garten in unmittelbarer Nähe des Hauses, ist das alles kein Problem. Man kann eventuell ein Familienmitglied mit der Wartung beauftragen. Weitaus problematischer wird es, wenn der Garten nicht in der Nähe gelegen ist. In diesem Falle sollte man auf ein Frühbeet verzichten.
Ein Frühbeet ist in erster Linie dazu da, den Pflanzenbedarf, aber auch Frühgemüse, wie z. B. Kopfsalat, selbst zu ziehen.

Farbtafel 4: Blumensäule (Pelargonium peltatum).

Selbstbau eines Frühbeetkastens

Hat man sich für den Selbstbau eines Frühbeetes entschlossen, heißt die Frage: Holz oder Beton?

Die Herstellung aus Holz ist die einfachste und billigste. Auf längere Sicht gesehen jedoch die teuerste, denn Hoz hält nicht ewig und fängt an – besonders an den Stellen, die immer der Feuchtigkeit ausgesetzt sind – morsch zu werden. Natürlich kann man die Lebensdauer des Holzes durch Imprägnierungsmittel verlängern, aber gerade bei einem Frühbeet muß man in der Wahl dieser Mittel besonders vorsichtig sein.

Holzkasten

Soll das Frühbeet als warmer Kasten verwendet werden, hebt man eine etwa 50 cm tiefe Grube aus, und zwar nach den Maßen, die das Frühbeet haben soll. Die Maße richten sich nach den zur Verfügung stehenden Fenster. Als Normalfenster bezeichnet man solche, die 1,5 m lang und 1 m breit sind, doch sind in Gärtnereien auch noch andere Maße im Gebrauch.

Hat man nun die entsprechende Grube ausgehoben, schlägt man die Eckpfosten ein, sie sind es, die dem Frühbeet den festen Halt geben. Die Eckpfosten sollten mindestens 6 x 6 cm stark sein, besser noch stärker. Werden runde Eckpfosten verwendet, dann den entsprechenden Durchmesser wählen. Da man ja ein Gefälle erreichen möchte (etwa 10 cm), muß man die Länge der Pfosten entsprechend zurechtschneiden.

Geht man davon aus, daß für die Oberseite Bretter von etwa 30–40 cm Breite benutzt werden, müssen die oberen Pfosten auf eine Länge von 100–110 cm zurechtgeschnitten werden. Für die Unterseite nimmt man dann Bretter von etwa 20–30 cm, dementsprechend auch kürzere Pfosten, nämlich 90–100 cm; diese werden dann entsprechend tief in die Sohle der Grube geschlagen.

Legt man also noch einmal die vorher erwähnten Maße zugrunde, sieht das Frühbeet wie folgt aus:

Oberseite 40 cm (30 cm), Pfosten 110 cm (100 cm);

Unterseite 30 cm (20 cm), Pfosten 100 cm (90 cm).

Das bedeutet ein Gefälle von 10 cm.

Die Längsseiten werden zuerst angenagelt, danach die Stirnseiten, die man entsprechend zurechtgeschnitten hat, denn sie verlaufen ja, bedingt durch das Gefälle von 10 cm, schräg.

Baut man einen Kasten für mehrere Fenster, empfiehlt sich jeweils eine Strebe am Stoß zweier Fenster anzubringen. Sie geben dem Frühbeet einen Halt und verhindern ein Verziehen. Was nützt ein Frühbeetkasten, auf dem die Fenster nicht genau passen; kostbare Wärme entweicht und Kälte dringt ein.

Selbstbau eines Frühbeetkastens mit Strebe, der Boden wurde mit Folie ausgeschlagen.

Die Fenster, hier Folienfenster, müssen exakt aufliegen.

Hat man verkittete Fenster, muß man darauf achten, daß der Kitt nicht abgesprungen ist. Eine Erneuerung (verkitten) ist dann dringend notwendig. Über Winter bewahrt man die Fenster in einem trockenen Raum auf, so trägt man viel zur Haltbarkeit der Fenster bei.

Oft hat man Schwierigkeiten, beim Bau eines neuen Kastens so breite Bretter zu bekommen. Selbstverständlich kann man auch schmalere Bretter verwenden, nur müssen diese entsprechend tief in die Erde gehen. Es gibt dann ein Frühbeet, das tiefer im Erdreich sitzt, wodurch die Pflanz- und Saatebene tiefer als der übrige Garten liegt.

Baut man ein kleines Frühbeet, kann man den Kasten auch vorher zurechtzimmern. Man hebt das Erdreich entsprechend aus und setzt den Kasten hinein. Man muß aber beim Bau des Kastens darauf achten, daß die Seitenbretter entsprechend schräg zurechtgeschnitten sind, damit das gewünschte Gefälle erreicht wird. Die Pfosten schlägt man dann im nachhinein ein und nagelt den Kasten fest. Dem Hobbybastler bleibt es natürlich überlassen, wie er es am besten anfängt. Er muß nur darauf achten, daß der Kasten eine entsprechende Schräge bekommt, dicht ist und die Fenster gut aufliegen.

Der Handel bietet neben Fertig-Frühbeetfenstern auch Steckelemente an, aus denen sich Frühbeetfenster zusammenstecken lassen. Dieses System ist einfach, da alle Holzlatten schon passend zugeschnitten sind, man braucht sie nur mit Steckelementen zu verbinden, eventuell zusätzlich verschrauben und schon hat man fertige Frühbeetfensterrahmen. Diese werden nur noch mit Gitterfolie bespannt.

Beim Bau des Frühbeetkastens kann man den Boden mit einer Folie ausschlagen, sie am Rand befestigen und mit kleinen Löchern versehen (Wasserabzug). Denn nicht selten verirren sich Maulwürfe ins Frühbeet, die die Aussaat kräftig durchwühlen können. Die Folie hält zwar nicht ewig, man muß sie von Zeit zu Zeit erneuern, aber man kann sich dadurch viel Ärger ersparen.

Betonkasten

Der Bau eines Frühbeetes aus Beton ist selbstverständlich auch zu empfehlen. Beton ist dauerhaft, bedarf keiner Pflege. Nur kann man einen Betonkasten nicht einfach abbauen und an einem anderen Ort wieder aufstellen. Zum Bau eines Betonfrühbeetes braucht man zuerst Holz bzw. Bretter, diese möglichst genutet (Verschalbretter). Mit diesen Brettern errichtet man dann sogenannte Schalungswände in gleichbleibendem Abstand (Zwischenraum), etwa 6–8 cm. Hier hinein gibt man dann die Betonmischung unter stetigem Feststampfen (Stampfbeton). Um die Haltbarkeit des Frühbeetes zu erhöhen, fügt man Eisendraht von 3 mm Stärke hinzu, 3–4 Drähte genügen. Diese verbindet man vorher im Abstand von 50 cm vertikal. Bei einem Betonfrühbeet ist darauf zu achten, daß man gleich eine Stufe für die Fensterauflage mit einarbeitet. Hat man wenig Erfahrung mit Stampfbeton, sollte man die Finger davon lassen und sich von einem Gartenfreund, der Erfahrung auf diesem Gebiet hat, beraten lassen.

Wanderkasten

Neben dem festen, ortsgebundenen Frühbeetkasten kennt man den sogenannten „Wanderkasten“. Das ist ein leichter Frühbeetkasten, der zu jeder Zeit versetzt werden kann. Man kann damit verschiedene Kulturen für kurze oder längere Zeit überbauen. Nach dem gewünschten Erfolg entfernt man den Kasten wieder.

Folientunnel

Was für das Frühbeet in bezug auf Lüftung und Feuchthalten gesagt wurde, gilt auch für den Folientunnel. Er wird zwar viel angepriesen, auch als Ersatz für Frühbeetkästen, doch ist er mit der nötigen Sorgfalt zu verwenden. Der Folientunnel kann höchstens als Ergänzung für einen Frühbeetkasten dienen. Schlechte Belüftbarkeit, umständliches Gießen und schlechte Standfestigkeit bei Sturm lassen den Wert eines Folientunnels gegenüber dem Frühbeet doch erheblich sinken. Bei Nachtfrösten kann ein Frühbeet schon einige Grade vertragen, ein Fo-

Folientunnel werden sehr häufig verwendet, hier handelt es sich um einen selbstgebauten Tunnel.

Dieser Folientunnel wurde zusätzlich an den Rändern mit Brettern und Steinen beschwert (abgedichtet).

lientunnel dagegen bietet bei Frösten doch nicht diesen Schutz.

Wenn man zum Folientunnel greift, dann sollte man beim Kauf darauf achten, daß man einen doppellagigen kauft. Dieser ist zwar etwas teurer, aber doch sicherer. Überhaupt sollte man sich beim Kauf im Fachgeschäft beraten lassen und nicht im Selbstbedienungsladen einfach danach greifen.

Ein Folientunnel sollte folgende Eigenschaften haben:

a) doppellagig,
b) gute Standfestigkeit,
c) genügende Breite,
d) leichte Belüftbarkeit.

Einen Folientunnel verwendet man am besten im zeitigen Frühjahr, etwa Ende Februar bis Anfang April oder Herbst, von Ende September bis November, solange die Jahreszeit noch oder schon wieder entsprechend kühl ist.

Warmer Frühbeetkasten

Ein warmer Frühbeetkasten wird mit gärenden Stoffen (organische Substanzen), wie Pferdedung oder Laub, angelegt und ist besonders für das zeitige Frühjahr gedacht. Die Erwärmung dieser Kästen ist der wesentliche Punkt, sie wird durch das schichtweise Einbringen (in dem auf etwa 50 cm ausgehobenen Frühbeet) von Pferdedung oder Laub erreicht. Allerdings ist es heute ein Problem für den Kleingärtner, Pferdemist zu bekommen. Pferdemist erreicht die höchste Wärmeentwicklung (läßt man einmal die Elektroheizung außer acht). Da das Packmaterial früher meistens aus Pferdemist bestand, wurde auch der Name „Mistbeetkasten“ geprägt.

Ist man in der glücklichen Lage, doch noch Pferdemist zu bekommen, sollte man darauf achten, daß er noch verhältnismäßig frisch ist. Man verteilt also den Dung gleichmäßig im Kasten, danach wird er leicht festgetreten, so daß die Schicht jetzt noch 50 cm dick ist. Allerdings sollte man bei kurzem Dung nur sehr wenig festtreten, da zur

Hier wird ein warmer Frühbeetkasten mit einem Gemisch aus Laub und kurzem Mist gepackt, die eine Hälfte ist bereits mit etwas Torfmull abgedeckt.

Erwärmung Sauerstoff benötigt wird und dieser nur genügend vorhanden ist, wenn noch Luftzwischenräume da sind. Dagegen kann man langen strohigen Dung schon etwas mehr festtreten, denn zuviel Luftzwischenräume lassen die Wärme schnell entweichen. Natürlich kann man auch Pferdemist verwenden, bei dem als Streu Torfmull oder Sägemehl verwendet wurde, aber auch hier gilt wieder das Vorhergesagt: nicht zu festtreten.
Locker gepackte Kästen erwärmen sich schneller als festgepackte, allerdings halten diese dafür die Wärme länger.
Genau wie mit dem Pferdemist verfährt man mit dem Laub. Man sollte sich aber im klaren sein, daß Laub weit hinter der Wärmebildung des Pferdemistes steht; allerdings hält die Wärmeentwicklung beim Laub länger an. Man kann es als ideal ansehen, wenn man beide Eigenschaften verbindet, nämlich Pferdemist und Laub vermischt. Man erreicht dadurch eine intensivere Wärmeentwicklung als bei einer Nur-Laub-Packung und eine längerdauernde gegenüber einer Nur-Pferdedung-Packung.
Hat man nur Laub zur Verfügung, kann man dieses durch Überbrausen mit einer Stickstofflösung (Salpeter) zur Wärmebildung anreizen.
Wer sich Lohe (zerkleinerte Gerbrinde) beschaffen kann, kann auch diese zum Packen eines Frühbeetes verwenden. Allerdings kann man Gerberlohe später nicht als Düngemittel verwenden, im Gegensatz zu Pferdemist oder Laub. Lohe zersetzt sich auch nur sehr langsam. Die Wärmebildung ist bei Lohe lange anhaltend, wenn sie auch nicht so intensiv ist.
Als Ersatzstoffe für Pferdemist und Laub lassen sich noch Stroh, Spreu oder trockener Torfmull verwenden; auch hier gibt es verschiedene Rezepte, die jedoch nicht immer Wirkung zeigen.
Ist das Wärmematerial entsprechend dickt eingebracht und festgetreten, bringt man eine 10–15 cm dicke Erdschicht auf. Der Kasten sollte jetzt bis etwa 10 cm unter dem niedrigsten Rand gefüllt sein. Man sät oder pflanzt nun nicht etwa gleich aus, sondern deckt den Kasten mit den Fenstern ab und läßt ihn einige Tage in Ruhe. Hat man Pferdemist verwendet, lüftet man ein wenig, damit die Dämpfe abziehen können, ebenso wenn die Erde naß war. Auch sollte man in jedem Fall ein Erdthermometer in die aufgefüllte Erde stecken, so kann man sich immer über die Wärmebildung vergewissern. Manchmal treten nach kurzer Zeit kleine Pilze auf – besonders wenn mit Pferdemist gepackt wurde –, deren Staub sich auf die Aussaat setzt. Es empfiehlt sich, diese kleinen Pilze bei Auftreten sofort herauszuziehen. Vorbeugend kann man beim Packen auf dem Pferdemist eine dünne Schicht Laub aufbringen, dadurch wird das Auftreten dieser Pilze verhindert.

Zum Aussäen oder Auspflanzen hergerichteter Frühbeetkasten.

Gelüfteter Frühbeetkasten.

Hat der Kasten nach einigen Tagen die richtige Bodentemperatur erreicht, kann man aussäen oder pflanzen.
Wenn vorher die Stärke des Packmaterials mit 50 cm angegeben wurde, dann deshalb, weil sich das Material schon nach wenigen Tagen setzt und dann die Pflanz- oder Saatebene zu tief läge. Man könnte zwar mit Erde nachfüllen, um auf die richtige Höhe zu kommen, doch dann wäre die Erwärmung des Beetes von unten her nicht mehr genügend gewährleistet.

Erwärmung durch Heizung

Hat man ein Frühbeet beim Haus, kann man es an die Zentralheizung anschließen. Man kann es aber auch elektrisch beheizen durch eine sogenannte „Maschendrahtheizung“. Hier gibt es eine Menge technischer Erneuerungen. So kann man z. B. eine Temperatursteuerung einbauen, die für konstante Temperaturen im Kasten sorgt.
Die Maschendrahtheizung besteht, wie der Name schon sagt, aus einem Drahtgeflecht, das auf eine Sandschicht ins Frühbeet gelegt wird und mit etwa 15 cm Mistbeeterde bedeckt wird.
Natürlich muß man die Mistbeeterde vorher entsprechend tief ausheben.
Diese Maschendrahtheizung ist in der Anschaffung nicht gerade billig, doch hat sie natürlich viele Vorteile. Man braucht sich keine Gedanken mehr um das Packmaterial zu machen, das Packen als solches und vieles mehr entfällt.

Das Hügelbeet

Das Hügelbeet ist noch recht umstritten. Befürworter sehen die Vorteile in diesem Beet, Gartenabfälle unterzubringen, diese wiederum erzeugen ähnlich wie ein gepackter Frühbeetkasten Wärme durch den Zersetzungsvorgang. Deckt man im Frühjahr das Beet zusätzlich mit einer Lochfolie ab, kommt der Effekt einem Frühbeet sehr nahe. Ertragssteigerung sowie Mehraufbringen gegenüber einem Normalbeet, auch bei Mischkultur, sind zweifelsohne gegeben.

Gegner des Hügelbeetes sehen größeren Aufwand beim Säen, Pflanzen und Bearbeiten des Beetes. Hinzu kommt, daß ein Hügelbeet bei stärkeren Regenfällen Schaden durch Erdabspülungen nehmen kann, und die Wurzeln der Pflanzen freigelegt werden. Außerdem machen sich Wühlmäuse gerne in einem Hügelbeet breit. Ein weiterer Nachteil des Hügelbeetes ist die Tatsache, daß Hügelbeete leichter austrocknen als ebene Beete.

Wenn auch die Meinungen über das Hügelbeet geteilt sind, sollte man es trotzdem einmal anlegen, denn die eigene Erfahrung ist immer die beste.

Ein Hügelbeet benötigt einige wichtige Vorarbeiten. Zunächst muß das Beet muldenförmig ausgehoben werden, wobei die Mitte der Mulde etwas tiefer (30 cm) sein kann. Die Aushuberde, die ja guter Gartenboden ist, wird seitwärts aufgeworfen, da sie später gebraucht wird. Die Breite der Mulde sollte etwa 1,5 m betragen, die Länge kann beliebig sein.

In die Mitte der Mulde werden nun grobe Gartenabfälle gegeben, z. B. Äste, abgeschnittene Stauden, Sonnenblumenstengel, also Abfälle, die sehr langsam verrotten. Nun kommt eine Schicht Rasenmahd oder Unkraut, das man ein paar Wochen vor-

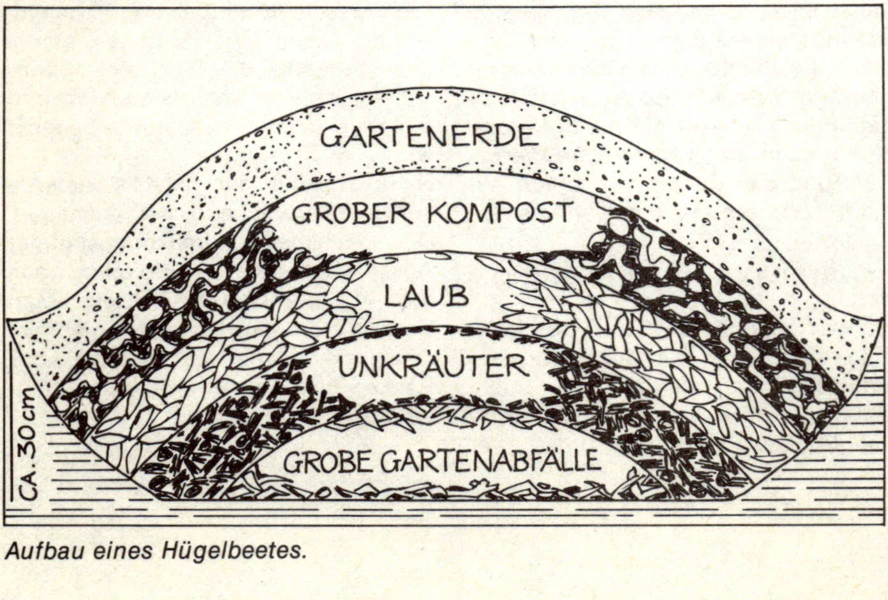

Aufbau eines Hügelbeetes.

her sammelt, darauf. Als nächstes kommt eine Schicht Laub, auf dieses eine Schicht grober Kompost. Als letztes wird nun die vorher ausgehobene Erde, die zusätzlich mit fertigem Kompost oder mit Dünger angereichertem Torf verbessert werden kann, aufgebracht.
Die Stärke der Schichten richten sich nach den zur Verfügung stehenden Materialien, doch sollten sie etwa bei 20–25 cm liegen.
Die günstigste Zeit der Anlage ist der Herbst. Man hat genügend Materialien zur Verfügung, und das Beet hat genügend Zeit, sich im Winterhalbjahr zu setzen, so daß es im Frühjahr nicht mehr so steil wirkt wie bei der Fertigstellung.
Obenauf bildet man einen kleinen Graben, in den man bei trockener Witterung im Frühjahr und Sommer Wasser hineinlaufen läßt.
Die Bepflanzung des Hügelbeetes richtet sich nach den Bedürfnissen und natürlich nach den Verträglichkeiten der einzelnen Arten (siehe Mischkultur). Die Abstände sind auch hier einzuhalten. Nach ein paar Jahren verflacht das Hügelbeet durch den Abbau der untersten Schichten. Es wird vollends glatt gezogen und als Normalbeet weiter verwendet.
Durch die Neueinrichtung eines Hügelbeetes neben den bisherigen kann man den Garten mit den Jahren systematisch verbessern.

Stauden

Stauden sind ausdauernde, wiederholt fruchtende, mehr als 2 Jahre lebende Pflanzen, die bei Fruchtreife oder im Spätherbst die oberirdischen, wenig verholzten Triebe absterben lassen.
Die unterirdischen Organe (Rhizom, Wurzelstock), die sogenannten Speicherorgane, überdauern diese Zeit und treiben zu gegebener Zeit erneut aus.
In unseren Gärten nehmen Stauden einen bevorzugten Platz ein. Die Vielfalt der Farben und Formen der Blütenstauden ist sehr groß, so daß man für jeden Platz im Garten eine geeignete Staude findet.
Dank guter Züchtungsarbeit entstanden oft aus unscheinbaren Wildformen prächtige, für unsere Gärten bestens geeignete Pflanzen. Nimmt der Gartenfreund einen Gartenkatalog zur Hand, ist es oft etwas verwirrend, aus der Vielzahl der Arten und Sorten die für ihn richtige Auswahl zu treffen.
Stauden sollen mehrere Jahre an derselben Stelle wachsen. Dadurch legen sie aber auch die Gartengestaltung des Blumenbeetes auf Jahre hinaus fest.
Sollen Stauden nicht nur zur Zierde im Garten stehen, sondern auch Schnittblumen liefern, sollte man bei der Auswahl auf folgendes achten:

a) Langstieligkeit,
b) Haltbarkeit,
c) Resistenz gegen Krankheiten.

Erfüllen Stauden diese Eigenschaften, kann man sie getrost zu den guten Schnittstauden zählen.
Auch im Erwerbsgartenbau hat man in den letzten Jahren wieder den Wert der Stauden für den Schnittblumenverkauf erkannt.

Pflanzzeit

Die beste Pflanzzeit für Stauden ist März/April sowie August/September. Verlängerungen dieser Pflanzzeiten sind durchaus möglich. Es kann auch noch im Spätherbst, ja sogar noch in den Wintermonaten, sofern der Boden offen ist, gepflanzt werden. Nur sollten diese spät gepflanzten Stauden vor zu starker Einwirkung des Frostes geschützt werden. Bei Stauden, die zur normalen Zeit gepflanzt worden sind, ist Winterschutz gewöhnlich nicht notwendig; bei einigen empfindlichen Arten ist eine Abdeckung allerdings angebracht.
Ein großer Teil unserer Stauden läßt sich im vollen Wachstum verpflanzen, besonders solche, die gut Ballen halten. Aber auch hier gilt, wie bei jeder Pflanzung, daß sie genügend angegossen werden. Bei starker Sonneneinstrahlung sind frisch gepflanzte Stauden für eine Beschattung sehr dankbar.
Bei Frühjahrsblühern sollte man die Spätsommerpflanzung, bei Spätblühern die Frühjahrspflanzung vorziehen.

Bodenvorbereitung

Im allgemeinen sind Blütenstauden anspruchslos, doch sollte man bedenken (wie vorstehend schon erwähnt), daß sie viele Jahre an der gleichen Stelle stehen und trotzdem alle Jahre wieder reich blühen sollen. Eine gute Bodenvorbereitung ist deshalb unerläßlich. Es muß unbedingt für einen durchlässigen und nahrhaften Boden gesorgt werden sowie ausreichende Bewässerung bei Trockenperioden.

Schwere Böden müssen durch Zugabe von Torf oder verrottetem Dung verbessert werden, um eine gute Krümelung zu erreichen. Dadurch entsteht eine gute Durchlüftung, diese bietet den Stauden gute Wachstumsbedingungen. Aber auch den Kleinlebewesen im Boden werden dadurch gute Lebensbedingungen geschaffen. Leichte sandige Böden, die meist arm an Nährstoffen sind, sollten ebenfalls durch Zusatz von Kompost, Stalldung oder Torf verbessert werden. So verbesserte Böden sind nicht nur nahrhafter geworden, sondern sie trocknen dadurch auch nicht so schnell aus.

Düngung

Da Stauden in der Regel mehrere Jahre am Standort verbleiben, muß die Düngung sorgsam beachtet werden. Wie schon im Kapitel „Bodenvorbereitung" erwähnt, muß der Boden bei Neupflanzung genügend mit Humus versorgt werden, denn nur dann können spätere Mineraldüngungen voll zur Wirkung kommen.
An Mineraldünger gibt man den Stauden Phosphorsäure (Thomasmehl) und Kali (Patentkali). Stickstoff wird als Kopfdünger gegeben. Man kann natürlich auch einen Mischdünger (Volldünger) geben. Man streut den Dünger um die Pflanzen und hackt ihn leicht ein. Wird aufgelöster Dünger (Kopfdünger) verwendet, empfiehlt sich, nach der Düngung die Pflanzen abzubrausen; verbleiben Reste des Flüssigdüngers auf Pflanzenteilen, kann es bei Sonnenschein zu Verbrennungsschäden kommen.
Bei Frühjahrsblühern sollte die Düngung sofort nach der Blütezeit erfolgen. Sommer- und Herbstblüher dagegen erhalten die Düngung mit bestem Erfolg im zeitigen Frühjahr, sobald der Boden offen ist und eine Bearbeitung zuläßt.

Pflege

Im Gegensatz zu manchen anderen Pflanzen, z. B. Sommerblumen, die man jedes Jahr neu pflanzen muß, benötigen Stauden wenig Pflege. Lokkern und Sauberhalten des Bodens ist wohl selbstverständlich. Dabei muß das Lockern behutsam vorgenommen werden, damit die oft flachen Wurzeln nicht zu sehr beschädigt werden. Rechtzeitiges Anbinden bzw. Aufbinden bei höheren Stauden trägt viel zur Entwicklung der Pflanzen bei.
Der Handel bietet eine Reihe von Staudenhaltern an; sie helfen uns, das Staudenbeet in gutem Zustand zu halten. Von Zeit zu Zeit geht man durch das Staudenbeet und schneidet die verblühten Blumen (Fruchtstände) ab. Wie schon erwähnt, ist Winterschutz im allgemeinen nicht notwendig. Der beste Winterschutz für die Stauden ist eine dicke Schneedecke. Doch leider fehlt in vielen Gegenden zu oft der Schnee, so daß man die Pflanzen mit einer Fichtenreisigdecke vor zu krassen Witterungswechseln schützen kann. Eine Laubdecke ist nicht zu empfehlen. Nicht immer ist es windstill, so daß bei starkem Wind das Laub überall im Garten zu finden ist, nur nicht auf dem Staudenbeet. Hinzu kommt, daß Laub in Fäulnis übergeht und die Stauden dadurch Schaden nehmen können.

Vermehrung durch Teilung

Eine Vermehrung durch Teilung ist für uns meistens das einfachste, weil man ja praktisch fertige Pflanzen hat. Außerdem weiß man, wie die Pflanze blüht, d. h., man kennt die Farbe, die

Sortenechtheit. Nicht zuletzt wird durch die Teilung eine Verjüngung der Staude durchgeführt, dies bewirkt wieder, daß eine verjüngte Pflanze gute Blüten hervorbringt.
Stauden werden im März bis April oder im August bis September geteilt, eine Verlängerung der Teilungszeit ist möglich (siehe Pflanzzeit). Frühjahrsblüher werden im Sommer geteilt, Spätblüher im Frühjahr. Die Teilung ist einfach. Man nimmt die zu teilende Staude mittels einer Grabegabel heraus und teilt diese mit einem Spaten oder einem scharfen Messer in 2, 3 oder 4 Teile. Besonders bei knollenartigen Wurzelstücken ist darauf zu achten, daß die Teilstücke Augen bzw. Austrieb haben. Es ist wohl selbstverständlich, daß man beim Teilvorgang versucht, die Pflanze so wenig wie möglich zu beschädigen; sie sollte durch eine einzige glatte Trennung geteilt werden. Natürlich läßt man die Pflanzen nach der Teilung nicht unnötig lange liegen, sondern pflanzt sie gleich ein.

Vermehrung durch Wurzelschnittlinge

Diese Vermehrung wird bei Stauden angewendet, die lange fleischige Wurzeln haben und deshalb schlecht zu teilen sind (Edeldisteln, Staudenmohn). Man schneidet die Wurzeln in etwa 5 cm lange Stückchen und legt sie ins Frühbeet oder in Töpfe. Die Erde sollte viel Torf und Sand enthalten, das fördert den Austrieb. Selbstverständlich gilt auch hier: feucht und schattig halten. Die beste Jahreszeit für diese Vermehrungsart ist das Frühjahr.

Vermehrung durch krautige Stecklinge

Diese Vermehrung wird in Gärtnereien sehr häufig angewendet, da sie auch gute und schnelle Erfolge bringt. Diese Vermehrung nennt man auch die ungeschlechtliche Vermehrung.
Es gibt mehrere Stecklingsarten. Für den Hobbygärtner kommen in der Regel die Kopfstecklinge in Frage, d. h., der Kopf eines Triebes wird abgeschnitten und in die Erde gesteckt. Die Triebe dürfen jedoch keine Blütenknospen haben. Zum Schneiden der Stecklinge verwendet man ein scharfes Messer. Es ist darauf zu achten, daß der saubere Schnitt unter einem Blattansatz (Knoten) ausgeführt wird, nur ein glatter und sauberer Schnitt gewährleistet auch eine schnelle Bewurzelung.
Da ja die Wasserverdunstung weitergeht und das Gleichgewicht zwischen Wasseraufnahme durch die Wurzeln und Verdunstung über die Blätter nicht mehr gegeben ist, werden die Blätter (außer der Spitze) etwas eingekürzt. Die untersten werden ganz weggenommen. Dadurch wird die Verdunstungsfläche verringert. Die Triebe zur Stecklingsvermehrung dürfen nicht zu weich (vergeilt) sein, aber auch zu harte, alte Triebe wurzeln schwer oder überhaupt nicht an.
Auch die Pflanze hat einen Erhaltungstrieb zum Leben und zum Fortpflanzen. Dieser Erhaltungstrieb läßt die Zellen an der Schnittstelle verdicken, es bildet sich ein wulstartiges Gebilde, aus dem sich dann die Wurzeln entwickeln.
Man steckt die Stecklinge am besten in ein Sand-Torf-Gemisch ins Frühbeet, in ein Kästchen oder in Töpfe.
Natürlich muß man nun die frischen Stecklinge vor direkter Sonnenein-

strahlung schützen und gleichmäßig feucht halten; nicht zu naß! Genügend Luftfeuchtigkeit ist wichtig. Man kann hier durch öfteres Besprühen nachhelfen.
Der Handel bietet Bewurzelungslösungen an, die das Bewurzeln beschleunigen. Die Stecklinge werden vor dem Stecken in die Lösung getaucht (Gebrauchsanweisung beachten).
Bis zur Bewurzelung der Stecklinge ist eine sorgfältige Beobachtung notwendig. Angefaulte Stecklinge müssen sofort entfernt werden, um ein Anstecken der anderen zu verhindern. Ebenso muß auf tierische Schädlinge geachtet werden (Rote Spinne, Blattläuse).
Sind die Stecklinge bewurzelt, kann man sie noch einmal auf ein Anzuchtbeet in nahrhafte Erde pikieren, bevor man sie an Ort und Stelle auspflanzt. Die Wurzelbildung wird dadurch gefördert, und man erreicht starke Pflanzen. Die beste Zeit, um Kopfstecklinge zu schneiden, ist das Frühjahr, jedoch läßt sich das nicht generell für alle Stauden sagen.
Noch ein Wort zu den Mutterpflanzen, die zur Stecklingsvermehrung dienen. Diese Mutterpflanzen sollten in jeder Hinsicht einwandfrei sein. Es versteht sich von selbst, daß kranke oder verkümmerte Pflanzen nie einwandfreie Stecklinge liefern können. Auch die Kultur der Mutterpflanze ist wichtig. Ist sie sortenrein? Hat sie gut geblüht? Man sieht, es gibt auch bei dieser Vermehrung eine Reihe wichtiger Dinge zu beachten, will man nicht enttäuscht werden.

Vermehrung durch Aussaat im Freiland

Die Aussaat im Freien erfolgt am besten im März/April oder Mai, je nach Witterung auf gut vorbereitete Saatbeete. Durch die Frühjahrsaussaat erreichen die Sämlinge im ersten Sommer bereits ein kräftiges Wachstum, so daß man im darauffolgenden Sommer schon mit voller Blüte der Stauden rechnen kann. Allerdings gibt es eine Reihe von Stauden, deren Samen die Keimkraft nach der Reife bald verlieren. Bei diesen Stauden empfiehlt sich eine Aussaat bald nach der Samenreife (Rittersporn, Trollblume, Christrose).
Die Aussaat wird gleichmäßig feucht gehalten und bei Sonneneinstrahlung beschattet. Deckt man das Saatbeet mit einer mitwachsenden Folie ab, erreicht man ein gleichmäßiges schnelles Keimen. Kann man die Sämlinge gut fassen, werden sie pikiert. Das Pikierbeet wird reichlich mit Torf durchgearbeitet, das fördert die Wurzelbildung.
Es empfiehlt sich, schwachwachsende Pflanzen noch ein zweites Mal zu pikieren, eine noch stärkere Wurzelbildung ist die Folge. Beim späteren Auspflanzen merkt man dann, wie gut diese Pflanzen Ballen halten.
Zum Auspflanzen nimmt man natürlich zuerst die stärksten Pflanzen. Schwache Pflanzen wirft man weg, wenn man sie nicht unbedingt benötigt. Man kann sie aber auch noch einmal auf ein Anzuchtbeet pikieren, doch hat man meistens sowieso mehr Pflanzen herangezogen als benötigt werden.

Vermehrung durch Aussaat in Gefäße

Da man ja in der Regel nur für den Eigenbedarf Pflanzen heranzieht, genügt es, wenn man Blumentöpfe, Schalen, Styroporkästen u. ä. als Aussaatgefäße verwendet.
Grobe Sämereien lassen sich verhältnismäßig leicht aussäen, bei feinen Sämereien dagegen muß man schon mit Gefühl herangehen.
Viele Samen sind so fein, daß man sie nicht mehr sieht, sobald sie auf der Erde liegen. Man sät direkt aus der Tüte oder verstreut das Saatgut mit Daumen und Zeigefinger. Sehr feine Sämereien schüttet man auf ein Blatt Papier und hält es leicht schräg über das Gefäß. Durch leichtes Klopfen mit dem Zeigefinger auf das Papier gleitet das Saatgut in das Aussaatgefäß. Auf gleichmäßige Verteilung ist zu achten. Feine Sämereien werden nicht abgedeckt, sondern nur leicht angedrückt. Grobe Aussaaten dagegen deckt man mit etwas Aussaaterde ab (Stärke des Samens = Höhe der Abdeckung) und drückt sie leicht an. Selbstverständlich etikettiert man die Aussaat oder schreibt den Namen der Sorte auf das Aussaatgefäß.
Danach feuchtet man die Aussaat gut an. Hier muß man bei feinen Sämereien besonders vorsichtig sein; entweder mit einer ganz feinen Brause oder mit einem Handzerstäuber arbeiten.
Hat man eine Glasplatte zur Verfügung, deckt man damit das Aussaatgefäß ab; wenn nicht, tut es auch ein Plastikbeutel. Man erreicht dadurch eine etwas gespanntere Luft, die der Keimung förderlich ist.
Die Aussaat stellt man natürlich nicht in die Sonne, sondern an einen schattigen Platz. Stellt man das Aussaatgefäß ins Frühbeet, dann muß man etwas schattieren. Es ist darauf zu achten, daß die Aussaat niemals trocken wird, deshalb muß täglich kontrolliert werden.
Fängt die Aussaat an zu keimen, brauchen die Keimlinge Luft. Man entfernt die Glasplatte, den Plastikbeutel kann man noch 2 Tage darüber lassen, schneidet aber mehrere Löcher hinein. Nach dieser Zeit entfernt man auch den Platikbeutel.
Jetzt heißt es, die Sämlinge an ihre Umwelt zu gewöhnen, nämlich an Licht und Sonne. Auch da muß man behutsam vorgehen. Stellt man sie gleich in die Sonne, würden die jungen, zarten Pflänzchen Verbrennungen davontragen oder würden ganz verbrennen.

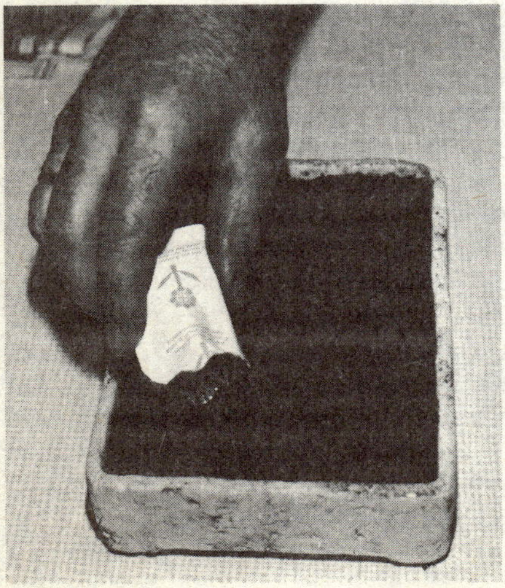

Bei der Aussaat in Kästchen sät man direkt aus der Samentüte.

Pikierte Salvien am Fensterbrett.

Pikieren

Um gesunde und starke, auspflanzfähige Pflanzen zu bekommen, muß man die Sämlinge pikieren. Das heißt, man muß den Pflanzen die optimale Möglichkeit schaffen, um sich gut entwickeln zu können.
Im Aussaatbeet stehen die Sämlinge meistens ziemlich dicht, sie bekommen wenig Luft und Licht. Die Folge ist, daß die Pflänzchen länger und länger werden.
Sind die beiden Keimblätter ausgewachsen, und das dritte Blatt entwikkelt sich (bei den meisten Pflanzen), kann man sie in der Regel pikieren. Dazu werden die Sämlinge mit einem Pikierholz herausgenommen und auseinandergezogen. Dabei muß man sehr behutsam vorgehen, denn die sehr zarten Pflänzchen knicken leicht. Haben die Sämlinge eine lange Pfahlwurzel, kürzt man diese ein, indem man sie mit dem Daumen abzwickt. Dadurch erreicht man, daß sich die Hauptwurzel später gut verzweigt.
Man pikiert entweder in Pikierkästchen, ins Frühbeet oder ins Freiland. Pikierkästchen kann man sich selbst aus Holz anfertigen. Allerdings bekommt man im Handel für wenig Geld Pikierkästchen aus Kunststoff, die leicht und schnell zu reinigen sind.
Man setzt den Sämling mit dem Pikierholz senkrecht, bis an die beiden Keimblätter, in die Erde. Die Pflanze kommt also tiefer in die Erde als sie vorher war. Das entspricht dem eigentlichen Stand, denn der Sämling ist in der Regel mit seinen Keimblättern zu hoch über die Oberfläche hinausgewachsen. Nach dem Pikieren gießt man die Pflanzen leicht an, aber schwemmt sie nicht ein. Die Pflänzchen nehmen viel eher ihr Wurzelwachstum auf, wenn sie in feuchter, aber lockerer Erde stehen. Selbstverständlich schattiert man die frisch pikierten Pflanzen bei Sonnenschein solange, bis man merkt, daß das Wurzelwachstum eingesetz hat.
Wird ins Frühbeet pikiert, wird dieses vorerst geschlossen; viel Luft verlangsamt das Anwachsen.
Ins Freiland pikierte Pflanzen schattiert man bei Sonneneinstrahlung durch Abdecken. Die Abdeckung legt man natürlich nicht direkt auf die Pflänzchen, sondern spannt einen Bogen aus starkem Draht über das Pikierbeet oder baut ein kleines Gerüst

aus Holz. Schattieren kann man mit Sackleinen, Strohmatten oder Schattierfolie. Letztere hat den Vorteil, daß sie Luft und Wasser gleichmäßig durchläßt und trotzdem Hitze abhält. Beim Kauf von Jungpflanzen sollte man immer darauf achten, daß man pikierte Pflanzen bekommt.

Empfehlenswerte Stauden

Nachfolgend ein paar empfehlenswerte Blütenstauden in willkürlicher Reihenfolge:

Aster *(Aster)*
Wenn man das Wort „Aster" hört, denkt man unwillkürlich an die einjährige Sommeraster. Doch die Staudenastern zählen mit zu den besten Schnittstauden. Es gibt Frühlings-, Sommer- und Herbstblüher. Alle 3 Arten lieben einen guten, nicht zu schweren Gartenboden in einer sonnigen bis halbschattigen Lage. Die Vermehrung geschieht durch Teilung, aber auch durch Aussaat.
Die Blütezeit ist je nach Art, von Mai bis Oktober. Astern werden mitunter vom Echten Mehltau befallen, auch Grauschimmel und Rost machen ihnen manchmal zu schaffen, besonders die Herbstaster hat darunter zu leiden. Gelegentlich treten auch Blattläuse auf.
Die Alpenaster *(Aster alpinus)* ist ein Frühlingsblüher. Die margeritenähnlichen Blüten lassen sich gut zum Schnitt verwenden. Die Aster wird 30 cm hoch und blüht von Mai bis Juni. Es gibt hellblaue, violette, rosafarbene und weiße Sorten.
Die Bergaster *(Aster amellus)* ist ein Sommerblüher. Diese Art ist wohl die empfehlenswerteste unter den mehrjährigen Astern. Es gibt niedrige und hohe Formen. Niedrige Formen werden nur etwa 30 cm hoch, hohe erreichen 70 cm. Die Blütezeit reicht von August bis Anfang Oktober.
Die Herbstaster – nicht zu verwechseln mit der Chrysantheme – bereichert den Garten vom Früh- bis Spätherbst. Zu dieser Art rechnet man alle kleinblumigen Herbstastern; die meisten Gartensorten haben zierliche Blüten. Sie werden bis zu 100 cm hoch.

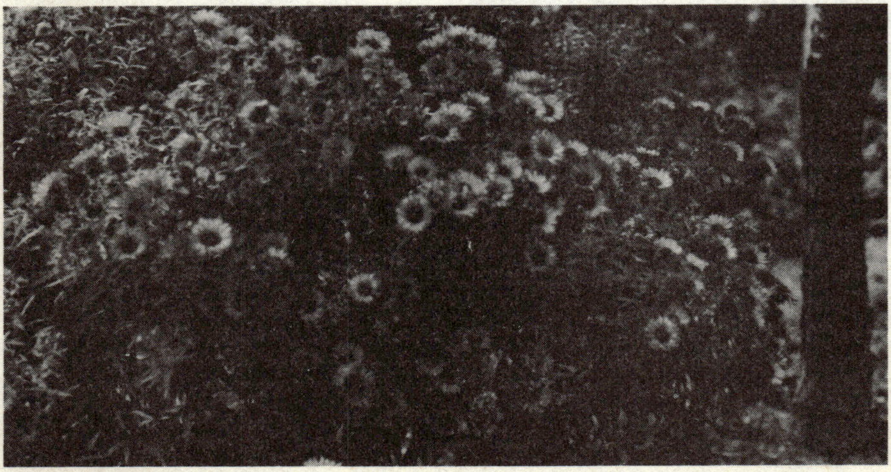

Herbstaster (Aster).

Aus Kopfstecklingen gezogene, gut bewurzelte Chrysanthemen-Jungpflanzen.

Diptam *(Dictamnus)*
Diese schöne Staude ist für den Gartenfreund eine wertvolle Bereicherung seines Gartens. Blätter und Blüten ähneln der Weinraute, sind jedoch größer. Die Blüten sind endständig in Trauben angeordnet. Die Staude gedeiht nur auf kalkhaltigen, trockenen Böden gut. Sie steht unter Naturschutz. Natürlich kann man sie in Staudengärtnereien erwerben. Die Pflanze verbreitet einen sehr aromatischen Duft, dieser kommt von den Drüsenhaaren, mit denen die Pflanze (Stengel, Blüten, Frucht) besetzt ist.
Diese Staude wird auch als der „Brennende Busch" bezeichnet. An heißen, schwülen Tagen entströmt den Fruchtständen ätherisches Öl, das an windstillen heißen Tagen entzündet werden kann. Die Pflanze kann sowohl in der Sonne als auch im Halbschatten stehen, sie wird etwa 80 cm hoch. Die Vermehrung geschieht durch Teilung oder Aussaat gleich nach der Samenreife. Die Blütezeit liegt im Juni/Juli.

Gartenchrysantheme
(Chrysanthemum)
Winterharte Chrysanthemen sind dankbare Schnittstauden. Wegen der guten Haltbarkeit als Schnittblume wurde sie sehr beliebt.
Es gibt frühblühende Sorten, die auch bei nur geringem Winterschutz im Freien bleiben können. In rauhen Gegenden empfiehlt es sich aber trotzdem, den Wurzelstock mit Torf und Fichtenreisern abzudecken. Laub ist weniger geeignet, da Chrysanthemen früh junge Triebe bilden und diese dann gerne faulen.
Der Boden sollte nahrhaft, durchlässig und kalkhaltig sein. Stauende Nässe mögen sie gar nicht. Man kann nach dem Abblühen verschiedene Sorten – von denen man aus Erfahrung weiß, daß sie harte Winter schlecht überstehen – herausnehmen und in den Frühbeetkasten einschlagen, zusätzlich deckt man sie mit Torf und Lochfolie ab. Mit dieser Überwinterungsmethode lassen sich empfindliche Sorten

gut durchbringen. Natürlich sollte man im Winter bei mildem Wetter ab und zu nach den Zöglingen sehen.
Im Frühjahr teilt man die Pflanzen (März/April) oder macht Stecklinge, die, einfach in die Erde gesteckt (Frühbeet oder Topf), leicht anwurzeln. Veraltete Pflanzen lassen im Durchtrieb nach, deshalb sollte man immer wieder Jungpflanzen ziehen. Im Frühsommer entspitzt man die Triebe, dadurch verzweigen sich die Pflanzen besser. Man sollte sich auch von alten Sorten trennen, es gibt sehr schöne neue Sorten, die winterhart sind. Beim Kauf von Chrysanthemen sollte man sich nicht einfach mit Farbangaben abspeisen lassen (wie so häufig in Katalogen nur angegeben), sondern sollte bestimmte Sorten kaufen. Nur so hat man die Gewißheit, daß Farbechtheit, Blütezeit, Höhe usw. auch stimmen.
Neben der altbekannten *Chrysanthemum indicum,* die aus Japan und China stammt, kamen noch zwei Arten hinzu, nämlich *Chrysanthemum koreanum* und *Chrysanthemum rubellum.* Diese 3 Gruppen werden in Gartenkatalogen auch unter *Chrysanthemum x hortorum* zusammengefaßt.
Der Standort sollte sonnig sein. Die Blütezeit reicht je nach Sorte von August bis November.
Mitunter treten Welkekrankheiten und Stengelfäule auf, ebenso Echter Mehltau. Auch von Blattläusen werden Chrysanthemen gerne befallen. Bei Auftreten mit geeigneten Mitteln behandeln.

Gartenprimel *(Primula)*
Die Gartenprimeln zählen zu den ersten Frühlingsboten. Sie lieben kräftigen, lockeren, feuchten Boden. Je nach Art benötigen sie eine sonnige, aber meistens halbschattige Lage. Starke Sonneneinstrahlung in Verbindung mit Trockenheit mögen sie gar nicht und können sogar eingehen. Für Unterbepflanzung bei Ziergehölzen sind sie recht gut geeignet. Neben der heimischen wilden Himmelsschlüsselblume *(Primula officinalis)* gibt es eine Reihe von Freilandprimeln für den Garten.
Primula acaulis hat Ähnlichkeit mit der Gartenprimel *(Primula elatior),* doch stehen bei dieser Art die Blüten einzeln auf kurzen Stielen. Als Schnittblume hat diese Art keine Bedeutung. Der Gärtner verkauft sie im Frühjahr als Topfpflanze.
Primula auricula, Gartenaurikel, sind uns schon aus Großmutters Garten her bekannt. Aus ihren, wie bereift aussehenden Blattrosetten, treiben sie Blütendolden von wunderbarem Farbenspiel. Sie blühen von April bis Mai und lieben kalkhaltigen Boden.
Primula denticulate, die Kugelprimel, ist durch ihre kugelige Blütenform auf starken Stielen leicht von den anderen Primeln zu unterscheiden. Dennoch sieht man sie wenig in den Gärten; dabei ist die Anzucht aus Samen gar nicht schwer. Sie wachsen kräftig, und nach einmaligem Pikieren kann man sie an Ort und Stelle auspflanzen, dabei wird man feststellen, was für kräftige lange Wurzeln diese Primelart entwickelt. Sie blüht schon im März. Die Blätter kommen erst nach der Blüte. Die Farbenskala reicht von Weiß über Violett und Blau bis Purpurrot. Pflanzt man sie an den Teichrand, wird man überrascht sein, wie kräftig sich die Pflanzen gegenüber denen, die einen weniger feuchten Standort haben, entwickeln.
Bewährte Sorten sind ‚Rondsdorfer Hybriden‘, ‚Grandiflora‘ und ‚Rubin‘.
Primula elatior ist eine winterharte Primel. Sie zeichnet sich besonders

durch große Blumen und herrliche Farben aus. Gerade von dieser Primel gibt es eine Reihe sehr schöner Sorten; man sollte es hier nicht nur auf einer Mischung beruhen lassen.
Primula sieboldii, die japanische Primel, zeichnet sich ebenfalls durch Farbe, Form und Größe der Blüten aus. Es gibt eine Reihe von Sorten, die alle japanische Namen tragen. Diese Primelart zieht im Laufe des Sommers ihre Blätter ein.
Die Vermehrung der Primeln kann durch Teilung oder Aussaat erfolgen. Der Standort sollte halbschattig, kann aber, wie schon erwähnt, noch sonnig sein, wenn genügend Bodenfeuchtigkeit vorhanden ist. Die Blütezeit liegt im April/Mai, bei günstiger Witterung auch schon im März.
Manchmal kommt es zur Blattvergilbung (Chlorose), ebenso zu Grauschimmelbefall. Erdraupen und Älchen setzen ihnen manchmal zu, Bekämpfung mit geeigneten Mitteln vornehmen.

Gemswurz *(Doronicum)*
Wenn andere Stauden gerade erst anfangen auszutreiben, erfreut die Gemswurz bereits mit ihren gelben Strahlenblüten. Diese sehr früh blühende Staude ist sehr anspruchslos, sie wächst sowohl in der Sonne als auch im Halbschatten. Der Boden sollte feucht, aber nicht zu naß sein; trockener Boden führt leicht zu Mehltaubefall.
Doronicum sollte nach 5–6 Standjahren herausgenommen und geteilt werden. Vor Neueinpflanzung ist die Pflanzstelle mit Humussubstrat anzureichern. Die Blütezeit liegt im April/Mai. Die Blütenhälse werden gerne von Blattläusen befallen. Die Höhe reicht je nach Sorte von 30–90 cm.

Gemswurz (Doronicum).

Goldfelberich *(Lysimachia)*
Diese altbewährte Staude ist uns noch aus Großmutters Garten bekannt. Die starkwachsende Pflanze, der man von Zeit zu Zeit Einhalt gebieten muß, hat breite lanzettförmige Blätter. Ihre sternförmigen Blüten sind goldgelb und wachsen aus den Blattachseln heraus. Sie liebt einen halbschattigen Standort, wächst aber auch noch im Schatten. Schneidet man sie für die Vase, fallen leider die sternförmigen Blütenblätter anfangs etwas aus, doch später behält sie sie. Goldfelberich wirkt sehr dekorativ in Verbindung mit Rittersporn und Lichtnelke. Er ist anspruchslos, aber von Zeit zu Zeit für eine Kompostgabe dankbar. Die Vermehrung erfolgt durch Teilung, da er sehr viele Ausläufer treibt. Die Blütezeit reicht von Juni bis in den August hinein. Die recht anspruchslose Staude wird kaum von Krankheiten und Schädlingen befallen. Sie wird etwa 80 cm hoch und blüht im Juni/Juli. Neben der vorgenannten Art gibt es noch andere Felbericharten, die im Sumpfbereich angesiedelt werden können, aber auch für den Steingarten geeignet sind.

Grasnelke *(Armeria)*
Die Grasnelke mit ihrem wintergrünen Rasenpolster erfreut im Frühsommer mit ihren zahlreichen Blütenbällchen. Sie ist für Wegeeinfassungen und Trockenmauern besonders gut geeignet. Die sonst anspruchslose Pflanze wächst in jedem Gartenboden, die Blütezeit liegt im Mai/Juni. Die Vermehrung kann durch Teilung und Aussaat erfolgen; häufig findet auch Selbstaussaat statt, wenn die verblühten Bällchen nicht abgeschnitten werden. Die Zwergform *Armeria caespitosa* wird nur 5 cm hoch und ist besonders für Schalen und Miniaturgärten geeignet.
Gelegentlich kann an Armeria Rost auftreten, an den beiden Blattseiten bilden sich braune Pusteln; dann ist mit geeigneten Mitteln zu spritzen.

Grasnelke (Armeria).

Leberblümchen (Hepatica).

Leberblümchen *(Hepatica)*
Wer im April einmal in Oberbayern war, wird von den leuchtendblauen und violetten Farben an den Wegrändern, unter Bäumen, bis hinein in den Wald von tausend und abertausend Leberblümchen fasziniert sein.
Leberblümchen lieben schattige Lagen, man kann sie getrost unter Sträucher und Bäume pflanzen. Ebenso lieben sie feuchten Boden, der kalkhaltig und lehmig sein sollte. Hat man Lauberde zur Verfügung, arbeitet man diese mit ein.
Gepflanzt wird in Gruppen, es ist eine gesellige Pflanze, die sich sehr gut zum Verwildern eignet. Pflanzt man Wald- oder Wiesenprimel dazwischen, hat man im Frühjahr ein herrliches Frühlingsbeet. Gegen Abend und bei Regen schließen sich die Blüten. Oft kommt es vor, daß während der Blüte noch Schnee fällt; taut er wieder weg, blühen sie weiter als wäre nichts geschehen.
Da die Höhe nur 5–10 cm beträgt, empfiehlt es sich, nur niedrige Stauden oder Zwiebelgewächse in unmittelbarer Nähe zu pflanzen. Die Vermehrung erfolgt durch Teilung oder Aussaat. Die Blütezeit liegt im Flachland schon im März, in milden Wintern sogar schon im Februar.
Früher verwendete man die Blätter gegen Leberleiden, deshalb auch der Name „Leberblümchen". Von Krankheiten und Schädlingen bleibt die Pflanze verschont, da sie schon sehr früh blüht und tierische Schädlinge um diese Zeit noch rar sind.

Lichtnelke *(Lychnis)*
Diese Staude, auch „Brennende Liebe" genannt, verdient ihren Namen zurecht. Ob sie solitär oder in Gruppen steht, ihr brennendes Rot ist weithin sichtbar. Sommermargeriten und weißer und blauer Rittersporn in unmittelbarer Nähe lassen die Lichtnelke besonders zur Wirkung kommen. Gleich nach der Blüte wird sie zurückgeschnitten, sie treibt sehr schnell wieder aus, bildet Seitentriebe und blüht noch einmal.

Lichtnelke (Lychnis).

Sie erreicht eine Höhe von 70–90 cm. Der Schnittwert ist nicht so gut, da die Blüte nicht sehr lange haltbar ist; das sollte den Staudenliebhaber aber nicht abhalten, sie trotzdem in das Staudenbeet aufzunehmen.
Die Vermehrung geschieht durch Teilung oder Aussaat. Der Samen keimt gut. Werden die Fruchtstände nicht rechtzeitig entfernt, kommt es zur Selbstaussaat. Ein sonniger Standort sagt ihr zu, sie verträgt aber auch noch Halbschatten. Sie stellt keine besonderen Bodenansprüche, nur sollte der Boden durchlässig sein. Die Blütezeit liegt im Juni/Juli, nach Rückschnitt noch einmal im August/September. Gelegentlich treten Blattläuse an jüngeren Trieben auf.

Maiglöckchen *(Convallaris)*
Der Name „Maiglöckchen" läßt an den Wonnemonat Mai und an den betörenden Duft denken. Maiglöckchen sind eigentlich recht anspruchslos, sie wachsen gut als Unterbepflanzung bei Ziergehölzen. Im Garten pflanzt man nicht die Wildform, sondern die etwas größere Form *(Convallaria majalis ‚Grandiflora')*, sie hat größere Blüten. Der Gärtner kann schon im Winter Maiglöckchen zum Blühen bringen: Sogenannte Eiskeime werden in Keller- oder Kühlräumen den Sommer über gehalten und dann im Winter, vor allem um die Weihnachtszeit, getrieben. Je kühler Eiskeime gelagert werden, desto treibfreudiger sind sie. Eiskeime werden schon im Vorjahr geerntet und kommen ab Februar in die Kühlräume.
Im Kleingarten überläßt man es der Natur. Maiglöckchen lieben keinen frischgedüngten Boden, auch sollte er nicht kalkhaltig sein, eher sauer. Der Wurzelstock besteht aus queckenähnlichen Trieben (Rhizomen), die oben mit der Blattknospe (in der auch die Blüte enthalten ist) abschließen. Man spricht bei Maiglöckchen nicht von Pflanzen, sondern von Keimen.
Nach dem 2., 3. Jahr sind sie für eine Volldüngergabe dankbar. Man achte darauf, daß bei der Pflanzung der Keime das vorbereitete Land einwandfrei von Unkraut gesäubert ist, aber auch noch im 1. Jahr achte man auf Unkrautfreiheit. Ab dem 2. Jahr ist es schon schwierig, das Unkraut – bedingt durch die queckenähnlichen Wurzeln – zu entfernen. Es muß mühsam mit der Hand gezupft werden, mit der Hacke würde man die Keime beschädigen.
Im Schatten oder Halbschatten stehende Pflanzen bringen längere Blüten als in voller Sonne stehende.
Die Vermehrung erfolgt durch Teilung. Maiglöckchen sind nicht krankheitsanfällig, doch kann Grauschimmel auftreten (Pflanzen fallen um, Faulstelle am Stengel). Mehrmalige Spritzungen gegen Botrytis vornehmen.

Pfingstrose *(Paeonia)*
Die Pfingstrose zählt zu den schönsten Staudengewächsen. Ihre großen Blüten in allen Farbnuancen vom Weiß bis hin zum Dunkelrot bereichern das Staudenbeet zur Blütezeit. Sie muß aber nicht unbedingt auf dem Staudenbeet stehen, denn auch solitär stehend wirkt sie sehr dekorativ.
Die Pfingstrose liebt einen sonnigen Standort; lehmiger, nahrhafter Boden sagt ihr zu. Sie ist absolut winterhart. Die Blütezeit liegt im Mai/Juni. Die Teilung (Vermehrung) erfolgt in der Ruhezeit, nämlich im September. Das Verpflanzen liebt sie nicht sehr, deshalb sollte man sie über mehrere Jahre in Ruhe lassen. Im 1. Jahr wächst sie nur sehr schwach und bringt kaum brauchbare Blüten hervor.

Bauernpfingstrose (Paeonia).

Beim Pflanzen muß man darauf achten, daß nicht zu tief gesetzt wird, das ist bei Pfingstrosen sehr wichtig. Sitzen sie zu tief (tiefer als 4–5 cm), gibt es zwar einen schönen Busch, aber wenig oder gar keine Blüten. Es bilden sich dann sogenannte Nebenknospen, die nicht blühen.
Die chinesische Paeonie ist wohl die schönste unter den Pfingstrosen. Sehr bekannt ist auch die etwas größere und früher blühende Bauernpfingstrose, deren Wert als Schnittblume jedoch weit hinter der chinesischen Pfingstrose zurückbleibt.
Pfingstrosen können von Grauschimmel befallen werden, auch der Paeonienrost kann ihnen zu schaffen machen. Als tierischer Schädling tritt gelegentlich der Wurzelbohrer auf. Spritzungen mit geeigneten Mitteln zur Bekämpfung sind angebracht.

Palmlilie *(Yucca)*
Diese schöne Staude, solitär stehend, aber auch in Verbindung mit Gräsern oder anderen Stauden, bringt im Sommer (Juli/August) herrliche weiße Blütenstände hervor, die in Form von Glöckchen auf hohen Schäften stehend, ähnlich wie ein Schellenbaum angeordnet sind.
Die Palmlilie ist winterhart, nur in rauhen Gegenden ist Winterschutz empfehlenswert. Sie wirkt mit ihren lanzettlichen, in dichten Rosetten stehenden Blättern eher etwas fremdländisch. Die Blüte wird, je nach Sorte, 1–2 m hoch. Die Vermehrung erfolgt durch Teilung, es bilden sich an den Seiten Jungpflanzen. An Boden liebt sie eine gute lehmige, sandhaltige Erde, die kalkhaltig sein sollte. Der Standort sollte sonnig sein.

Palmlilie (Yucca).

Prachtspiere *(Astilbe)*

Die Prachtspiere zählt zu den Steinbrechgewächsen. Unter der Bezeichnung *Astilbe x arendsii* ist eine ganze Gruppe von Hybriden zusammengefaßt. Doch gibt es noch die Gruppen *Astilbe chinensis, A. japonica, A. simplicifolia* und *A. thunbergii;* dies sagt aus, wie beliebt die Prachtspiere ist.

In der Blüte ist sie von anderen Stauden kaum zu übertreffen, wenn sie in einer halbschattigen Lage steht. Aber auch in sonnigen Lagen gedeiht sie, wenn sie ständige Bodenfeuchtigkeit hat.

In der Vase hält sie lange, wenn die Stielenden gequetscht werden und die Blume schnell ins Wasser kommt.

Wie schon erwähnt, sollte der Boden feucht sein; mittelschwerer Gartenboden sagt ihr zu.

Es gibt frühblühende, mittelblühende und spätblühende Sorten, so daß sich die Blütezeit von Juni bis September erstreckt. Die Blüte bildet federartige Rispen, die in reizvollen Farben von weißen über rosafarbene Nuancen bis zum leuchtenden Tiefrot reicht.

Die Höhe reicht von 40–120 cm, so daß man immer die richtige Sorte finden kann.

Die Vermehrung geschieht durch Teilung im Frühjahr oder nach der Blüte. Für Kompostgaben, um die Pflanze gestreut, ist die Prachtspiere sehr dankbar, da der Wurzelstock mit den Jahren sichtbar wird, d. h. herauswächst.

Gelegentlich können Blattälchen oder Blattläuse auftreten. Ansonsten ist die Prachtspiere nicht anfällig gegen Krankheiten.

Schleierkraut *(Gypsophila)*

Es gibt wohl kaum eine Pflanze, die die Sträuße aus dem Garten so verschönert wie das Schleierkraut. In Verbindung mit Landnelken, Löwenmaul oder Rudbeckien und noch mit vielen anderen Blumen kann man wunderschöne Blumensträuße arrangieren.

Die mit kleinen weißen Blüten (es gibt sie aber auch rosafarben) besetzten sparrigen Zweige bilden eine Kugelform, besonders wenn die Pflanze solitär steht. Einmal gepflanzt, sollte

Schleierkraut (Gypsophila).

Schleierkraut am selben Ort verbleiben. Pflanzt man es um, benötigt es 2 Jahre, bis es sich wieder voll entwickelt.
Es läßt sich schwer teilen, man kann es aber auch aussäen, der Samen geht gut auf. Dicke, fleischige, nach unten gehende Wurzeln erfordern einen tiefgründigen, sandigen Boden, der nicht naß sein sollte. Die Blütezeit, von Juli bis September, sowie die Höhe ist bei den einzelnen Arten bzw. Sorten verschieden. Mitunter kann die Welkekrankheit an Gypsophila auftreten. Dann vergilben die Blätter an einzelnen Trieben und welken, später sterben ganze Triebe ab, es kann aber auch zum Absterben ganzer Stauden kommen. Hier kann der Kleingärtner wenig dagegen unternehmen; die Triebe so tief wie möglich entfernen und gesundes Pflanzenmaterial verwenden.

Rittersporn *(Delphinium)*
Wenn man Platz für hochwachsende Stauden hat, dann darf der Rittersporn nicht fehlen. Seine langen Blütenrispen und seine starken Stiele machen ihn unentbehrlich für Vasen und Dekorationszwecke. Neue Züchtungen brachten auch bessere Haltbarkeit mit sich, so daß sich der Rittersporn heute mit jeder anderen Schnittstaude messen kann. Auch kam eine niedrige Sorte (Zwerg Pacific „Blue Springs") auf den Markt; sie wird nur 80 cm hoch und ist sehr interessant für den kleinen Garten.
Nach der Blüte schneidet man die Stengel bis 10 cm über dem Boden ab, dadurch erreicht man eine 2. Blüte, die ab August blüht. Etwa im Oktober schneidet man die Staude ganz zurück.
Rittersporn wächst in normalem Gartenboden. Frisch gedüngten Boden

Rittersporn (Delphinium).

liebt er nicht, deshalb pflanzt man ihn auf einem altgedüngten Boden. Ritterspornsamen ist nicht sehr lange keimfähig, so daß man bei Frühjahrsaussaaten mit erheblichem Ausfall rechnen muß; deshalb ist auf Keimschutzpackungen zu achten.

Die Blütezeit liegt im Juni/Juli und nach Rückschnitt noch einmal im September/Oktober.

Die Vermehrung kann durch Teilung im zeitigen Frühjahr erfolgen. Um kein Risiko (Keimfähigkeit) bei der Frühjahrsaussaat einzugehen, kann man auch frischgeernteten Samen im September aussäen (möglichst noch vor Wintereinbruch pikieren, am besten in einem Frühbeetkasten).

Der Standort sollte sonnig sein. Rittersporn muß immer gut gewässert werden. Häufiges Trockenstehen führt zu Mehltaubefall. Auch kann die Schwarzfleckenkrankheit beim Rittersporn auftreten, es bilden sich schwarze Flecke auf Blättern und Trieben, stark befallene Triebe sterben ab. Hier hilft starkes Zurückschneiden sowie vorbeugendes Spritzen, besonders wenn die Krankheit schon einmal aufgetreten ist. Die abschnittenen Triebe und das Laub verbrennen, da die Erreger im Laub überwintern. Möglichst widerstandsfähige Sorten verwenden. Gelegentlich machen Blattläuse und Eulenraupen zu schaffen.

Schafgarbe *(Achillea)*

Diese Staude benötigt, je nach Art, trockenen oder mäßig feuchten Boden. Verallgemeinernd benötigen niedrige Arten einen trockenen, höhere Arten einen feuchten Boden. Der Standort sollte bei niedrigen Arten vollsonnig sein, höhere Arten dagegen kommen auch noch mit einem halbschattigen Standort aus.

Achillea filipendulina bildet bronzegelbe Dolden auf langen Stielen stehend und wird etwa 120 cm hoch. Steht sie vor grünen Hecken, wirkt sie sehr dekorativ. Die Vermehrung kann durch Teilung, Stecklinge oder Aussaat geschehen. Sie blüht etwa ab Juli bis in den Oktober hinein. Ihre Blüten finden getrocknet als dauerhafter Blumenschmuck Verwendung.

Gelegentlich können Blattwanzen (grüne Wanzen in den Blütenständen) auftreten, die Blütenstände werden braun und schrumpfen; dann ist eine Spritzung mit geeignetem Mittel vorzunehmen.

Niedrige Arten werden 10–25 cm hoch und eignen sich auch für Steingärten.

Schafgarbe (Achillea).

Sonnenhut *(Rubeckia)*
Der Staudensonnenhut wirkt etwas steif im Staudenbeet, besonders der rote *(Rudbeckia purpurea)*. Es gibt weinrote und gelbe Arten. Der Standort sollte eher halbschattig als sonnig sein. In sonniger Lage bleibt er etwas gedrungen. Ein etwas feuchter Humusboden sagt ihm zu. Die Blütezeit reicht, je nach Art und Sorte, von Juli bis Oktober. Die Höhe reicht von 60–200 cm. Die Vermehrung geschieht durch Teilung, bei manchen Arten auch durch Stecklinge und Aussaat.
Gelegentlich können Blattläuse und Blattälchen auftreten, dann müssen Spritzungen mit geeigneten Mitteln vorgenommen werden.

Schleifenblume, Schneekissen
(Iberis)
Diese niedrige Frühlingsstaude zählt zu den Halbsträuchern. *Iberis saxatilis* bildet weiße bis rote Doldentrauben und wirkt besonders an Mauern sehr dekorativ, es wird etwa 15 cm hoch. *Iberis sempervirens* wird 25 cm hoch, bleibt immer grün und bringt eine Fülle von weißen Doldentrauben. Für den Steingarten und für Trockenmauern gibt es auch eine sehr niedrige Sorte, „Zwergschneeflocke", sie wird nur

Links Phlox, rechts Schleifenblume (Iberis).

Staudenmohn (Papaver orientale).

15 cm hoch. Die Kultur ist recht anspruchslos, nach dem Blühen kann man sie etwa $^1/_3$ zurückschneiden; dadurch erreicht man dichte und gutaussehende Polster. Die Vermehrung geschieht am besten durch Stecklinge, aber auch durch Aussaat. In Verbindung mit *Phlox douglasii* in lilaroten Tönen oder Vergißmeinnicht kommt *Iberis sempervirens* besonders zur Geltung.
Die Blütezeit liegt im April/Mai, *Iberis saxatilis* blüht noch bis Juni und dann noch einmal im August/September.

Staudenmohn *(Papaver orientale)*
Dieser Gartenmohn begnügt sich mit jedem Boden, wenn er tiefgründig ist. Auch sollte er eher trocken als naß sein und die Lage sonnig. Die leuchtenden Blüten dieser Staude sind im Garten nicht zu übersehen. Er blüht im Mai/Juni, schneidet man ihn nach der Blüte zurück, blüht er häufig noch einmal im September. Bleibt er mehrere Jahre am selben Ort stehen, bekommt er einen beachtlichen Umfang. Für die Vase muß man ihn knospig schneiden. Es gibt Kultursorten in weißen sowie in rosafarbenen und roten Farbtönen, wobei die Farben kräftig leuchtend sind. Die Höhe reicht je nach Sorte von 70–100 cm. Die Vermehrung kann durch Wurzelschnittlinge, am besten nach dem Abblühen, geschehen. Das Verpflanzen kann man im Sommer nach dem Abblühen vornehmen. Gelegentlich tritt Falscher Mehltau auf, Spritzungen mit geeigneten Mitteln sind dann vorzunehmen.

Staudenphlox *(Phlox paniculata)*
Der Staudenphlox, auch unter dem Namen Flammenblume bekannt, ist mit seiner überquellenden Fülle an Blüten und Farben aus den sommerlichen Gärten nicht wegzudenken. Es gibt wenig Stauden, die mit so viel Farbenspiel erfreuen wie der Staudenphlox. In den letzten Jahren wurden viele neue Sorten gezüchtet. Man sollte sich ruhig einmal von den alten Sorten trennen und neue pflanzen. Phlox ist ein Flachwurzler, bei längerer Trockenheit sollte man das berücksichtigen und reichlich wässern. Er gedeiht in jedem Gartenboden, wenn dieser neutral bis schwach sauer ist. Der Standort sollte sonnig bis leicht schattig sein. Die Hauptblütezeit liegt

Staudenphlox (Phlox paniculata).

im August, doch gibt es frühere und spätere Sorten, so daß man von Juli bis in den Herbst hinein blühenden Phlox haben kann.

Die Vermehrung erfolgt durch Teilung oder Stecklinge, auch Aussaat ist möglich, doch ist der Samen nicht lange keimfähig; hinzu kommt, daß der Staudenphlox ein Frostkeimer ist.

Gelegentlich können Mehltau und Blattfleckenkrankheit auftreten, rechtzeitiges Spritzen mit geeigneten Mitteln ist zu empfehlen.

Staudenwicke *(Lathyrus latifolia)*

Die Staudenwicke eignet sich besonders zur Berankung von Zäunen, Pergolen usw., auch als Sichtschutz ist sie gut geeignet, da sie schnell wächst und dichtes Blattwerk bildet.

Sie wird bis zu 2 m hoch, bei guten Bodenverhältnissen klettert sie sogar noch höher. Sie bildet große Traubenblüten in Rosa bis Dunkelrot. Die Anzucht ist sehr einfach, da der Samen gut keimt und zum Auflaufen keine besonderen Ansprüche stellt. Es empfiehlt sich, in kleine Töpfe, eventuell Torftöpfe, auszusäen (2–4 Samenkörner je Topf). Sind die Pflanzen (Sämlinge) stark genug, werden sie an Ort und Stelle ausgepflanzt. Bienen und Hummeln lieben die Staudenwicken, man kann sie in großer Vielzahl an den Blüten beobachten, obwohl diese nicht duften. Staudenwicken wachsen in jedem Boden; mit Stickstoffgaben sollte man vorsichtig sein, da sie sonst zur sehr ins Kraut wachsen. Der Standort sollte sonnig bis halbschattig sein. Manchmal muß man dem Wuchsdrang mit der Schere Einhalt

Staudenwicke (Lathyrus latifolia).

gebieten. Die Blütezeit reicht von Juni bis Oktober, ist also sehr lang.

Beim Auftreten von Mehltau oder Blattläusen sind Spritzungen mit geeigneten Mitteln vorzunehmen, am besten gleich gegen beide Arten spritzen.

Steinbrech *(Saxifraga)*

Der Steinbrech mit seinen zierlichen Blattrosetten wird gerne für Einfassungen verwendet. Es gibt über 300 verschiedene Arten. Durch Kreuzungen wurde eine Reihe von Gartenformen gezüchtet, sie werden in verschiedene Sektionen eingeteilt.

Will man schöne geschlossene Polster erhalten, muß man sie alle 3–4 Jahre umpflanzen, sonst entstehen unschöne Lücken. Steinbrech ist zwar recht anspruchslos, doch gibt es neben den Gartenformen für den Liebhaber eine Reihe Wildformen, die man schon individuell behandeln muß. Da sind ausgesprochen kalkfeindliche Arten, andere wieder lieben Kalkschotter oder guten Humusboden. Sicher wird sich der Liebhaber von Steinbrechgewächsen damit befassen und herausfinden, welchen Boden die einzelnen Arten benötigen. Er kann sich jedenfalls eine sehr reichhaltige Saxifragasammlung zulegen.

In Katalogen werden die Gartenformen meistens als *Saxifraga x arendsii* zusammengefaßt.

Die Vermehrung findet durch Teilung (Ausläufer) statt, aber auch durch Aussaat. Die Hauptblütezeit ist im Mai/Juni.

Für Einfassungen in Schattenlagen empfiehlt sich *Saxifraga umbrosa,* auch Porzellanblümchen genannt. Man erkennt es an den trichterartigen Blattrosetten. Diese Art bildet ebenfalls ein dichtes Blattpolster, doch sind die Blätter nicht so zierlich wie die von *Saxifraga arendsii.* Aus den Blattrosetten wachsen die rispenartigen Blüten in Weiß mit roter Mitte. Der Boden sollte humusreich und kalkhaltig sein. Die Vermehrung geschieht durch Teilung.

In den Polstern des Steinbrechs siedeln sich gerne Ameisen an und legen in ihren Nestern Eier ab. Das hat zur Folge, daß die Polster gerne von Vögeln auf der Suche nach Ameiseneiern heimgesucht und zerzaust werden. Deshalb sollte man versuchen, Ameisen fernzuhalten oder zu bekämpfen (Ameisenmittel).

Steinbrech, Porzellanblümchen (Saxifraga umbrosa).

Steinkraut (Alyssum).

Schwertlilie (Iris germanica).

Steinkraut *(Alyssum)*
Das Steinkraut erfreut im Frühjahr mit einer gewaltigen Fülle an Blüte und Farbe. Für Einfassungen, Böschungen, Trockenmauern oder als Unterwuchs in Verbindung mit anderen Polsterstauden ist es nicht wegzudenken. Alyssum ist eine sehr anspruchslose Pflanze, die keine besonderen Ansprüche stellt, doch sollte der Standort für die Blüte im April/Mai schon sonnig sein. Die Vermehrung geschieht durch Aussaat, auch Teilung möglich, häufig auch Selbstaussaat. Beim Auftreten vom Falschen und Echten Mehltau ist rechtzeitig zu spritzen.
Alyssum gibt es in Hellgelb, Zitronengelb und Goldgelb, die Höhe reicht von 15–30 cm.

Schwertlilie *(Iris germanica)*
Schwertlilien gehören zu den beliebtesten Gartenstauden. Sie werden 4 Wochen nach der Blüte gepflanzt, also Ende Juli bis September. Sie müssen immer gut angewurzelt in den Winter gehen. Der Boden sollte durchlässig sein, stehende Nässe lieben sie gar nicht. Nach der Pflanzung wässert man sie natürlich richtig ein, danach jedoch ist man mit dem Wässern vorsichtig; lieber etwas weniger Wasser als zuviel.
Der Standort sollte sonnig sein, aber auch im Halbschatten gedeihen sie noch gut. Als Dünger ist ein Volldünger zu empfehlen, auch hier gibt es spezielle Irisdünger. Iris pflanzt man im Abstand von 20–50 cm. Man sollte immer die gleiche Sorte in einer Gruppe zusammenpflanzen. Die Wirkung bei der Blüte ist dann viel effektvoller.
Die Vermehrung erfolgt durch Teilung, aber auch Aussaat ist möglich. Es gibt hervorragende Iriszüchtungen, die natürlich entsprechend teuer sind. Wer sich dafür interessiert, kann sich einen einschlägigen Katalog schicken lassen, z. B. von der Firma Albrecht Hoch, Pflanzenspezialitäten, Ahornstraße 2a, 1000 Berlin 37.
Da das Schwertlilienangebot so groß ist, daß man den Überblick verliert, sollte man sich in botanischen Gärten, Gartenbauausstellungen oder auch in

Staudengärtnereien umsehen. Trotz ihres starren Aussehens bringen sie in der Hauptblütezeit in den Monaten Mai/Juni Farbe und Schönheit hervor, die manche Vorstellungen weit übertreffen.

Da das Irisbeet während der blütenlosen Zeit etwas kahl aussieht, kann man es durch Zwischenbepflanzungen etwas beleben, hierfür eignen sich bodendeckende, niedrige Gewächse. Beim Auftreten von Rhizomfäule sollte man kranke Rhizomteile abschneiden und vernichten.

Taglilie *(Hemerocallis)*
Die Blüte der Taglilie hält, wie der Name schon sagt, nur einen Tag. Da aber ein ständiger Wechsel von Auf- und Verblühen stattfindet, fällt es gar nicht sehr auf. Es handelt sich bei dieser Lilienart um eine recht widerstandsfähige, dekorative Staude, die mit ihren lilienähnlichen Blüten sehr lange am selben Platz verbleiben kann. Sie eignet sich ebensogut im Prachtstaudenbeet wie an Teichrändern. Sie liebt volle Sonne, doch steht sie mit dem „Fuß" gerne im Schatten. Guter Gartenboden, der feucht, aber nicht naß sein sollte, sagt ihr zu. Die Höhe beträgt je nach Sorte 50–100 cm. Aus den USA kommen viele neue Sorten, die auch farblich sehr ansprechend sind. Auf der IGA 1983 in München wurden hervorragende Sorten gezeigt, bei denen es sich meistens um Kreuzungen handelte. Es gibt frühe, mittelfrühe und spätblühende Sorten, so daß man von Mai bis August blühende Pflanzen haben kann. Die Vermehrung geschieht nach der Blüte durch Teilung oder durch Aussaat nach der Samenreife, wobei bei der Teilung der Erdstamm geteilt wird.

Hemerocallis sind absolut winterhart, wenn sie bis Ende September/Anfang Oktober gepflanzt werden.

An Schädlingen kann die Hemerocallis-Gallmücke auftreten. Sie macht sich durch geschwollene Blütenknospen bemerkbar, die sich nicht öffnen und absterben, darin befinden sich Larven. Man bricht die Blütenknospen aus und verbrennt sie.

Taglilie (Hemerocallis).

Farbtafel 5: Folienteich naturgetreu eingefaßt (oben);
im Sommer herrscht Leben im und am Wasser (unten).

Tränendes Herz (Dicentra).

Tränendes Herz *(Dicentra)*
Das Tränende Herz zählt zu den besten Frühlingsstauden. Diese halbhohe Staude (80 cm) mit ihren feingeteilten Blättern und herzförmigen Blüten liebt Halbschatten; sie gedeiht aber auch in Sonnenlagen. Neben dem wohl bekanntesten *Dicentra spectabilis* mit seinen rosafarbenen Blüten, die aneinandergereiht am Blütenstiel hängen, gibt es auch noch weiße und dunkelrote Sorten, die allerdings niedriger (20–30 cm) sind. Die seltene reinweiße Art bringt es auf eine Höhe von 70 cm. Die Hauptblütezeit ist in den Monaten Mai/Juni.

Die Vermehrung kann durch Wurzelteilung, aber auch durch Stecklinge vorgenommen werden. Die Wurzeln brechen sehr leicht bei der Teilung, deshalb muß man äußerst vorsichtig ans Werk gehen. Die Stecklinge schneidet man gleich nach der Blüte. Bei der Bestimmung des Pflanzplatzes sollte man daran denken, daß bei dieser Staude schon im Frühsommer die Ruhezeit beginnt, die Blätter gelb werden und absterben.
In seltenen Fällen können Viruskrankheiten auftreten. Befallene Pflanzen sollten vernichtet werden.

Farbtafel 6: Tulpen wirken gut vor Gehölzen.

Zweijährige Blumen

Zweijährige Blumen werden im 1. Jahr herangezogen und kommen im 2. Jahr zur Blüte. Sie werden in der Regel ab Mai ausgesät, pikiert und etwa im Spätsommer oder Herbst, aber noch vor den ersten Frösten, ausgepflanzt. Sie überwintern wie Stauden. Eine Abdeckung mit Reisig, besonders in rauhen Gegenden, ist zu empfehlen. Für den Kleingarten kann man z. B. folgende zweijährige Blumen selbst heranziehen:

		Blütezeit
Vergißmeinnicht	*(Myosotis)*	April – Mai
Gänseblümchen, Tausendschön	*(Bellis perennis)*	April – Juni
Glockenblumen	*(Campanula medium)*	April – Juni
Bartnelken	*(Dianthus barbatus)*	Mai – Juni
Fingerhut	*(Digitalis purpurea)*	Mai – Juli
Goldlack	*(Cheiranthus)*	Mai – Juni
Islandmohn	*(Papaver nudicaule)*	Juni – August
Landnelken	*(Dianthus caryophyllus)*	Juli – September
Malven, Stockrosen	*(Althaea rosea)*	Juli – September
Stiefmütterchen	*(Viola wittrockiana)*	je nach Art bereits im Herbst, im Frühjahr schon ab Februar.

Islandmohn (Papaver nudicaule).

Stiefmütterchen
(Viola wittrockiana)
Stiefmütterchen sind zuverlässige Blüher im Herbst und Frühling. Sei es im Garten, auf dem Friedhof oder in Parkanlagen, sie erfreuen immer wieder aufs Neue mit ihren vielerlei Farben und lieblichen Blütenformen. Möchte man schon im Herbst blühende Pflanzen haben, muß man je nach Klasse Ende Juni/Anfang Juli aussäen. Es gibt frühblühende, mittelfrühe und spätblühende (großblumige) Klassen. Die wohl bekanntesten ‚Schweizer Riesen' gehören zu der spätblühenden Klasse, hier empfiehlt sich eine Aussaat schon Ende Juni.

Man sollte auch einmal einzelne Farben aussäen und sich nicht mit einer Mischung zufrieden geben. Es ist zwar etwas teurer, aber letzten Endes kann man sich seine Farben selbst zusammenstellen. Hinzu kommt, daß man bei der Auspflanzung im August/September weiß, mit welcher Farbe man es zu tun hat, auch wenn die Pflanzen noch keine Farbe zeigen. Voraussetzung ist allerdings, daß man sein Aussaat- bzw. Pikierbeet etikettiert.

Bestechend in Farbe und Blühbeginn sind die F_1-Hybriden (aus Kreuzungen entstanden), natürlich ist dieses Saatgut entsprechend teuer.

Die Aussaat im Frühbeet oder Freilandbeet muß gut feucht gehalten werden. Das Frühbeetfenster nimmt man ab. Es empfiehlt sich, die Aussaat bis zum Auflaufen abzudecken (Sackleinen), Stiefmütterchen keimen im Dunkeln.

Man kann die Pflänzchen im August/September an Ort und Stelle auspflanzen. Hat man jedoch noch keinen Platz um diese Zeit, kann man sie auch erst auf ein Ersatzbeet pikieren.

Stiefmütterchen wachsen auf fast jedem Boden. Mit dem Düngen sollte man vorsichtig sein, damit die Pflanzen nicht zu krautig in den Winter gehen, sie frieren dann zu sehr zurück; besonders wenn sie einseitig mit Stickstoff gedüngt wurden.

Eine Abdeckung mit Fichtenreisig kann man vornehmen, ist aber nicht erforderlich.

An Krankheiten sind vor allem die Blattfleckenkrankheit und der Falsche Mehltau zu nennen. An tierischen Schädlingen machen Erdraupen, Schnecken und Blattläuse zu schaffen. Bekämpfung soweit erforderlich mit geeigneten Mitteln.

Einjährige Blumen

Einjährige Blumen sind Pflanzen, die von der Aussaat bis zur Blüte und Samenreife innerhalb weniger Monate ihren Zweck erfüllt haben und danach häufig absterben. Das klingt zwar sehr einfach, trotzdem ist es nicht immer so ohne weiteres festzustellen, ob es sich um einjährige oder mehrjährige Blumen handelt. Nimmt man als Beispiel das Löwenmaul, läßt es sich gut demonstrieren. Man pflanzt es normal im Frühjahr aus und läßt es über Winter stehen, im kommenden Jahr blüht es wieder als wäre nichts geschehen, ja es blüht sogar früher als die im Frühjahr neu gepflanzten; trotzdem reiht man es in die Gruppe der einjährigen Blumen ein. Einschränkend muß man allerdings sagen, daß es nur in weniger harten Wintern und in weniger rauhen Gegenden praktizierbar ist, hinzu kommt, daß die Blüte weniger schön ist als die der im Frühjahr gepflanzten Löwenmäulchen.

Einjährige Blumen zieht man in der Regel selbst, dabei unterscheidet man 3 Gruppen in der Anzucht:

1. Aussaat in Töpfen oder Schalen;
2. Aussaat im Frühbeet;
3. Aussaat direkt im Freiland.

Aussaat in Töpfen oder Schalen

Aussaaten in Töpfe, Schalen oder andere Gefäße nimmt man schon im Februar vor. Gute Aussaaterde, unter die man etwas Orthocid 50 mischt (siehe Gebrauchsanweisung gegen Auflaufkrankheiten), ist für den Erfolg wichtig. Die Aussaatgefäße stellt man warm (20°C) und achtet darauf, daß die Aussaat gleichmäßig feucht bleibt. Erst nach dem Auflaufen der Saat stellt man die Gefäße etwas kühler.
Für die erste Aussaat kommen z. B. in Frage:

		Blütezeit
Chabaudnelken	*(Dianthus caryophyllus)*	Juni – Oktober
Eisenkraut	*(Verbena)*	Juni – Oktober
Federbusch	*(Celosia)*	Juli – Oktober
Lobelien	*(Lobelia)*	Juli – September
Petunien	*(Petunia)*	Mai – Oktober
Feuersalbei	*(Salvia splendens)*	Mai – Oktober

Die Aussaaten müssen nach dem Auflaufen ans Licht gestellt werden, damit sie nicht in die Länge schießen.
Kann man die Pflänzchen anfassen, wird pikiert. Ist es für das Frühbeet noch zu früh, d. h., wenn man keinen warmen Kasten zur Verfügung hat, pikiert man in Kästchen, die dann hell aufgestellt werden müssen. Doch sollte man die Pflänzchen sobald wie möglich entweder noch einmal ins Frühbeet pikieren oder sie mit den Kästchen ins Frühbeet stellen. Ideal ist natürlich ein Gewächshaus, dort kann man die Pikierkästchen auf Hängebretter oder Tische stellen.
Nach den Eisheiligen werden die Pflanzen ausgepflanzt oder in Blumenkästen gesetzt. Man sollte sie jedoch vorher abhärten, indem man zuerst zeitweise (tagsüber), später auch über Nacht, die Frühbeetfenster wegläßt oder die Pikierkästchen ins Freie stellt. Natürlich macht man das nicht gerade, wenn Nachtfröste zu fürchten sind.

Aussaat ins Frühbeet

Aussaaten ins Frühbeet werden mit einjährigen Blumen vorgenommen, die – wie die Blumen, die in Töpfen oder Schalen ausgesät werden – eine Vorkultur benötigen und erst nach den Eisheiligen an Ort und Stelle ausgepflanzt werden.

Die geeignete Zeit für die Aussaat ist der Monat März. Ideal ist natürlich ein warmes Frühbeet (siehe „Frühbeet"), allerdings kommt man auch mit einem kalten Kasten aus, wenn man die Aussaat bis Ende März hinauszögert.

Man sät in Reihen oder breitwürfig. Sät man breitwürfig, teilt man den zur Verfügung stehenden Platz in Quadrate ein, die man durch Rillen, besser aber mit Stäben oder Leisten abgrenzt.

Das Etikettieren darf allerdings nicht vergessen werden. Bis zum Auflaufen der Saat hält man das Frühbeet geschlossen, notfalls muß schattiert werden, danach lüftet man je nach Witterung mehr oder weniger, damit sich die jungen Sämlinge kräftigen. Unterläßt man das Lüften, bekommt man dünne, schwache Pflänzchen, die keine Freude bereiten werden; hinzu kommt, daß die Sämlinge besonders anfällig gegen Krankheiten (z. B. Auflaufkrankheiten) werden, auch kann es bei Sonneneinstrahlung leicht zu Verbrennungen kommen.

Sind die Sämlinge groß genug, werden sie pikiert (siehe „Stauden"). Nach dem Pikieren, wenn die Pflänzchen gut angewachsen sind und es die Witterung zuläßt, entfernt man tagsüber das

Sommerblumenaussaaten im Frühbeet.

Frühbeetfenster; das kann auch nur stundenweise sein. So härtet man die Pflanzen langsam ab. Sind die Pflanzen groß und kräftig genug und rückt die Auspflanzzeit näher – Mitte bis Ende Mai –, deckt man das Frühbeet auch nachts nicht mehr ab; so bekommt man dann gut abgehärtete Pflanzen, und dem Auspflanzen steht nichts mehr im Wege.

In den Frühbeetkasten kann man z. B. aussäen:

		Blütezeit
Sommerastern	*(Callistephus chinensis)*	Juli – Oktober
Levkojen	*(Matthiola incana)*	Juni – September
Löwenmaul	*(Antirrhinum)*	Juni – Oktober
Strandflieder	*(Limonium sinuatum)*	Juni – September
Strohblumen	*(Helichrysum bracteatum)*	Juli – Oktober
Schmuckkörbchen	*(Cosmos)*	Juli – Oktober
Studentenblumen (erst ab April)	*(Tagetes)*	Juni – Oktober
Zinnien	*(Zinnia)*	Juni – Oktober

Studentenblumen (Tagetes).

Aussaat direkt ins Freiland

Die Aussaat direkt ins Freiland ist wohl für den Kleingärtner die einfachste. Sobald der Boden offen und abgetrocknet ist (etwa Ende März, Anfang April) kann man mit der Aussaat beginnen. Allerdings ist zu frühes Aussäen auch nicht ratsam, da es oft noch kalt wird, und die jungen, zarten Pflänzchen dann in ihrem Wachstum ins Stocken geraten. Später gesäte Blumen holen bei wärmerem Wetter den Vorsprung meistens wieder auf.

Für die Aussaat direkt ins Freiland kommen in erster Linie die einjährigen Blumen in Frage, die das Umsetzen bzw. das Verpflanzen nicht gut oder überhaupt nicht vertragen (z. B. Flokkenblumen, Sonnenblumen, Gold-

mohn, einjähriger Rittersporn usw.). Gute Bodenvorbereitung (durchlässiger Humusboden) ist ebenso wichtig wie gutes Feuchthalten des Aussaatbeetes.
Die Aussaat kann in Reihen oder breitwürfig vorgenommen werden, aber auch hier gilt die Regel: Stärke des Samens = Höhe der Abdeckung. Hartschaliger Samen geht meistens etwas ungleichmäßig auf. Oft wird dem Samen schlechte Keimfähigkeit zugeschrieben, häufig liegt es aber an der zu tiefen Aussaat. Bei Blumensamen kann man mit einer durchschnittlichen Keimkraft von 70–80% rechnen. Feine Sämereien läßt man ohne Abdeckung und drückt sie nur fest. Häufig wird der Fehler gemacht, daß zu dicht ausgesät wird. Man läßt lieber etwas Samen übrig, als daß man ihn unbedingt auf dem vorgesehenen Platz unterbringt. Zu dicht stehende Pflänzchen verzieht man rechtzeitig, denn letzten Endes kommt es ja auf die einzelne Pflanze an, ob sie sich gut entwickelt, und nicht auf eine Vielzahl, die sich dann gegenseitig nur den Platz wegnehmen.
Direkt ins Freiland kann man z. B. säen:

		Blütezeit
Adonisröschen	*(Adonis)*	April – Juli
Atlasblume	*(Godetia)*	Juni – September
Clarkien	*(Clarkia)*	Juni – September
Edelwicken	*(Lathyrus)*	Juni – Oktober
Balsaminen	*(Impatiens)*	Juni – September
Flockenblumen	*(Centaurea)*	Juni – September
Fuchsschwanz	*(Amaranthus)*	Juli – Oktober
Glockenblumen	*(Campanula)*	Juni – August
Goldmohn	*(Eschscholtzia)*	Juni – Oktober
Jungfer im Grünen	*(Nigella)*	Juni – August
Kapuzinerkresse	*(Tropaeolum)*	Juni – Oktober
Lupinen	*(Lupinus)*	Juni – August
Mittagsblume	*(Dorotheanthus)*	Juli – September
Portulakröschen	*(Portulaca)*	Juli – Oktober
Reseda	*(Reseda)*	Juni – September
Ringelblumen	*(Calendula)*	Juni – Oktober
Rittersporn	*(Delphinium)*	Juni – Oktober
Schleifenblumen	*(Iberis)*	Juni – August
Sonnenblumen	*(Helianthus)*	Juli – Oktober
Strandflieder	*(Limonium)*	Juni – September
Trichtermalven	*(Malope)*	Juli – Oktober
Wucherblumen	*(Chrysanthemum)*	Juli – Oktober
Wunderblumen	*(Mirabilis)*	Juli – Oktober

Auspflanzen

Das Auspflanzen der Jungpflanzen wird in der Regel erst nach den Eisheiligen, also Mitte bis Ende Mai vorgenommen. Viele einjährige Blumen nehmen nämlich schon Schaden, wenn die Temperatur auf null Grad sinkt. Daß die Beete gut vorbereitet sein müssen, ist wohl selbstverständlich. Vor dem Auspflanzen sollte man gut angießen, die Pflanzen halten dann

Sonnenblumen (Helianthus) 'Goldener Neger'.

Wucherblumen (Chrysanthemum carinatum).

beim Herausnehmen aus dem Pikierbeet besser Ballen und überstehen den Pflanzvorgang und das Anwachsen leichter.
Ist das Pflanzbeet feucht genug, und ist das Wetter trüb, kann man auf ein Angießen verzichten. Man sollte achtgeben, daß man nicht zu eng pflanzt, die kleinen Pflänzchen verleiten oft dazu. Da einjährige Blumen bis zur Blüte stark durchwachsen, behindern sie sich bei zu enger Pflanzung sehr bald.

Pflege

Der Großteil der einjährigen Blumen stellt keine besonderen Bodenansprüche, aber ein sonniges Plätzchen mögen sie fast alle. Daß man den Boden durch öfteres Hacken locker hält, ist wohl selbstverständlich.
Abgeblühte Blumen werden laufend entfernt, denn so kann man den Pflanzen helfen, daß sie sich nicht zu sehr verausgaben und es immer wieder zu neuen Blüten kommt.
Es gibt aber auch einjährige Blumen, die nur eine gewisse Zeit blühen. Diese kann man auch durch die vorher erwähnte Maßnahme nicht mehr zum Blühen bringen.
Dagegen kann man bei anderen einjährigen Blumen, ähnlich wie bei verschiedenen Stauden, durch einen radikalen Rückschnitt nach der Blüte, ein neues Durchtreiben erreichen, z. B. bei Lobelien, Ringelblumen oder bei Salvien.
Zur Düngung verwendet man am besten einen Mischdünger. Doch sollte man gerade bei einjährigen Blumen nicht zu viel des Guten tun; man bekommt zwar kräftige Pflanzen, aber schlechte Blüher. Führt man eine Kopfdüngung durch, kann man nichts falsch machen, wenn man sie bei trübem Wetter vornimmt und nur kleine Düngergaben gibt, 10 g auf 10 l Wasser. Streut man den Dünger aus, sollte man ihn einhacken, ein anschließendes Gießen bzw. Überbrausen der Pflanzen ist angebracht. Man gibt etwa 30–40 g Mischdünger pro m^2 Fläche, nach 4–5 Wochen gibt man dieselbe Menge noch einmal.

Schädlinge und Krankheiten

Einjährige Blumen werden in der Hauptsache von verbreitet bekannten Schädlingen befallen. Blattläuse, Erdflöhe, Drahtwürmer, Schnecken, alle diese Schädlinge sind relativ leicht zu bekämpfen. Bei Astern empfiehlt sich eine gewisse Vorsicht mit Insektizidmitteln, da sie empfindlich sind.
Schwieriger sind schon Pilzkrankheiten zu bekämpfen, gegen sie muß man vorbeugend vorgehen, denn festgesetzte Pilzkrankheiten lassen sich nicht mehr oder nur sehr schwer bekämpfen. Hierbei ist die mechanische Bekämpfung, nämlich das Abschneiden der befallenen Triebe oder das Entfernen stark geschädigter Pflanzen am besten.
Die Asternwelke ist wohl die Krankheit, die dem Gartenfreund bei einjährigen Blumen am meisten zu schaffen macht. Auch hier kann man nur vorbeugende Maßnahmen treffen. Asternwelke zeigt sich im plötzlichen Welken und Absterben der Pflanzen. Die Stengel werden häufig braunschwarz, manchmal auch faulend. Oft ist ein weißer oder rötlicher Pilzbelag zu erkennen. Abgestorbene Pflanzen sehen wie erfroren aus.
Folgende Maßnahmen sollte man gegen den Asternpilz (Fusarium-Welke) vorbeugend durchführen:
1. Aussaat in entseuchter Erde (Erde dämpfen: Man füllt die Aussaaterde

Durch die gefährliche Asternwelke erkrankte Pflanze.

in Gläser/Dosen und erhitzt sie bei 90° etwa 5–10 min. im Backofen).

2. Wechsel des Pflanzbeetes (niemals dort anpflanzen, wo schon Astern gestanden haben).

Beim Auftreten der Krankheit sollte man folgende Maßnahmen treffen:

1. Entfernen und Verbrennen der befallenen Pflanzen (auch Wurzelballen vorsichtig mit herausnehmen; nicht auf den Kompost werfen).
2. Im Herbst alle Pflanzen und Pflanzenreste entfernen und verbrennen (auf keinen Fall auf den Kompost!).

Echter und Falscher Mehltau befällt auch die einjährigen Blumen; Fungizidmittel gegen Mehltau verwenden, mehrmaliges Spritzen ist erforderlich.

Wichtige einjährige Blumen

Astern *(Callistephus)*

Die lange Haltbarkeit der Sommerastern als Schnittblumen haben sie sowohl für den Erwerbsträger als auch für den Kleingärtner sehr beliebt und unersetzlich gemacht. In den letzten Jahren wurden resistente Sorten gegen die gefürchtete „Asternwelke“ gezüchtet.

Die Aussaat erfolgt im März, aber auch im April kommt sie noch zurecht. 1 g Samen hat etwa 400 Korn. Pikieren ist zu empfehlen. Das Auspflanzen an Ort und Stelle erfolgt im Mai nach den Eisheiligen. Guter kräftiger Gartenboden sagt den Astern zu.

Man unterscheidet bei den Sommerastern zwei große Gruppen, nämlich niedrige Beet- und Topfpflanzen sowie Schnittastern. Zum Aussäen wäre noch zu bemerken, daß man Asternsamen, ganz gleich welche Aussaatart man anwendet, immer nur wenig abdeckt. Auch ist die Keimkraft bei den einzelnen Asternarten unterschiedlich.

Edelwicken *(Lathyrus)*
Edelwicken lassen sich im Kleingarten leicht kultivieren. Sie zählen zu den schönsten Schnittblumen. Ihr Wohlgeruch, aber auch ihre kräftigen Farben, die Dank neuer Züchtungen entstanden sind, haben sie mit an die Spitze der einjährigen Blumen gesetzt.
Die Aussaat kann direkt ins Freiland an Ort und Stelle erfolgen. Die Keimzeit beträgt etwa 2 Wochen. Von Vorteil sind 3 Aussaaten: März, April und Mai; so hat man bis fast zum ersten Frost herrliche Blumen. Läßt die Witterung keine frühe Aussaat zu (März), sät man in Torftöpfchen aus und stellt diese ans Fenster oder ins Frühbeet (einsenken). Man legt 5–6 Samenkörner pro Topf. Nach dem Auflaufen sind sie kühl zu stellen bzw. ist Lüften erforderlich. Danach pflanzt man an Ort und Stelle aus. Die Blütezeit wird durch diese Anzucht um 2–3 Wochen verfrüht. Abgehärtete Lathyruspflanzen vertragen auch leichte Fröste, man braucht da nicht zu ängstlich sein.
Da Edelwicken rankend sind, benötigen sie einen Halt. Man kann grobmaschiges Drahtgeflecht, aber auch genügend hohe Reiser dazu verwenden. Verblühte Blumen schneidet man ab, da sich die Pflanzen durch die reiche Blüte sehr schnell verausgaben und gelb werden. Man verhindert dadurch, daß ein Teil ihrer Kraft in die Samenausbildung geht.

Levkojen *(Matthiola)*
Auch die Sommerlevkoje wird wieder beliebt. Die Aussaat nimmt man im März/April vor. Die Keimzeit beträgt 1–2 Wochen.
Pikieren ist zu empfehlen, da die Pflanzen dann einen besseren Wurzelballen bilden und beim Auspflanzen ins Freiland – etwa Mitte Mai – ohne zu trauern weiterwachsen.
Levkojen bevorzugen einen leichten, durchlässigen Boden; feuchte Böden und stehende Nässe mögen sie gar nicht.

Löwenmaul *(Antirrhinum)*
Diese dankbare und nuancenreiche Sommerblume ist sowohl zum Schnitt als auch für Beete und Rabatten geeignet. Es gibt sehr schöne Sorten, die man nach und nach durchprobieren sollte. Es gibt niedrige (15–20 cm), halbhohe (30–60 cm) und hohe (60–100 cm) Sorten. Löwenmaul wirkt in einzelnen Farben gepflanzt viel schöner als in einer beliebigen Mischung.
Die Aussaat nimmt man schon im März vor, möglichst ins Frühbeet, der Samen ist sehr fein; 1 g Samen reicht für 1000 Pflanzen. Rechtzeitiges Pikieren ist zu empfehlen, sät man sortenweise aus, kann man immer zwei Pflänzchen zusammen pikieren.

Nelken *(Dianthus)*
Die Aussaat der einjährigen Gartennelken sollte bereits im Januar/Februar erfolgen, um eine rechtzeitige Blüte zu erreichen. Für den Gartenfreund ist es eine nicht gerade leichte Aufgabe Jungpflanzen heranzuziehen, und er wird wohl die Gärtnerei bevorzugen.
Die Keimzeit beträgt etwa 10–14 Tage. Nach dem Auflaufen ist darauf zu achten, daß die Pflanzen nicht stocken,

sondern immer im Wachsen bleiben. Pikieren ist erforderlich, möglichst ins warme Frühbeet. Nach dem Abhärten der Pflanzen kann man schon im April ins Freie pflanzen (25 x 25 cm), der Boden sollte ein sandiger Lehmboden sein. Bricht man die seitlichen Nebenknospen ab (besonders bei Chabaudnelken) erreicht man besonders große Einzelblüten.

Sonnenhut *(Rudbeckia)*
Die einjährigen Rudbeckien können auch selbst herangezogen werden. Man sät im März bis Anfang April ins Frühbeet aus. Nach etwa 2 Wochen läuft die Saat auf. Pikieren ist zu empfehlen. Ausgepflanzt wird etwa Mitte Mai. Diese Pflanzen sollte man jedoch in Gruppen pflanzen, sie kommen dann besser zur Wirkung.

Studentenblumen *(Tagetes)*
Diese sehr bekannten und beliebten einjährigen Blumen dürften eigentlich in keinem Garten fehlen. Die Blütezeit ist sehr lang, kaum eine andere Blume kommt der Haltbarkeit der Tagetes gleich. Die Anzucht der Jungpflanzen ist sehr einfach. Man braucht sie gar nicht so früh auszusäen (Mitte April), denn sie sind sehr schnellwüchsig. Pikieren ist zu empfehlen, muß allerdings nicht unbedingt sein. Man pflanzt erst nach den Eisheiligen aus, da sie sehr frostempfindlich sind. Dagegen vertragen sie Trockenperioden erstaunlich gut. Bodenansprüche stellen sie nicht besonders, doch sollte der Boden schon etwas nahrhaft sein, z. B. mit Kompost aufbereitet. Sie lieben zwar einen sonnigen Standort, gedeihen jedoch auch noch in halbschattiger Lage. Niedrige Sorten eignen sich auch für Balkonkästen.
Die Züchter haben ein sehr reiches Angebot geschaffen, so daß man für jede Farbenzusammenstellung und für jede Höhe eine Sorte findet.

Sonnenhut (Rubeckia hirta).

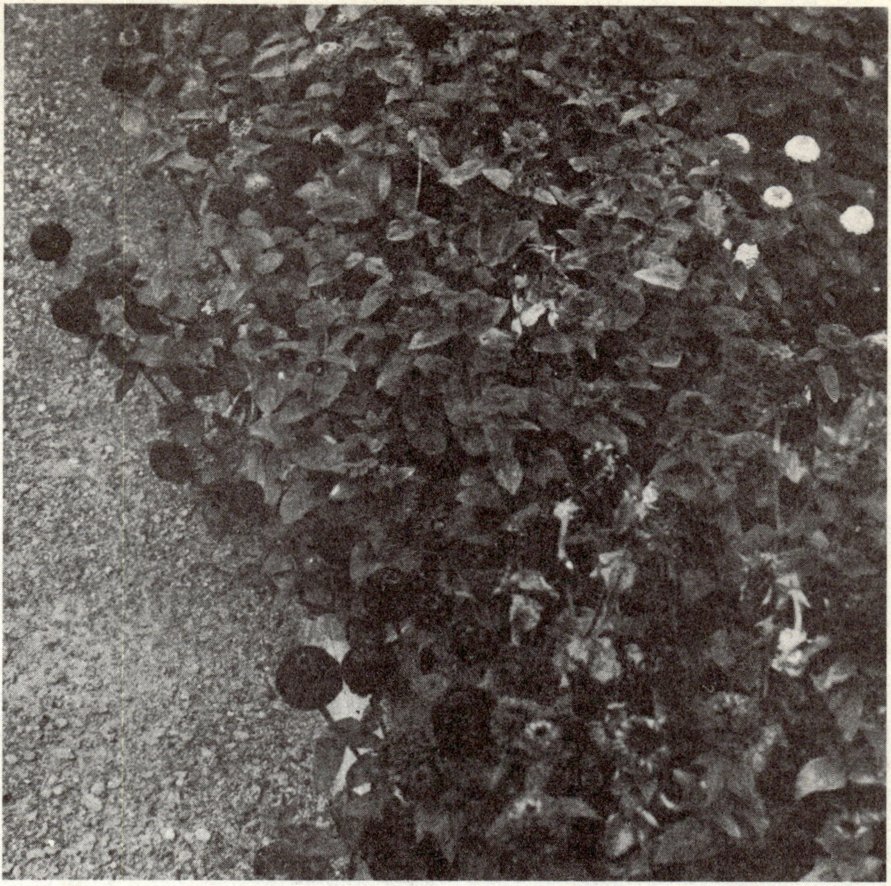

Liliputzinnien (Zinnia) eignen sich besonders gut für Rabatten und Einfassungen.

Zinnien *(Zinnia)*
Die Zinnien stammen aus Mexiko, sie sind sowohl als Schnittblumen als auch als Beetpflanzen geschätzt. Die Aussaat sollte man ab Mitte April vornehmen. Zinnien benötigen zur Keimung eine Bodenwärme von 15 °C. Die Keimzeit beträgt 10–14 Tage. Liegt der Samen zu lange im Boden (bei ungenügender Wärme), fault er leicht, da er nicht hartschalig ist. Zu frühe Aussaat bringt überständige Pflanzen, deshalb nicht zu früh aussäen.

Zinnien werden erst nach den Eisheiligen ausgepflanzt, da sie sehr frostempfindlich sind, Nachtfröste überstehen sie in der Regel nicht. Ähnlich wie bei den Astern, gibt es auch bei den Zinnien eine Stengelfäule. Die Pflanzen sterben zum Teil oder ganz ab. Befallene Pflanzen sind unbedingt zu verbrennen. Im kommenden Jahr den Pflanzort wechseln.

Trockenblumen und Fruchtstände

Unter Trockenblumen versteht man Stauden und einjährige Blumen, die in der Hauptsache zum Zwecke der Trocknung und zur Aufbewahrung für den Winter gezogen werden, um Sträuße, Gestecke oder Kränze anzufertigen.
Sie werden bereits im Sommer, wenn sie entweder in voller Blüte oder halbaufgeblüht sind, geschnitten und mit den Köpfen nach unten an einen luftigen, jedoch schattigen Platz aufgehängt.

Sonnenflügel (Helipterum).

Stauden für die Trockenbinderei

Schafgarbe
(Achillea filipendulina)
Goldgelbe Dolden bildend, je nach Sorte 60–120 cm hoch, blüht von Juni – September.

Silberdistel *(Carlina acaulis)*
Sternartige Blüte, bei schlechtem Wetter schließen sich die Blütenblätter über dem Blütenkorb. Höhe 5 cm, sofort nach dem Aufblühen ernten.

Kugeldistel *(Echinops ritro)*
Diese Distel wird bis 150 cm hoch und blüht im Juli/August.

Strandflieder *(Limonium latifolium* und *Limonium tataricum)*
L. latifolium blüht blau und wird etwa 60 cm hoch, L. tataricum ist weißblühend und wird 40 cm hoch, muß in voller Blüte geschnitten werden, hervorragend für Trockenbinderei.

Silberblatt, Judaspfennig
(Lunaria)
Eigentlich eine zweijährige Pflanze, Höhe 90 cm. Die Fruchtstände werden geschnitten, die Blüte in Rosa oder Rot ist uninteressant. Wenn die Schoten aufspringen, werden die äußeren Schalen entfernt, so daß nur die seidige weiße Scheidenwand übrigbleibt.

Ziergras *(Stipa pennata)*
Bildet lange silbrige Grannen und wird 70 cm hoch.

Einjährige Blumen für die Trockenbinderei

Papierköpfchen *(Ammobium alatum)*
Diese Pflanze bildet weiße, trockenhäutige Korbblüten und wird 30 cm hoch.

Strandflieder (Limonium sinuatum).

Strohblumen
(Helichrysum bracteatum)
Reiches Farbenspiel, kleinblumige Sorten von 30 cm Höhe und riesenblumige Sorten von 80 cm Höhe.

Sonnenflügel *(Helipterum)*
Mehrere Arten, rosa, karminrote, gelbe und weiße Farben, Höhe 30–50 cm.

Strandflieder *(Limonium sinuatum)*
Gibt es in weißen, gelben, rosa, himmelblauen und dunkelblauen Farben, aber auch zweifarbig blau-weiß. Wird in voller Blüte geschnitten. *Limonium suworowii* hat lange, rosarote aufrechte Rispen, Höhe 80 cm.

Mohn *(Papaver)*
Samenkapseln werden getrocknet; verschiedene Sorten, Höhe 80 cm.

Einjährige Ziergräser
Mehrere Arten.

Ziermais *(Zea)*
Buntkörnige Kolben bildend. Besonders für Dekorationen geeignet.

Blumenzwiebel- und Knollengewächse

Zunächst muß man zwischen Zwiebeln und Knollen unterscheiden:

Zwiebel

Die Zwiebel unterscheidet sich ganz wesentlich von der Knolle. Zwiebeln haben z. B. Hyazinthen, Lilien, Narzissen, Tulpen, Schneeglöckchen.
In der Zwiebel befinden sich bereits Knospe und Blätter für die kommende Wachstumsperiode. Diese Knospenanlage ist mit vielen fleischigen Schutzhüllen umgeben, die die Zwiebel vor einer Austrocknung bewahren. Deshalb haben Blumenzwiebeln auch auf der ganzen Erde Verbreitung gefunden, da sie längere Zeit im eingezogenen Zustand – im sogenannten Ruhestand – gelagert und somit überall hin verschickt werden können, ohne Schaden zu nehmen.
Zu beachten ist, daß Zwiebeln im Lagerzustand (Ruhezustand) empfindlich gegen Nässe und Feuchtigkeit sind.
Im Gegensatz zur Knolle bildet sich die Zwiebel immer wieder neu. Die alte Zwiebel wird von der wachsenden Pflanze ganz aufgezehrt und geht zugrunde. Gleichzeitig bildet sich eine neue Zwiebel, die schon wieder die Knospenanlage für das kommende Jahr in sich trägt. Daraus läßt sich erkennen, wie wichtig es ist, die Blätter der Blumenzwiebelpflanzen stehen zu lassen, bis sie von selbst absterben. Denn sie sind es, die der Zwiebel wieder die Kraft für den Neuaufbau geben. Entfernt man die Blätter zu früh, hat man im nächsten Jahr meist nur kümmerliche Blüten.

Die Zwiebeln tragen die Knospenanlage schon in sich (Hyazinthe).

Knolle

Die Knolle unterscheidet sich rein äußerlich schon von der Zwiebel.
Knollen sind verdickte Pflanzenorgane oder Wurzeln (Dahlien), die der Speicherung von Nährstoffen dienen. Nach Beendigung des Wachstums wandern die Nährstoffe wieder zurück in die Knolle. Die Knolle bildet sich also nicht neu. An den Knollen befinden sich Augen, die zu gegebener Zeit austreiben und den Trieb bilden.
Neben den Dahlien zählen Anemonen, Gladiolen, Knollenbegonien, Krokusse, Montbretien, Ranunkeln, aber auch das Alpenveilchen zu den Knollengewächsen. Knollen vertragen während der Ruhezeit auch Trockenheit, doch ein bißchen Feuchtigkeit schadet oft nicht und verhindert manchmal ein Einschrumpfen.
Beide, sowohl Zwiebel wie Knolle, müssen während ihrer Ruhezeit frostfrei gelagert werden, sofern sie nicht in der Erde bleiben.

Rhizom

Neben Zwiebeln und Knollen ist es interessant, noch etwas über Rhizome zu wissen. Rhizome sind kriechende, knollenartige, verdickte Wurzelstöcke. Die Schwertlilienarten sind ein gutes

Beispiel dafür, aber auch das Veilchen besitzt Rhizome. Von den Wurzeln sind Rhizome durch weiche und lokkere Struktur, aber auch durch den Besitz von Sproßknospen sowie durch das Fehlen von Haarwurzeln zu unterscheiden. Im Gegensatz zu den Zwiebeln, die man trocken lagern soll, benötigen Rhizome, werden sie gelagert, mäßige Feuchtigkeit (Einschlagen in Sand oder Torfmull), um ein Eintrocknen zu verhindern.

Allgemeines zu Blumenzwiebeln und Knollengewächsen

Zwiebelgewächse gedeihen immer besser auf sandigem als auf schwerem Boden. Ebenso sind sie empfindlich gegen zu starke Düngung, so kann z. B. eine Abdeckung mit Stalldung, den man gleichzeitig als Winterschutz geben möchte, mehr schaden als nützen. Hier empfiehlt sich eine Abdekkung – sofern überhaupt notwendig – mit Laub und Fichtenreisern.

Zur Pflege der Blumenzwiebel- und Knollengewächse gehört auch das unbedingte Einhalten der Ruhezeit. Denn nur ausgeruhte, d. h. ausgereifte Zwiebeln und Knollen lassen eine gute Blüte erwarten. Es ist deshalb wichtig zu wissen, welche Zwiebeln und Knollen im Herbst und welche im Frühjahr gepflanzt werden müssen, wenn der Handel uns diese Frage auch abnimmt. Man unterscheidet Frühjahrsblüher sowie Sommer- und Herbstblüher. Die Vermehrung erfolgt im allgemeinen durch Brutzwiebeln oder -knöllchen, die sich an den Mutterpflanzen bilden. Teilung (Dahlien), aber auch Aussaat kommen ebenfalls zur Vermehrung in Betracht.

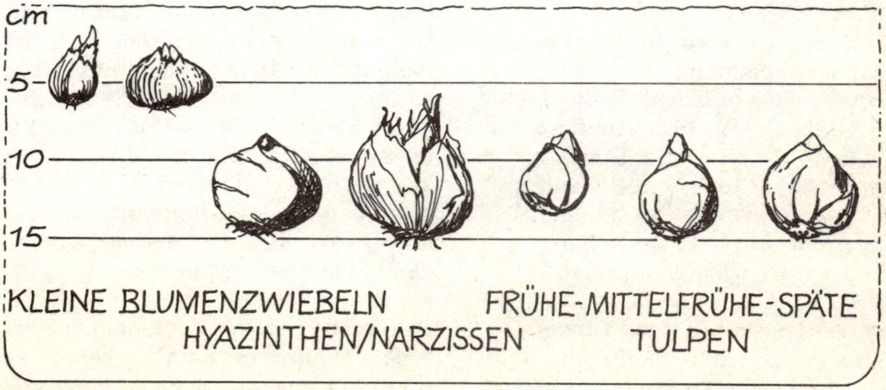

Pflanztiefe der Blumenzwiebeln.

Hyazinthen auf Gläsern mit guter Wurzelbildung, der Austrieb hat schon begonnen.

Hyazinthen

Die Hyazinthen sind im Mittelmeerraum beheimatet. Die meisten Hyazinthen kommen von Holland zu uns, wo sie auch gezüchtet werden.

In Gruppen gepflanzt, wirken sie besonders reizvoll. Man kann aber auch Hyazinthen treiben, d. h. sie früher zur Blüte bringen.

Hyazinthen werden in verschiedenen Größen angeboten:

Extragröße = größer als 19 cm Umfang,
I. Größe = 18–19 cm Umfang,
II. Größe = 17–18 cm Umfang,
III. Größe = 16–17 cm Umfang,
IV. Größe = 15–16 cm Umfang,
V. Größe = 14–15 cm Umfang (Miniaturgröße).

Hyazinthentreiberei auf Gläsern

Für die Hyazinthentreiberei eignen sich am besten Zwiebeln der I. Größe, also Zwiebeln, die einen Umfang von 18–19 cm haben. Kleinere Zwiebeln eignen sich weniger für die Treiberei auf Gläsern. Sehr zu empfehlen sind präparierte Hyazinthen. Diese Zwiebeln wurden einer Nachreife unterzogen, d. h., sie wurden eigens in beheizten Räumen untergebracht und so vom Züchter praktisch schon für die Frühtreiberei vorbereitet. Präparierte Hyazinthen lassen sich schon Anfang Dezember treiben, so daß man zu Weihnachten bereits blühende Pflanzen haben kann; allerdings sind präparierte Zwiebeln beim Kauf 10–20% teurer als normale.

Man setzt die Zwiebeln im September auf spezielle Hyazinthengläser, die man zuvor bis zum Hals mit Wasser gefüllt hat. Diese Gläser sind im Fachhandel erhältlich.

Die Zwiebeln dürfen nach dem Aufsetzen nicht direkt mit dem Wasser in Berührung kommen, das kann sehr leicht zu Fäulnis führen. Nun stellt man die

Gläser kühl und dunkel, am besten in den Keller, vorausgesetzt, daß dieser nicht zu warm ist. Jeder Zwiebel setzt man zusätzlich ein Hütchen aus Papier auf (Hyazinthenhütchen), diese Hütchen sind ebenfalls im Handel erhältlich. Dadurch erreicht man, daß der Sproß bzw. der Trieb lang genug wird und die Knospe nicht sitzen bleibt. Das Aufstellen in beheizten Räumen darf erst erfolgen, wenn die Zwiebel genügend Wurzeln gebildet hat, das läßt sich durch das Glas genau feststellen. Der Trieb sollte eine Länge von 5/6 cm haben. Das Hütchen läßt man der Zwiebel auch im beheizten hellen Raum noch ein paar Tage auf, bis es der Trieb hochhebt, dann wird es entfernt. Der gelblichweiße Trieb wird in wenigen Tagen grün, die Knospe zeigt sich, und die Pflanze formt sich schnell. Zeigt die Blüte Farbe und die untersten Einzelblüten öffnen sich, wird die Pflanze etwas kühler gestellt (15°C). Die Blüte öffnet sich dann langsamer, und man hat längere Zeit Freude daran.

Hyazinthen kann man selbstverständlich auch in Töpfen treiben (siehe unter „Narzissentreiberei").

Hyazinthen für den Garten

Wie schon erwähnt, sollte man Hyazinthen in Gruppen pflanzen, so kommen sie am besten zur Wirkung. Fürs Freiland genügen kleinere Größen. Man pflanzt etwa 10 cm tief im Abstand von 6–10 cm je nach Zwiebelgröße. Es gibt frühe und späte Sorten. Man sollte möglichst immer eine Sorte zusammenpflanzen, denn nur so hat man die Gewißheit, daß sie auch zusammen blühen.

Werden z. B. mehrere Hyazinthen unter der Bezeichnung „rosa" gekauft, hat man nicht die Gewißheit, ob es sich tatsächlich um eine Sorte handelt. Kauft man dagegen Hyazinthen mit der Sortenbezeichnung ‚Pink Pearl', kann man sicher sein, daß es eine reine Sorte rosablühender Hyazinthen ist.

Narzissen

Die Vorfahren der Narzissen sind in der Hauptsache am Mittelmeer beheimatet (Portugal, Spanien), aber auch in den Alpen sowie in Nordafrika.

Narzissen sind absolut winterhart und können mehrere Jahre am selben Ort stehen bleiben. Erst wenn man merkt, daß die Blühwilligkeit nachläßt, gräbt man sie aus und pflanzt sie im Herbst wieder auf gut vorbereitete Beete (mit Kompost) oder Rabatten. Allerdings darf man sie erst herausnehmen, wenn die Blätter gelb bzw. abgestorben sind, denn nur dann sind die Zwiebeln ausgereift.

Narzissen fangen gleich nach der Blüte an, mit Hilfe ihrer Blätter Kraft für das nächste Jahr, d. h. für die nächste Blüte zu sammeln. Der Grundstock für die im nächsten Jahr erscheinenden Blüten wird praktisch im Mai schon wieder gelegt. Das ist besonders wichtig zu wissen, denn man muß die Düngergaben danach ausrichten und gibt deshalb schon am besten im April eine Düngergabe in Form von Blaukorn, etwa 40 g pro m^2. Bei Neupflanzung gibt man 40–50 g vor dem Pflanzen im Herbst und 20–30 g im Frühjahr vor dem Abblühen (g/m^2).

Gepflanzt wird im Herbst, aber möglichst noch vor dem 15. Oktober, mit einer Pflanztiefe von 12–15 cm.

Zur Blüte im Frühjahr lieben Narzissen einen feuchten Boden, im Sommer dagegen stehen sie lieber trocken. Im Herbst sollte man mit einer reichlichen Kompostgabe nicht geizen. Narzissen lieben humosen Boden.

Es gibt ein paar hundert Narzissensorten und immer wieder kommen Neuzüchtungen auf den Markt; das läßt schon erkennen, wie beliebt Narzissen sind.

Treiben der Narzissen

Möchte man den Frühling etwas früher ins Zimmer holen, kann man Narzissen vortreiben.

Man pflanzt im September/Oktober 2–3 Zwiebeln in passende Blumentöpfe. Natürlich kann man jetzt nicht 12–15 cm tief pflanzen, sondern man pflanzt so, daß die Zwiebeln bequem Platz haben, dabei können die Spitzen ruhig herausragen. Man drückt sie gut fest, gießt sie an und streut eine Schicht Sand darauf (1/2 cm). Nun kommen sie in den Einschlag. Entweder gräbt man die Töpfe in den Frühbeetkasten ein (natürlich läßt man sie ohne Fenster) oder an einem anderen Ort im Garten, der gut zugänglich sein sollte.

Die Tiefe sollte so sein, daß die Töpfe mit 12–15 cm Erde bedeckt sind. Da es im Januar oft steinhart gefroren ist, deckt man den Einschlag zusätzlich mit Laub ab. Ab Januar gräbt man die Töpfe aus und bringt sie ins Warme. Die Sandschicht hat verhindert, daß sich die Erde im Topf mit der Abdeckerde verbunden hat, diese läßt sich jetzt leicht abschütteln. Die Triebe sind zu dieser Zeit etwa 5 cm lang, und die Töpfe sind gut durchwurzelt.

Bevor man die Töpfe allerdings zum endgültigen Treiben aufstellt, läßt man sie noch 3–4 Tage in einem kühlen Raum (z. B. Keller) stehen. Erst danach werden sie an einem hellen Platz bei einer durchschnittlichen Temperatur von 18°C aufgestellt. Dabei muß man jedoch beachten, daß der Standort auch hell genug ist, denn sonst wird man keine Freude an der Treiberei haben und meterlange Narzissen heranziehen. Das Gießen darf jetzt auf keinen Fall vernachlässigt werden. Es empfiehlt sich, kein kaltes Wasser direkt aus der Leitung zu nehmen, sondern temperiertes (abgestandenes). Nach etwa 20 Tagen brechen die Knospen auf.

Tulpen

Die Heimat der Tulpen ist Asien, Japan und Nordafrika. Der Züchter vermehrt sie durch Samen, aber auch durch Brutzwiebeln. Von den Hauptanbaugebieten steht Holland an erster Stelle, aber auch in Deutschland, z. B. in Ostfriesland und Holstein, werden Tulpen fürs Freiland gezüchtet.

Im 17. Jahrhundert breitete sich die Tulpe über ganz Europa aus. Es wurden sagenhafte Preise – bis zu 3000 Gulden pro Zwiebel – für Neuzüchtungen geboten.

Einen Frühling ohne Tulpen kann man sich eigentlich gar nicht vorstellen, und wenn man im April/Mai durch eine Gartenanlage spaziert, sieht man erst die Fülle der Sorten und Blüten, die uns diese Frühlingsblume schenkt.

Pflanzzeit, Pflanztiefe

Die Pflanzzeit der Tulpen liegt bei uns im September/Oktober. Für die Pflanztiefe gibt es eine Faustregel: 1- bis maximal 2fache Zwiebelgröße, also etwa 6–12 cm tief.

Tulpenzwiebeln werden immer nach dem Umfang gemessen; z. B. bedeutet 11/12 einen Umfang von 11–12 cm, 12/+ bedeutet 12 cm und mehr. Kleinere Zwiebeln sollte man auf keinen Fall kaufen (bei Gartentulpen), sie sind zwar billiger, die Freude daran wird aber nicht groß sein.

Der Boden sollte vorher tief gelockert und ausreichend mit Humus angerei-

chert werden. Zusätzlich gibt man 30–40 g/m² Blaukorn.
In der gepflanzten Zwiebel hat sich bereits die Blüte gebildet, der Fachmann sagt die Knospenanlage.
Nach dem Pflanzen beginnt die Zwiebel sofort mit der Wurzelbildung, deshalb ist eine frühzeitige Pflanzung wichtig. Pflanzt man zu spät, kommt es zu einer ungenügenden Wurzelbildung, das wiederum wirkt sich auf die Neubildung der Zwiebel aus. Denn die Tulpe bildet für ihren Fortbestand immer wieder neue Zwiebeln, das kann eine oder es können auch mehrere sein. Diese werden nach der Blüte mit Hilfe der Blätter und Wurzeln gebildet. Die alte Zwiebel stirbt ab.
Manchmal kommt es vor, daß die eine oder andere Tulpe nicht zum Blühen kommt, sondern daß sie nur Blätter treibt. Deshalb sollte man sie nicht gleich entfernen, denn sie wird mit Hilfe der Blätter erneut Kraft sammeln, um eine starke Zwiebel zu bilden, die im kommenden Jahr zur Blüte gelangt. Deshalb ist es auch wichtig, daß den Tulpen die Blätter belassen und nicht zu früh abgeschnitten werden, wie man es leider oft sieht. Wird das Laub gelb, kann man es abschneiden oder die Zwiebel aus dem Boden nehmen und sie an einem trockenen Ort bis zum Wiedereinpflanzen lagern.
Stehen Tulpen mehrere Jahre auf ein und demselben Platz, sollte man sie nach dem Vergilben der Blätter herausnehmen und im Herbst neu pflanzen. Denn durch das ständige Neubilden der Zwiebeln kommen die Pflanzen automatisch höher an die Erdoberfläche und werden häufig noch durch Regen ausgespült.
Tulpen, die für die Vase geschnitten werden, sollte man nicht unmittelbar über dem Boden abschneiden, sondern soviel Blatt wie möglich stehen lassen, denn die Blätter sind – wie vorher schon erwähnt – für die Weiterentwicklung der Tulpe lebenswichtig. Die Fruchtstände (Samenkapsel) schneidet man nach dem Verblühen ab, denn sie nehmen der Pflanze nur unnötig Kraft weg. Legt man Wert auf Brutzwiebeln, muß man die Blüten schon vor dem Aufblühen entfernen.
Es empfiehlt sich, Tulpen immer in Gruppen zu pflanzen. Sie wirken sehr

Tulpen in Gruppen vor Gehölzen gepflanzt wirken besonders auffallend.

gut vor Gehölzen, aber auch zwischen Stauden oder zweijährigen Frühlingsblumen, z. B. Vergißmeinnicht, Stiefmütterchen oder Maßliebchen.
Man unterscheidet zwei große Gruppen von Tulpen:

1. Wildtulpen,
2. Gartentulpen.

Wildtulpen
Wildtulpen sind kaum vom Züchter beeinflußte Arten. Sie blühen früher als die Gartentulpen. Sie sind niedriger, brauchen zum Teil weniger Platz, sind aber auch weniger zum Schnitt geeignet. Liebhaber schätzen sie sehr, da sie der Gartentulpe an Schönheit überlegen sind. Sie zeichnen sich auch durch die frühe Blüte besonders aus.
Wildtulpen haben zum Teil sehr kleine Zwiebeln, so daß sie nicht nach Zwiebelumfang gemessen werden, auch sind sie meistens etwas teurer als Gartentulpen; das sollte aber den Liebhaber nicht abhalten, die eine oder andere Sorte im Garten zu pflanzen. Allerdings bekommt man die schönsten Sorten nur im Fachhandel, da es keine Massensorten sind (z. B. bei der Fa. Albert Hoch, Ahornstraße 2a, 1000 Berlin 37).

Gartentulpen
Die Gartentulpen sind in mehrere Gruppen aufgeteilt. Die Aufzählung der Gruppen richtet sich nach dem Blühbeginn.

1. Einfache frühblühende Tulpen
Diese Gruppe erreicht eine Höhe von 20–30 cm. Der Gärtner nimmt diese Gruppe zum Treiben. Tulpen, die schon um die Weihnachtszeit im Topf oder auch als Schnittulpen angeboten werden, gehören zu dieser Gruppe. Im Garten blühen sie etwa Mitte April.

2. Gefüllte, frühblühende Tulpen
Diese Tulpen sind als Schnittblumen weniger geeignet, jedoch als Topftulpe und zur Bepflanzung von Schalen. Sie werden ebenfalls 20–30 cm hoch. Für den Garten sind sie in Verbindung mit zweijährigen Blumen empfehlenswert. Sie blühen ebenfalls etwa Mitte April.

3. Mendeltulpen
Diese Tulpen werden etwas höher, nämlich 40–50 cm und eignen sich gut für den Garten. Sie blühen etwas später als die frühen Arten, aber auch früher als die Darwin-Tulpen. Der Gärtner nimmt sie auch zur Treiberei, um Schnittulpen zu erzielen.

4. Triumphtulpen
Diese Tulpen erreichen eine Höhe von 40–50 cm und liegen mit der Blüte ebenfalls in der Mitte der Tulpenzeit. Sie haben etwa den Stellenwert der Mendeltulpen.

*5. Darwintulpen,
Darwin-Hybrid-Tulpen*
Darwintulpen erreichen eine Höhe von 60–70 cm. Diese Tulpenart ist sehr verbreitet und hat ein reiches Sortenangebot. In den letzten Jahren haben sich die Darwin-Hybrid-Tulpen mehr und mehr durchgesetzt. Durch viele Kreuzungen zwischen Darwin-Tulpen und *Tulipa forsteriana* sowie mit anderen Arten entstanden diese Hybridtulpen.
Mit ihren starken, robusten Stielen, auf denen die großen Blüten sitzen, erfreuen sie im Garten wie in der Vase. Doch gibt es noch eine Reihe alter Darwin-Tulpen-Sorten, die sich bis heute gehalten haben und die sich auch nicht so schnell verdrängen lassen werden.

Lilienblütige Tulpen.

6. Einfache, spätblühende Tulpen (Maitulpen)

Sie erreichen eine Höhe von 60–70 cm. Sie eignen sich nicht zum Treiben, sondern werden nur zum Freilandanbau verwendet.

7. Gefüllte, spätblühende Tulpen

Sie werden bedeutend höher als die gefüllten frühen Tulpen, nämlich 50 cm. Zur Gruppenbepflanzung verwendet man 60 Zwiebeln pro m^2.

8. Lilienblütige Tulpen

Sie werden ziemlich hoch, nämlich 70–80 cm. Diese Tulpenart ist etwas für Liebhaber. Die elegante, graziöse Blüte auf etwas dünnem Stiel macht sie zu einer wertvollen Bereicherung der Tulpenfamilie.

9. Papageitulpen

Papageitulpen erreichen eine Höhe von 60 cm. Diese Tulpenart ist nicht jedermanns Sache, doch hat sie auch Liebhaber. Die Blüten sind sehr groß und gefranst. Leider werden sie bei windigem Wetter sehr zerzaust, so daß sie dann unschön aussehen; hinzu kommt, daß die bei Regenwetter sehr schwer werdenden Blüten leicht abbrechen.

10. Rembrandttulpen

Diese Tulpenart erreicht eine Höhe von 60–70 cm. Schon auf alten Gemälden holländischer Maler sind diese vielfarbigen Tulpen verewigt worden. Sie zeichnen sich durch lebhafte, geflammte, gestreifte Blüten aus, die den Beschauer immer wieder faszinieren.

11. Gefranste Tulpen (orchideenblütige)

Diese Tulpenart erreicht eine Höhe von 50–60 cm. Sie sehen sehr reizvoll aus mit ihren gefransten Blütenblättern und halten sich sehr lange in der Vase, ohne daß sie total aufblühen. Diese Tulpenart ist auch zum Treiben geeignet.

12. Mehrblütige Tulpen (großblumige)

Diese Tulpen werden 40–50 cm hoch. Sie bringen drei und mehr Blüten an einem Stiel, d. h. sie verzweigen sich entsprechend. Hinzu kommt, daß die Blüten trotzdem relativ groß werden.

Beim Kauf von Tulpenzwiebeln sollte man sich nicht mit Farbbezeichnungen zufriedengeben, sondern man sollte nur bestimmte Sorten (Sortenbezeichnung) kaufen. Jede Sorte hat ihre bestimmte Eigenart, und nur so läßt sich Farbe, Höhe, Blütezeit genau bestimmen. Wenn man einen Apfelbaum kauft, verlangt man auch nicht einen „Apfel rot", sondern kauft z. B. den roten Jonathan. Diesen Grundsatz sollte man auch bei Blumenzwiebeln beibehalten.

Verschiedene Blumenzwiebelgewächse

Milchstern *(Ornithogalum)*
Der Milchstern ist eine bis 4 Wochen in der Vase haltende Schnittblume. Die weißen Blüten sind sternartig in endständigen Trauben aufgebaut. Die Blütezeit liegt in der Zeit von Juni bis September. Der Standort sollte sonnig bis halbschattig sein. *Ornithogalum thyrsoides* ist nicht winterhart und sollte im Herbst herausgenommen werden und in einem Torf-Sand-Gemisch eingeschlagen frostfrei überwintern.

Irlandglocken *(Scilla hispaniea)*
Bekannter unter dem Namen *Scilla campanulata*
Die Heimat dieser Scillaart ist Spanien und Portugal. Sie ist recht anspruchslos, blüht sowohl in sonnigen als auch in schattigen Lagen. Die Blütezeit liegt im April/Mai, die Höhe liegt bei 20–30 cm. Neben der blauen Art gibt es sie auch in Weiß sowie mit rosafarbenen Blüten. Sie eignet sich auch für Verwilderungszwecke gut.

Holländische Iris *(Iris hollandica)*
Holländische Iris werden im Blumengeschäft meistens nur in Blau angeboten, doch gibt es sie in vielerlei Farben. Die Höhe reicht von 50–70 cm. Sie blühen im Freiland etwa Ende Mai bis Mitte Juni. Im Sommer stehen sie gerne trocken.

Englische Iris *(Iris anglica)*
Diese Irisart ist weniger bekannt als Iris hollandica. Doch ist sie für den kleinen Garten sehr zu empfehlen. Sie blüht Ende Juni bis Mitte Juli. Die Blüten sind schön geformt und kräftig. Sie sind zwar etwas teurer als Iris hollandica, doch wird man die Mehrausgaben bestimmt nicht bereuen.

Spanische Iris *(Iris hispanica)*
Diese Iris kommt, wie der Name schon sagt, aus Spanien und blüht 2–3 Wochen später als Iris hollandica. Sie ist für den Kleingärtner eine Kostbarkeit, nicht nur wegen des zarten Duftes. Auch diese Zwiebeln sind etwas teurer als Iris hollandica.

Steppenkerze, Steppenlilie
(Eremurus)
Diese Pflanze steht am besten zwischen niedrigen Gehölzen. Die Höhe liegt bei 120–200 cm. Gerade bei dieser Pflanze ist auf die Umgebung zu achten, so kommt sie z. B. gut zur Wirkung, wenn sie im Hintergrund Koniferen hat.
Eremurus-Hybriden gibt es in mehreren Farben, doch leider werden sie noch wenig in einzelnen Farben angeboten. Die Wurzeln sind seesternförmig, gepflanzt wird im Herbst. Dabei werden die Wurzeln auf einem kleinen Hügel ausgebreitet, ähnlich wie Spargel. Die Pflanztiefe sollte 15–20 cm betragen. Der Standort sollte sonnig, der Boden humusreich und tiefgründig sein. Die Steppenkerze erfreut durch eine sehr lange Blütezeit, die im Juni/Juli liegt.

Schachbrettblume
(Fritillaria meleagris)
Diese interessante Blume ist für den Liebhaber etwas Besonderes, zumal in den letzten Jahren sehr schöne neue Sorten zu haben sind, die allerdings sehr teuer gehandelt werden.
Die Schachbrettblume liebt feuchten, humosen Boden und einen halbschattigen Standort. Sie eignet sich auch zum Verwildern unter lichtem Gehölz. Sie wird 20–30 cm hoch und ist auch für Steingärten geeignet. Das Aussehen der Blüte hat ihr auch den Namen Kibitzei eingebracht.

Kaiserkrone *(Fritillaria imperialis)*
Diese große, 80–90 cm hoch werdende Pflanze mit ihren exotischen Blüten, die in hängenden Blütenquirlen angeordnet sind, ist ein zuverlässiger Blüher. Ein sandiger, humoser, durchlässiger Boden sagt ihr zu. Nach der Blüte möchte sie trocken stehen. Sie zieht sehr schnell ein nach der Blüte, so daß man sie beim Ausgraben, welches etwa alle 4 Jahre geschehen sollte, oft nur schwer findet. Es empfiehlt sich deshalb, die Stelle rechtzeitig zu kennzeichnen. Die Zwiebeln dürfen nach dem Ausgraben nicht austrocknen, am besten gleich wieder an einem geeigneten Ort einpflanzen, nachdem die Brutzwiebeln entfernt wurden. Man sollte die abgeblühten Stengel nicht abschneiden, sie lassen sich bald nach dem Einziehen der Pflanze leicht aus dem Boden ziehen. Es gibt Sorten in gelben, orangeroten und dunkelroten Farben.

Zierlauch *(Allium)*
Zierlauch wird in vielen Arten und Farben angeboten, deren Höhen von 15–150 cm reichen. Er ist recht anspruchslos, trockener Boden sowie ein sonniger Standort sagt ihm zu.

Kaiserkrone (Fritillaria imperialis).

Niedrige Arten sind auch als Unterwuchs für nicht zu dichte Laubgehölze geeignet. Einige Sorten benötigen Winterschutz zumindestens im Pflanzjahr. Die Pflanzzeit ist der Herbst. Das Laub wird nach dem Abblühen erst nach dem Einziehen entfernt. Dann ist auch die beste Zeit zum Teilen der Zwiebeln, häufig findet auch Selbstaussaat statt, sofern man die Blütenstände nicht entfernt hat.

Lilien

Lilien haben etwas Faszinierendes für den Liebhaber. Sie sind sehr dekorativ, sei es als Einzelpflanzung (solitär), sei es als Gruppenpflanzung. Sie lieben Humusboden, Humus speichert die Feuchtigkeit. Stauende Nässe ist allerdings Gift für sie, das mögen sie

Lilien (Lilium regale).

Lilien, amerikanische Hybrid 'Sonja'.

ganz und gar nicht. Der Boden muß gut durchlässig sein, d. h., man muß für einen guten Wasserabzug sorgen.

Im allgemeinen wird im Herbst gepflanzt, in einer Entfernung von 15–20 cm. Aber auch Frühjahrspflanzung ist möglich. In der Regel pflanzt man 15 cm tief, lieber etwas tiefer als zu flach. Lilien werden alle 5 Jahre umgepflanzt, da sich die neuen Zwiebeln immer oben daraufsetzen, so kommen sie von Jahr zu Jahr höher.

In den letzten Jahren haben amerikanische Züchter sehr gute Sorten auf den Markt gebracht. Aber auch aus Südeuropa und nicht zuletzt aus Japan kommen Lilien; japanische Lilien zählen zu den prächtigsten.

Man unterscheidet bei den Lilien mehrere Gruppen und zwar nach der Blütenform.

Zur Gruppe I zählt man Lilien mit aufrechtstehenden, schalenförmigen Blüten, z. B. die Feuerlilie, die am meisten bekannt ist.

Zur Gruppe II zählt man alle trichterförmigen, meist waagerecht abstehenden Blüten, die sogenannten Trompetenlilien, z. B. die Madonnenlilie.

Zur Gruppe III zählt man Lilien mit hängenden Blüten, deren Blumen zum Teil zurückgerollt sind, z. B. die Türkenbund- und Tigerlilie.

in den letzten Jahren wurden die Lilien neu klassifiziert. Wer sich dafür interessiert, sollte sich einen einschlägigen Katalog oder ein Buch über Lilien besorgen. Es gibt so viele Liliensorten, daß es hier nicht möglich ist, jede einzelne Sorte zu beschreiben (wie bei Schwertlilien). Zum Beispiel gibt es asiatische und amerikanische Hybriden, die von unglaublicher Leuchtkraft sind und die Vorstellungen von Lilien oft weitaus übertreffen.

Beim Kauf von Lilien sollte man darauf achten, daß man winterharte Sorten kauft. Nicht alle Lilien sind winterhart und benötigen deshalb entsprechenden Winterschutz.

Die Vermehrung geschieht durch

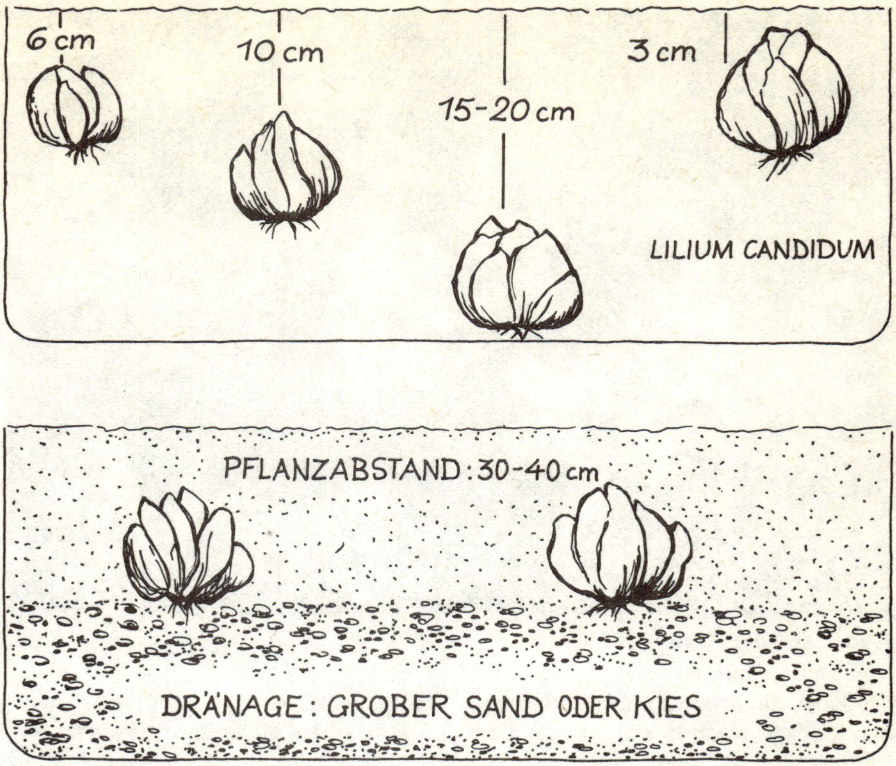

Pflanztiefe der Lilien.

Zwiebelteilung, Schuppenstecklinge oder Aussaat. Der Standort sollte je nach Sorte sonnig bis halbschattig sein. Die Hauptblütezeit reicht von Juni bis Juli, spätere Sorten blühen auch erst im August.

Bei anhaltender Feuchtigkeit kann Grauschimmel auftreten, Knospen faulen, Blüten verkrüppeln, aber auch die gefährliche Fußfäule, hier sollte man kranke Pflanzen verbrennen.

Madonnenlilie *(Lilium candidum)*

Diese Lilie ist wohl die am meisten gepflanzte und bekannteste in den Gärten. Neben der Stammform gibt es seit etwa 10 Jahren eine Madonnenlilie mit größeren Blüten: *Lilium candidum grandiflorum.* Die Madonnenlilie galt schon seit jeher als Symbol der Keuschheit und Reinheit. Es gibt viele Bilder, die die Madonna mit einer Lilie zeigen.

Wenn im vorhergehenden Kapitel gesagt wurde, daß die Lilien mindestens 15 cm tief gepflanzt werden sollen, dann trifft das für die Madonnenlilie nicht zu. Diese Lilie, die schon im August gepflanzt wird, darf man nur flach pflanzen, und zwar so, daß die Zwiebelspitze etwa 3 cm mit Erde bedeckt ist.

Madonnenlilie (Lilium candidum).

Sie liebt einen nahrhaften, lehmhaltigen Boden. Nach der Blüte zieht die Pflanze ein, d. h., die Blütenstengel und Blätter werden gelb und vertrocknen. Das ist aber kein Grund zur Besorgnis, sondern ganz normal. Noch vor dem Winter treibt sie neue Blätter. Vermehren kann man sie wie die übrigen Lilien. Sie liebt einen sonnigen Standort, an dem sie dann im Juni ihre stark duftenden Trompetenblüten öffnet.

Dahlien

Dahlien lieben einen sonnigen Platz. Ein guter Gartenboden, der nicht zu stickstoffreich sein sollte, sagt ihnen zu.
Man vermehrt in der Regel durch Teilung. Die Stecklingsvermehrung, die bei Dahlien auch gut möglich ist, überläßt man dem Gärtner, er hat bessere Möglichkeiten, die Mutterpflanzen vorzutreiben. Man pflanzt in einem Abstand von 50–100 cm (je nach Art und Sorte). Die Pflanzlöcher sollten etwas größer ausgehoben werden, so daß man noch Komposterde mit hineingeben kann. Die gepflanzte Knolle sollte etwa 5–10 cm mit Erde bedeckt sein. Pflanzt man tiefer, dauert es zu lange, bis sich die Triebe nach oben gearbeitet haben, diese Zeit geht dann an der Blütezeit ab. Sofern es sich um hohe Sorten handelt, sollte man gleich einen Pfahl mit einschlagen.
Nach dem ersten Frost nimmt man die Dahlien mit einer Grabegabel heraus. Zuvor schneidet man das Kraut über dem Boden ab, dabei wird man feststellen, welchen Wasservorrat Dahlien in den hohlen Stengelschäften haben. Danach kommen die Knollen zum Überwintern an einen kühlen, trockenen Ort, der natürlich frostfrei sein

Dahlienvermehrung durch Teilung.

Pompondahlien.

muß. Es empfiehlt sich, überwinterte Knollen vor dem Auspflanzen 1–2 Tage ins Wasser zu stellen.
Man unterscheidet mehrere Klassen von Dahlien; maßgebend für die Einteilung ist die Blütenform: Schmuckdahlien; Kaktusdahlien; Pompondahlien; Balldahlien; Halskrausdahlien; anemonenblütige Dahlien; Hirschgeweih- oder Geweihdahlien; Giraffendahlien; Mignondahlien und Zwergdahlien.

Auf dem Gebiet der Dahliensorten gibt es einen so schnellen Wechsel, daß Sorten, die heute neu sind, in wenigen Jahren nicht mehr aktuell sind. Die Dahlie trägt nicht umsonst den Beinamen variabilis = veränderlich.
Die „Deutsche Dahlien- und Gladiolengesellschaft" gibt jährlich eine Empfehlungsliste mit Sorten und Neuheiten heraus.

Gladiolen

Gladiolen sind wertvolle Schnittblumen und sollten in keinem Garten fehlen. Man kann die Blütezeit von Juni bis zum Spätsommer hinauszögern. Man pflanzt die Knollen nicht auf einmal, sondern in Abständen von etwa 14 Tagen. Da sie bis zur Blüte acht Wochen benötigen, kann man sich ausrechnen, wann sie blühen.
Es gibt frühe, mittelfrühe und späte Sorten. Leider ist dieser Hinweis nur selten auf den Buntpackungen angegeben. Auch sollte man sich nicht von Billigangeboten beeindrucken lassen, meistens handelt es sich um kleine Größen (8/10 cm oder 10/12 cm). Man sollte darauf achten, daß man Knollen mit einem Umfang von 12/14 cm oder die größte Klasse 14/+ cm kauft. Diese Größen bringen schöne kräftige Pflanzen bzw. Blüten, und man wird bestimmt nicht enttäuscht sein.
Man pflanzt Galdiolen 8–10 cm tief in die Erde, flacheres Pflanzen ist nicht zu empfehlen, da die recht hoch werdenden Pflanzen bei starkem Wind leicht umgedrückt werden.
Der ideale Boden ist ein sandiger Lehmboden, doch mögen die Gladiolen keinen frischen Stalldung. Fangen die Knollen an kräftig zu treiben, empfiehlt sich eine Mischdüngergabe.
Die Vermehrung erfolgt durch Brut-

knöllchen, die sich an den Mutterknollen in einer Vielzahl befinden. Die Brutknöllchen werden genauso überwintert wie die Mutterknollen, nämlich trocken und kühl, aber nicht zu kalt, das mögen Gladiolen nicht. Die Brutknöllchen legt man im Frühjahr, Mitte bis Ende April, in Reihen, aber nicht tiefer als 5 cm aus. Bei guter Pflege des Brutbeetes bilden sich schon im ersten Jahr haselnuß- bis walnußgroße Knollen, die im nächsten Jahr schon Blüten bringen.

Werden Gladiolen für die Vase gewünscht, schneidet man, sobald sich die erste unterste Blüte geöffnet hat, dabei sollte man aber etwas Blattmasse stehen lassen, diese braucht die Knolle zur Ausreifung.

Das Herausnehmen der Gladiolenknollen für die Überwinterung geschieht in der Regel spätestens bei Eintreten der ersten Fröste. Die Blätter läßt man daran, erst wenn sie abgestorben sind, werden sie 3–5 cm über der eigentlichen Knolle abgeschnitten. Das Putzen, d. h. das endgültige Entfernen der restlichen Blätter nimmt man erst im zeitigen Frühjahr vor; dazu gehört auch das Entfernen der abgestorbenen Wurzeln sowie der Rest der alten vertrockneten Knolle.

Zum Überwintern verwendet man keine Plastiktüte, sondern man breitet die Knollen in einer Obststeige so aus, daß sie möglicht nicht aufeinander liegen.

Gladiolen werden häufig vom Gladiolenthrips befallen. Dadurch entstehen oft erhebliche Schäden, so daß manchem Kleingärtner das Anbauen von Gladiolen verleidet wird.

Das Schadbild zeigt gestreifte oder gesprenkelt aussehende Blütenstände. Meist blühen die Knospen nicht mehr auf, sondern verkrüppeln. Das Schlimme ist aber, daß die sogenannten Blasenfüße im Herbst auch in die Knollen zurückwandern, also praktisch überwintern. Deshalb empfiehlt es sich, die Knollen vor dem Pflanzen bzw. Auslegen etwa 20–60 Minuten mit Parathon-Emulsion (0,035%) oder E 605 forte (0,035%) zu tauchen. Nach dieser Maßnahme müssen die Knollen luftig und warm aufgestellt werden.

Bei Befall durch die Vergilbungskrankheit (Fusariumwelke) zeigt sich, daß die Pflanzen überhaupt nicht oder schlecht austreiben. Die Blätter vergilben von oben beginnend und lassen sich herausziehen bzw. von der Knolle lösen. Knollen schrumpfen und verhärten. Hier empfiehlt sich, befallene Pflanzen und Knollen zu verbrennen.

Das Vergilben oder Absterben der Gladiolen muß aber nicht immer auf Schädlinge oder Krankheiten zurückzuführen sein. Eine Überdüngung oder zu feuchte Lagen können ebenfalls Ursache sein. Deshalb niemals Gladiolen auf nasse, kalte Böden pflanzen.

Neben den großblumigen Gladiolen sind in den letzten Jahren die etwas kleinblumigeren Schmetterlings- bzw. Butterflygladiolen mehr und mehr in Mode gekommen. Diese Gladiolen mit ihren mehrfarbigen Blüten sind Farbtupfer in den Gärten. Die Höhe beträgt nur etwa 60 cm.

Knollenbegonien

Von den Knollenbegonien gibt es sehr viele Formen. Sie werden in der Hauptsache als Topf- oder Balkonpflanzen verwendet. Aber auch im Garten als Gruppenpflanzen haben sie ihren Reiz. Knollenbegonien sind vor allem für halbschattige Lagen geeignet.

Um sie im Juni zum Blühen zu bringen, müssen die Knollen schon im Januar/Februar in Töpfen oder Kistchen ausgelegt und in beheizten Räumen aufgestellt werden. Man verwendet dazu eine sandige, torfreiche, lockere Erde. Leider hat man nicht immer den Platz, deshalb sollte man auch die Blumentöpfe nicht zu groß wählen. Nach Austrieb kann man sie im April ins Frühbeet stellen, hier senkt man sie ein. Nach Abhärtung pflanzt man sie Ende Mai an Ort und Stelle aus. Guter, lockerer, humoser Boden sagt ihnen zu.

Im Herbst läßt man die Pflanzen einziehen; d. h., daß man nur noch wenig gießt und dann die Wassergaben ganz einstellt. Nach dem Absterben der Triebe putzt man die Knollen und packt sie in eine Obststeige in trockenem Torfmull ein. Die Überwinterung erfolgt an einem trockenen Ort, meistens kommt nur der Keller in Frage. Die Temperatur sollte nicht unter 10°C liegen.

Großblumige Knollenbegonien sind im Handel unter Farben, nicht unter Sorten erhältlich. Es gibt sie in roten, rosa, orange, kupfer, gelben und weißen Farben. Die Formen sind einfach, gefüllt, gefranst, kamelienblütig oder zweifarbig.

Kleinblumige Knollenbegonien eignen sich für Beet- oder Rabattenpflanzung besonders gut. Sie sind sehr fleißige Blüher und gedeihen sowohl in sonnigen als auch in halbschattigen Lagen. Auch die Hängebegonien sind sehr dekorativ, jedoch kommen sie für Beetbepflanzung nicht in Frage. Als Fensterschmuck oder Dekoration für Ampeln sind sie bestens geeignet, da sie ebenfalls zuverlässige Blüher sind. Knollenbegonien werden in den Größen 4/6 cm gehandelt. Kleinblumige Begonien haben etwas kleinere Knollen und werden in den Größen 2,5/+ cm gehandelt. Auch hier sollte man beim Kauf auf Größe und Festigkeit der Knollen achten.

Rosen

Was wäre ein Garten ohne Rosen. Die Rose wird als „Königin der Blumen“ bezeichnet, deshalb sollte man ihr auch einen königlichen Platz einräumen, nämlich einen freien, sonnigen Platz. Sie braucht die Sonne, um sich voll entfalten zu können. Rosen wachsen in jedem guten Gartenboden. Lehmiger Sandboden, den man mit Stalldung, Hornspänen, Knochenmehl und Kompost noch verbessern kann, ist besonders gut geeignet. Dazu gehört natürlich eine etwa 50 cm tiefe Lockerung des Bodens vor der Pflanzung.

Rosengruppen

Man unterscheidet bei den Rosen folgende Gruppen:

1. Polyantha, Polyantha-Hybriden und Floribundarosen,
2. Teehybriden oder Edelrosen,
3. Kletterrosen,
4. Strauchrosen,
5. Park-, Wild-, Moos- und Zwergrosen.

Daneben gibt es noch die Stammrosen, die aber einer der vorgenannten Gruppen zuzuordnen sind. Die Urform der Rose ist die Buschform. Okuliert man Rosen auf Stämmen, dann hat man Stammrosen. Hier unterscheidet man wieder zwischen Halb-, Mittel- und Hochstamm. Auch gibt es sogenannte Trauerstämme, hiervon spricht man, wenn Kletterrosen auf Stamm okuliert worden sind.

Polyantha, Polyantha-Hybriden, Floribundarosen

Die Rosengruppe ist besonders für die Bepflanzung von Beeten und Rabatten gut geeignet. Polyantharosen eignen sich gut für großflächige Anlagen. Sie sind in der Blüte nicht ganz so groß, dafür aber reichblühend. Da sie doldenartig blühen, ist ein ständiger Wechsel zwischen Auf- und Abblühen gegeben. Auch sind sie sehr witterungsbeständig.

Polyantha-Hybriden sind in der Blüte etwas größer. Leuchtende Farben und Blütenreichtum zeichnen sie aus.

Floribundarosen (floribundus = reichblühend) bringen viele Blüten hervor, oft in großen Büscheln oder Dolden. Sie sind gut gefüllt und den Teehybriden sehr ähnlich. Sie sind langstielig und somit auch zum Schnitt geeignet. Man pflanzt diese Gruppe im Abstand von 30–40 cm.

Teehybriden oder Edelrosen

Diese Gruppe bringt in der Regel nur eine oder wenige Blüten pro Stiel. Man zieht sie deshalb gerne zu Schnittzwecken für die Wohnung. Insgeheim möchte man gerne Rosen züchten, wie man sie im Blumengeschäft kaufen kann. Doch muß man daran denken, daß die Rosen im Blumengeschäft meistens Treibsorten bzw. unter Glas gezogen sind und keinen oder nur wenigen Witterungseinflüssen ausgesetzt waren.

Kletterrosen

Kletterrosen bilden lange Triebe. Sie sind deshalb gut geeignet zur Pflanzung an Hauswänden, Lauben usw. Bedingt durch ihre Länge (bis 300 cm) benötigen sie einen Halt. Beim Kauf von Kletterrosen sollte man darauf achten, daß es einmalblühende und öfterblühende Sorten gibt. Kletter-

Farbtafel 7: nachträglich angebauter Wintergarten (oben); freistehendes Kleingewächshaus (unten).

Farbtafel 8: Strohblumen werden an einem luftigen und trockenen Ort aufgehängt (oben); Sonnenflügel (Helipterum) (unten).

Kletterrosen wirken besonders an einer hellen Wand sehr auffallend.

rosen sind etwas empfindlicher als die übrigen Arten, deshalb empfiehlt sich in ungünstigen Lagen ein leichter Winterschutz (Fichtenreisig). Meistens stehen sie aber sowieso an einem geschützten Platz, so daß man da nicht zu ängstlich sein sollte.

Strauchrosen
Strauchrosen sind ausdauernde Blüher. Sie werden bis zu 2 m hoch und breiten sich dadurch entsprechend aus. Genügend Platz am Standort muß natürlich vorhanden sein, denn nur so kann sich diese Liebhaberrose voll entfalten. Sie dankt es mit reichlicher Blüte bis zu den ersten Frösten. Es gibt gefüllte, halbgefüllte und einfache Sorten. Auch Strauchrosen müssen jährlich zurückgeschnitten werden, denn nur dadurch kann man schöne Sträucher erzielen.

Park- und Wildrosen
Diese Rosen blühen – fast alle Sorten inbegriffen – nur einmal. Man pflanzt sie im Abstand von 100–150 cm. Es gibt Sorten, die bis zu 300 cm hoch werden. Für den Kleingärtner sind sie vielleicht nicht so interessant, da sie ähnlich wie die Strauchrosen viel Platz brauchen. Diese Rosen schneidet man wenig, man beschränkt sich nur auf das Auslichten. Bei dieser Rosenart hat man noch im Herbst Freude an den leuchtenden Früchten.

Zwergrosen
Zwergrosen sind besonders zur Bepflanzung von Steingärten und Einfassungen geeignet. Aber sie sind auch bis in die Balkonkästen vorgedrungen, denn auch hierfür sind sie gut geeignet. Allerdings müssen es Balkonkästen sein, die tief genug sind. Die häufig im Handel angebotenen flachen Kunststoffkästen sind für Zwergrosen nicht geeignet. Für Grabpflanzungen kann man sie ebenfalls verwenden. Man pflanzt sie 20–25 cm auseinander. Diese kleinen Büsche blühen sehr reichlich, der Gärtner zieht sie auch in Töpfen zum Verkauf.

Pflanzung

Die günstigste Pflanzzeit für Rosen ist der Herbst. Im Frühjahr gepflanzte Rosen tun sich schwer beim Anwachsen und Austreiben, deshalb sollte man die Frühjahrspflanzung nur in rauhen Gegenden anwenden. Im Herbst gepflanzte Rosen (Oktober/November) bilden noch vor dem Wintereinbruch genug Faserwurzeln.

Farbtafel 9: Diptam (Dictamnus) (oben links); Waldrebe (Clematis) (oben rechts); Mignondahlien (unten).

Farbtafel 10: hinten Kugelprimeln (Primula denticulata), vorne Gartenprimeln (Primula elatior) (oben); Trompetennarzissen (unten).

Im Herbst werden die Rosen angehäufelt.

Hat man sich die Rosen aus einer Baumschule besorgt, sind sie ja meist frisch und feucht, aber wenn man sie schicken läßt, sind sie mehr oder weniger ausgetrocknet. Deshalb stellt man sie 1 Tag ins Wasser, bevor man sie pflanzt.

In der Zwischenzeit bereitet man die Pflanzgruben vor (das Rosenbeet sollte schon 3 Wochen vorher vorbereitet worden sein). Hat man Komposterde zur Verfügung, gibt man etwas in die Pflanzgrube und vermischt sie mit der übrigen Erde. Aus diesem Grunde hebt man die Pflanzgrube etwas tiefer aus (je nach Sorte 30–40 cm Abstand). Die Grube muß so groß sein, daß die Wurzeln im gespreizten Zustand bequem Platz haben. Vor dem Pflanzen schneidet man die langen Wurzeln etwas zurück, ebenso geknickte und beschädigte Wurzeln.

Danach nimmt man die Rose und setzt sie in die Pflanzgrube. Einzelne Wurzeln dürfen dabei nicht nach oben gebogen sein; ist das der Fall, ist die Grube zu klein. Einen sehr wichtigen Punkt muß man beim Pflanzvorgang beachten. Rosen dürfen nicht zu tief, aber auch nicht zu hoch sitzen. Man merke sich, daß die Veredlungsstelle 3–4 cm unter der Erde liegen muß.

Nun füllt man die Erde auf und achtet darauf, daß die Erde richtig zwischen den Wurzeln verteilt wird, indem man den Busch mit der anderen Hand leicht schüttelt. Hat man die Grube vollgefüllt, drückt man die Pflanze mit dem Fuß an. Nun muß sie fest sitzen, wenn man leicht daran zieht.

Nach dem Festtreten wässert man die Pflanze gut ein. Danach wird angehäufelt, das ist sehr wichtig, besonders bei der Herbstpflanzung. Durch das Anhäufeln gibt man der Pflanze einen gewissen Winterschutz; noch wichtiger ist, daß dadurch ein Austrocknen der Triebe verhindert wird. Zum Anhäufeln verwendet man Erde; Laub und Torf sollte man nicht verwenden. Laub fördert die Fäulnis, Torf hält zu sehr die Nässe. Man sollte aber die Erde zum Anhäufeln nicht in unmittelbarer Nähe der gepflanzten Rose wegnehmen, sondern von einem anderen Beet. Das gilt auch für das Anhäufeln bei älteren Rosen, denn dadurch nimmt man den Pflanzen einen Teil ihres Fußbettes weg.

Rosen besitzen Qualitätsmerkmale.

Güteklasse A:
Einjährige Pflanzen mit mindestens 3 ausgereiften Trieben, mindestens 2 Triebe müssen aus der Veredelungsstelle kommen.

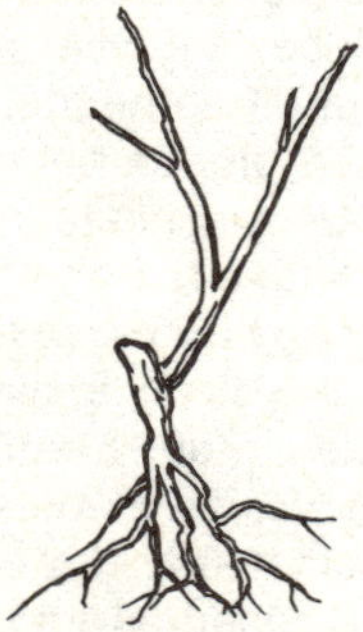

Güteklasse B:
Mindestens 2 gut entwickelte Triebe, die aus der Veredelungsstelle entspringen müssen.

Das Zurückschneiden verschiebt man bei der Herbstpflanzung auf das Frühjahr. Man schneidet nur eventuell zu lange Triebe etwas zurück. In der Regel sind Rosen aber schon vom Züchter etwas zurückgeschnitten worden, so daß man sich nur auf das Entfernen verletzter Triebe zu beschränken braucht.

BdB
DEUTSCHE MARKEN BAUMSCHULE

BdB
BAUMSCHULE

BdB
GARTEN BAUMSCHULE

Diese Zeichen tragen dem Bund deutscher Baumschulen (BdB) angeschlossene Betriebe.

Bei der Frühjahrspflanzung verfährt man genauso, nur schneidet man die Rosen gleich entsprechend zurück. Hat man die Rosen schicken lassen, empfiehlt sich bei der Frühjahrspflanzung, die Wurzeln nach dem Beschneiden in eine Lehmbrühe zu tauchen. Wurzeln dürfen nicht austrocknen, ist dies der Fall, ist die Pflanze nur noch schwer zu retten.
Stammrosen (Halb-, Mittel-, Hochstamm) werden nach der Herbstpflanzung umgelegt und ebenfalls mit Erde zugedeckt. Dabei muß man vorsichtig ans Werk gehen, auch sollte man in den darauffolgenden Jahren den Stamm immer auf dieselbe Seite legen. Man bildet am besten eine kleine Erhöhung aus Erde, auf die man die Krone legt und sie dann völlig mit Erde bedeckt. Als Hilfe kann man sich eine Astgabel zurechtschneiden, die die Krone beim Einwintern festhält. In rauhen Gegenden empfiehlt es sich, den Stamm mit Stroh zu umwickeln. Diese Art der Überwinterung ist zwar umständlich, doch wird dadurch weitgehend ein Ausfall der Stammrosen vermieden.

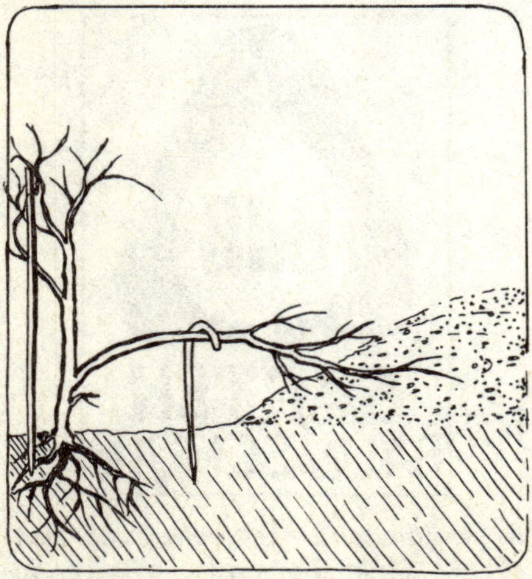

So werden Stammrosen eingewintert.

Je nach Witterung, etwa Ende März, befreit man die Krone vorsichtig von der Erde, nimmt sie behutsam hoch und bindet sie wieder fest. Den Rosenpfahl hatte man ja stehenlassen. Diese Arbeit sollte an einem trüben Tag ausgeführt werden, ein Sonnentag wäre nicht geeignet, denn die Augen, die nicht an Licht und Sonne gewöhnt sind, würden Schaden nehmen.

Frühjahrsschnitt

Der Hauptschnitt der Rosen wird im Frühjahr vorgenommen. Es werden nicht alle Arten geschnitten. Edelrosen werden auf 2–4 Augen zurückgenommen. Man rechnet aber nur die gut ausgebildeten Augen. Bei starken Trieben hält man sich an die oberste Grenze (4 Augen), bei schwachen Trieben an die unterste (2 Augen). Alle dünnen Triebe entfernt man ganz, ebenso zu dicht stehende. Innerhalb der Edelrosen gibt es bei den einzelnen Sorten Unterschiede in der Blüh- und Treibwilligkeit. Der Kleingärtner findet aber bald heraus, welche Sorten er mehr und welche er weniger zurückschneiden muß. Kennt man die Eigenart der Sorte in diesem Punkt nicht, schneidet man im ersten Jahr lieber ein bißchen streng, d. h. auf 2 Augen. Merkt man dann, daß die Büsche zwar stark wachsen, aber wenig blühen, schneidet man im nächsten Jahr weniger streng, d. h. man läßt mehr Augen stehen.
Polyantharosen und Polyantha-Hybriden schneidet man nicht so streng zurück, sondern auf 3–4 Augen. Wildtriebe, die oft an veredelten Rosen herauswachsen, sind frühzeitig zu entfernen. Man erkennt sie an der hellgrünen Belaubung und an der Blattzahl der Teilblätter (bei Wildtrieben sind es 7, bei veredelten Rosen in der

Regel 5: ein Endblatt und 4 Teilblätter). Alle anderen Rosenarten schneidet man nur wenig oder überhaupt nicht zurück, sondern beschränkt sich nur auf das Ausputzen. Kletterrosen werden nur verjüngt, d. h., man entfernt überalterte Triebe. Das schließt natürlich nicht aus, daß man auch einmal einen jungen Trieb einkürzt oder wegnimmt, wenn er zu lang geworden ist. Bei Stammrosen entfernt man stärkere Triebe ganz oder kürzt sie ein, wenn die Krone zu üppig wird.

Sommerschnitt

Auch bei Rosen kann man von einem Sommerschnitt sprechen. Man entfernt schwache Triebe und schneidet natürlich regelmäßig die abgeblühten Blumen ab. Bei Polyantharosen erreicht man bei einem Sommerrückschnitt (etwa im Juli) noch einmal einen kräftigen Durchtrieb.

Herbstschnitt

Beim Herbstschnitt beschränkt man sich bei Edelrosen sowie bei Polyantharosen, Polyantha-Hybriden und Floribundarosen auf einen gleichmäßigen, etwa kniehohen Rückschnitt, ohne auf die Anzahl der Augen zu achten. Eventuell kranke Triebe entfernt man ganz. Der Herbstschnitt hat an und für sich keine Bedeutung für die Pflanze, man nimmt nur die langen Triebe etwas zurück, um Luft zu schaffen. Auch stören die langen Triebe dann beim Anhäufeln nicht.

Oft sieht man, daß Rosenanlagen in Parks schon im Herbst ganz zurückgeschnitten werden, das sollte für den Kleingärtner aber kein Vorbild sein, hier macht man es nur der Optik wegen.

Pflege/Düngung

Hat man das Rosenbeet vor der Pflanzung gut vorbereitet, d. h. gut gedüngt, braucht man in den nächsten 2–3 Jahren überhaupt nicht zu düngen. Danach, etwa im 3. Jahr, ist eine Düngung mit Handelsdünger zu Beginn des Austriebs schon zu empfehlen. Der Handel bietet eine Reihe spezieller Rosendünger an, die auf den Bedarf der Rosen abgestimmt sind. Diese Dünger enthalten neben den wichtigsten Grundnährstoffen, wie Stickstoff, Phosphor, cloridfreies Kali und Magnesium, auch noch andere wichtige Spurenelemente. Natürlich kann man ebenso mit einem Mischdünger, z. B. Blaukorn, düngen. Für Jauchegaben sind Rosen dankbar.

Bei Trockenperioden sollte man die Rosen wässern. Dabei ist zu beachten, daß die Pflanze trocken bleibt und nur der Boden richtig gewässert wird. Man legt entweder den Schlauch in das Rosenbeet und läßt das Wasser ohne starken Druck zu den Pflanzen laufen, oder man gibt jeder Pflanze mit der Kanne 10–20 l Wasser. Auch sollte man nur wässern, wenn es wirklich erforderlich ist, d. h., wenn man sich überzeugt hat, daß der Boden ausgetrocknet ist. Zuviel Wässern schadet ebenso wie zu große Trockenheit. Bei zuviel Wässern kann sich Schlamm bilden, in dem dann die Wurzeln ersticken können; dies passiert leicht bei jungen Pflanzen. Verschlammungen müssen unbedingt gelockert werden.

Rosen sollte man immer beobachten – das tut ja ein Kleingärtner sowieso –, um ihnen bei ihrem Wachstum zu helfen. Man kann z. B. jungen Rosen, die man im Herbst oder Frühjahr gepflanzt hat, helfen Kraft zu sparen, indem man die ersten Knospen ausbricht. Ebenso entfernt man angefressene oder

Wildtriebe, leicht zu erkennen an der helleren Blattfarbe sowie an den 7teiligen Blättern (unten im Bild); veredelte Rosen besitzen 5teilige Blätter.

kranke Knospen, und nicht zuletzt – wie schon erwähnt – werden alle abgeblühten Blumen und das oberste Laubblatt entfernt.
Sollen einzelne Blüten besonders groß werden, bricht man die Nebenknospen aus.
Rosen für die Vase schneidet man am besten früh morgens und natürlich knospig.

Einwintern

Im Abschnitt „Pflanzung“ wurde das Einwintern schon erwähnt. Bei älteren Pflanzen darf das Anhäufeln nicht zu früh vorgenommen werden, der richtige Zeitpunkt ist etwa Mitte bis Ende November.

Abgeblühte Blumen werden mit dem obersten Blatt entfernt.

Nicht der Frost ist schuld, daß jährlich viele Rosenstöcke (besonders frisch gepflanzte) eingehen, sondern Fäulnis oder Trockenheit; Rosen sind winterhart. Bei Stammrosen sollte man darauf achten, daß die Kronen entlaubt sind, bevor sie eingebettet werden. Hat man Stalldung zur Verfügung, kann man diesen nach dem Anhäufeln um die Pflanzen ausbreiten; im Frühjahr arbeitet man ihn dann beim Abhäufeln mit unter.

Schädlinge und Krankheiten

Es gibt zwar eine Reihe von Schädlingen und Krankheiten, die die Rosen befallen, doch sollte man nicht ängstlich sein. Rosen sind im allgemeinen widerstandsfähiger gegen Krankheiten als oft angenommen wird. Von den tierischen Schädlingen hat man es am meisten mit Blattläusen zu tun, die man leicht bekämpfen kann. Bei Pilzkrankheiten macht in erster Linie der Mehltau den Rosen zu schaffen. Zunächst zu den tierischen Schädlingen.

Blattläuse
Oft sind die Blätter gekräuselt. Wenn man genau hinsieht, entdeckt man ganze Kolonien von Blattläusen. Meistens sind sie grün, so daß es erst auffällt, wenn sich, wie schon erwähnt, die Blätter kräuseln oder leicht einrollen. Aber auch Blütenknospen und Blütenhälse sind häufig übersät mit Blattläusen.
Man spritzt mit einem Insektizidmittel, z. B. Metasystox R, 0,1 %ig, oder stäubt mit einem Stäubemittel bei Windstille. Bei Metasystox ist jedoch darauf zu achten, daß keine Gemüsekulturen in der Nähe sind. Werden diese durch den Sprühnebel getroffen, ist darauf zu achten, daß die Wartezeit bis zum Abbau der Chemikalie zwischen 21 und 28 Tagen liegt. Metasystox ist das Präparat mit der längsten Wirkungsdauer, es wirkt vollsystematisch, d. h., der Wirktstoff dringt in das Pflanzengewebe ein und verteilt sich über die Leitungsbahnen der ganzen Pflanze.

Rosenblattwespe
Blätter sind eingerollt und sterben später ab. Rollt man die Blätter auf, findet man oft noch eine raupenähnliche Larve. Am besten ist es, die befallenen Blätter zu entfernen und nur bei starkem Befall zu einem Insektizidmittel zu greifen.

Rosentriebbohrer
Triebe welken und vertrocknen. Untersucht man sie, stellt man Bohrlöcher fest, schneidet man den Trieb auf, findet man eine Larve. Gegenmaßnahmen: Rückschnitt bis ins gesunde Holz, eventuell vorbeugend spritzen.

Falscher und Echter Mehltau
Falscher Mehltau tritt in der Regel an der Blattunterseite auf (weißgrauer Belag), aber auch ganze Triebe einschließlich der Blütenknospen werden befallen. Später bilden sich dunkle Flecken an der Blattoberseite. Die Pflanzen bleiben zurück und die Blühwilligkeit läßt nach.
Echter Mehltau tritt auf beiden Blattseiten auf, aber auch auf Trieben sowie auf Knospen und Knospenhälsen. Man spritzt hier vorbeugend mit einem Schwefelmittel. Empfindliche Rosensorten können bereits nach dem Austrieb befallen werden. Hat sich Mehltau erst einmal festgesetzt, ist es schwer, ihn zu bekämpfen. Zu dichter Stand der Pflanzen sowie hohe Luftfeuchtigkeit fördern die Bildung von Mehltau. Wiederholtes Spritzen im Abstand von 14 Tagen ist zu empfehlen.

Mit Mehltau befallene Blätter und Knospen.

Mit Sternrußtau befallene Blätter.

Sternrußtau

Diese Krankheit tritt sehr häufig bei Rosen auf. Rundliche oder sternförmige dunkle Flecken bilden sich an der Oberseite der Blätter. Diese werden gelb und fallen ab. Oft kommt es vor, daß ganze Rosenstöcke schon im Spätsommer verkahlt sind, wenn man dieser Pilzkrankheit nicht rechtzeitig zu Leibe rückt. Spritzen mit einem geeigneten Fungizidmittel, z. B. Saprol, bietet dieser Krankheit Einhalt. Saprol wirkt gleichzeitig gegen Sternrußtau, Echten Mehltau und Rosenrost.

Rosenrost

Meist bilden sich im Sommer auf der Blattoberseite gelbe bis rötliche Flekken. Genau gegenüber an der Blattunterseite bilden sich gelblichbraune Pusteln, die später schwarz werden. Oft kommt es vor, daß bei starkem Befall die Blätter abfallen. Feuchtes Wetter fördert den Rost. Ist die Krankheit einmal aufgetreten, sollte man im kommenden Jahr schon bei Beginn des Austriebs mit einem geeigneten Fungizidmittel vorbeugend spritzen. Hierbei sollte man darauf achten, daß auch die Unterseiten der Blätter gut bespritzt werden. Eine eventuelle Spätspritzung nach dem Blattfall im Herbst ist vorteilhaft.

Blattfleckenkrankheit
Hierbei bilden sich auf den Blättern braune, meist violettgerandete Flekken, die dunkle Stippchen aufweisen. Ebenso kann es zu starkem Blattfall kommen. Hier hilft nur wiederholtes Spritzen mit einem geeigneten Fungizidmittel wie gegen Sternrußtau, um die Krankheit unter Kontrolle zu bekommen.
Es gibt noch eine Reihe von weiteren Krankheiten und Schädlingen, die die Rosen befallen können, doch sollte es bei den vorgenannten belassen werden, da diese auch von einem Klein- oder Hobbygärtner leicht zu erkennen und zu bekämpfen sind.
Es gibt Rosenarten, die weniger anfällig gegen die eine oder andere Krankheit sind. Andere wiederum sind schon im Frühsommer, wenn sie noch voll durchtreiben, mit Mehltau oder Sternrußtau befallen. Die Sorte ‚Super Star' ist z. B. für Mehltau viel anfälliger als die um 15 Jahre ältere Züchtung ‚Gloria Dei'. Aber wie schon erwähnt, spielt die Witterung eine große Rolle hierbei. Beim Kauf ist nicht festzustellen, welche Sorte leicht und welche weniger leicht anfällig ist. In einschlägigen Katalogen wird die Anfälligkeit natürlich nicht mit aufgeführt, denn der Anbieter möchte ja verkaufen. Man kann sich dann auf bewährte Sorten beschränken oder beim örtlichen Fachhandel kaufen.

Mangelerscheinungen (Eisenmangel) an einer Wildrose: Blätter zeigen Gelbfärbung, Blattnerven und Verästelungen bleiben grün.

Mangelerscheinungen
Neben Krankheiten kann es bei Rosen noch zu sogenannten Mangelerscheinungen kommen. Hierbei fehlt es in der Regel an Eisen, Mangan oder Magnesium. Beim Eisenmangel (Chlorose) werden die Blätter gelbgrün oder gelb, dageben bleiben die Blattnerven mit ihren Verästelungen grün. Oft ist es aber schwierig festzustellen, ob es sich um Eisenmangel oder Manganmangel handelt. Bei Manganmangel werden die Blätter nämlich auch gelb und nur die Hauptnerven bleiben grün. Man muß also genau darauf achten, ob die Blattnerven insgesamt (Hauptnerven mit Verästelungen) oder nur die Hauptnerven grün bleiben, um den Mangel an Eisen bzw. Mangan genau festzustellen.

Ziergehölze

Wenn man von Ziergehölzen spricht, meint man Bäume, Sträucher und sogenannte Halbsträucher, die man nicht zum Ernten pflanzt, sondern eben nur zur Zierde, um einen Garten zu verschönern. Natürlich ist auch ein Kirsch- oder Apfelbaum, wenn er in Blüte steht, eine Zierde.

Es gibt unter den Ziersträuchern auch Arten, die nicht nur mit ihrer Blüte erfreuen. Betrachtet man z. B. die Bluthasel: Im Spätwinter trägt sie dekorative Blütenkätzchen, im Frühjahr leuchten braunrote Blätter und im Herbst liefert sie reichlich Nüsse.

Für den kleinen Garten kommen von den laubtragenden Ziergehölzen wohl nur Ziersträucher oder kleine Bäumchen in Frage (z. B. Flieder- oder Mandelbäumchen). Bei Koniferen (Nadelgehölzen) wählt man ebenfalls nur kleinbleibende oder sehr langsam wachsende Arten.

Das Angebot an Ziergehölzen ist in der Baumschule so reichlich, daß man auch für den kleinsten Garten etwas Passendes findet.

Mit Gehölzen kann man sich vor unliebsamen Einblicken schützen, man kann sich abgrenzen, man kann sich eine Oase schaffen. Außerdem lockern sie den Garten auf.

Für den kleinen Garten kommen 3 Arten von Ziergehölzen in Frage:

1. laubabwerfende Gehölze;
2. immergrüne Laubgehölze;
3. Nadelgehölze (Koniferen).

Laubabwerfende Gehölze

Die Mehrzahl der Ziergehölze wirft über Winter das Laub ab. Man hat es also hauptsächlich mit sommergrünen Laubgehölzen zu tun. Wenn eingangs gesagt wurde, daß man für den kleinen Garten nur Ziersträucher oder kleine Zierbäume verwendet, dann sollen die nachfolgenden Beschreibungen nur auf diese beschränkt bleiben.

Die Kultur bzw. Pflege macht wenig Arbeit. Eine Neupflanzung führt man möglichst im Herbst durch. Gute Bodenvorbereitung ist sehr wichtig. Dazu gehört eine tiefe Bodenlockerung, mindestens 2 Spaten tief. Die Pflanzstelle arbeitet man gut mit Kompost und Torfmull durch. Steht kurzfaseriger Mist zur Verfügung, arbeitet man ihn ebenfalls mit ein. Auch kann man eine kräftige Handvoll Hornspäne mit einarbeiten.

In der Regel bezieht man das Pflanzgut aus einer Baumschule. Containerpflanzen kann man das ganze Jahr über pflanzen, nur muß man darauf achten, daß der Ballen gut feucht ist, deshalb vor dem Pflanzen noch einmal ins Wasser stellen.

Von den Baumschulen bekommt man auch Ballenpflanzen. Bei diesen Pflanzen sind die Wurzelballen in sogenannte „Ballentücher" eingepackt; ein grobes Sackleinengeflecht, aber auch Draht- und Kunststoffgeflechte werden dazu verwendet. Hier ist vor der Pflanzung ebenfalls darauf zu achten, daß der Ballen gut feucht ist. Die Ballenverpackung wird bei der Pflanzung nicht entfernt. Bevor man das Pflanzloch vollends schließt, schneidet man die Verknotung des Ballentuches auf. Auch das Draht- oder Kunststoffgeflecht wird oben geöffnet, um ein eventuelles Einwachsen zu verhindern.

Nach der Pflanzung muß man gut einwässern, eventuell am nächsten Tag noch einmal. Einen Pflanzschnitt führt man nur durch, wenn die Pflanzen ohne Erdballen gepflanzt wurden. Ge-

hölze, die an den Endknospen ihren stärksten Austrieb entwickeln, schneidet man nicht zurück. z. B. Zaubernuß, Hortensie, Seidelbast. Im ersten Jahr nach der Pflanzung bricht man die Blütenknospen aus, besonders bei Gehölzen, die große Blütenstände entwickeln, z. B. Flieder.
Pflanzt man Bäumchen, bindet man diese an nicht zu dünne Pfähle. Diese schlägt man bereits vor der Pflanzung ein, dadurch verhindert man, daß eventuell die Wurzeln beschädigt werden. Wenn man nach der Pflanzung das Bäumchen festbindet, muß man darauf achten, daß das Baumband locker gebunden wird. Der Handel bietet spezielles Bindeband an, man kann aber ebenso starke Hanfschnur verwenden. Man bindet eine Achterschleife, dadurch schafft man nämlich eine Trennung zwischen Stamm und Pfahl. Das Anbinden führt man aber erst später durch, nachdem sich durch das Angießen die Erde mit dem Bäumchen richtig gesetzt hat.

Weitere Pflege

Wenn es sich bei Gehölzen nicht gerade um zarte Pflänzchen handelt, müssen sie doch auch gepflegt werden. Kräftiges Wässern in Trockenperioden, Bodenlockerung, Düngung sowie Mulchen zählen zur Pflege der Ziergehölze. Daß man kein Unkraut aufkommen läßt, ist wohl selbstverständlich.
Über den Schnitt der Ziergehölze wäre noch zu sagen, daß es hierfür kein Schema – wie bei Obstbäumen – gibt. Man muß Schnittmaßnahmen von Fall zu Fall abwägen, z. B. wegen der Optik oder der Dichte. Ziergehölze sollten aber nur geschnitten werden, wenn eine Notwendigkeit vorliegt.
Zeigen sie Alterserscheinungen, führt man einen Verjüngungsschnitt durch. Erkennungszeichen sind, wenn der Strauch von unten her kahl wird oder die Austriebsfreudigkeit nachläßt. Man schneidet dann das alte Holz ziemlich zurück; natürlich nur soweit, daß es noch Austriebsmöglichkeiten hat. Dadurch schafft man auch jungen Trieben Platz. Sind sie noch nicht vorhanden, wird zumindest ein Anreiz zum Austrieb gegeben.
Oft muß man auch starkwachsende Gehölze durch Rückschnitt bremsen. Oder ein Ausputzen kann erforderlich sein, damit Licht, Luft und Sonne ins Strauchinnere eindringen können.
Der Schnitt sollte schon im Winter vorgenommen werden. Die zeitigen Frühjahrsblüher schneidet man aber erst nach der Blüte. Schneidet man während der Blüte einen Strauß für die Vase, kann dies schon unter Bedacht der späteren Schnittmaßnahmen geschehen.

Düngung

Die Düngung wird bei Ziergehölzen häufig vernachlässigt. Selbstverständlich braucht man in den ersten Jahren nach der Pflanzung nicht gleich zu düngen, wenn man den Boden vorher gut vorbereitet hat. Aber im Laufe der Zeit wird man um eine Düngung nicht herumkommen; besonders wenn man merkt, daß die Pflanzen im Trieb nachlassen.
Hier eignet sich ein schnellwirkender Volldünger besonders gut. Gibt man ihn als Kopfdünger im Frühjahr, erzielt man schnellen Erfolg. Empfehlenswert ist, im Herbst verrotteter Stallmist, Kompost oder mit Dünger angereicherten Torf, z. B. Super-Manural, um die Gehölze zu streuen und leicht einzuhacken. Handelsdünger sollte man jahreszeitlich nicht zu spät geben, besonders Stickstoffdünger, da sonst die Gefahr besteht, daß die Gehölze bis

zum Eintritt des Frostes nicht mehr ausreifen und Frostschäden entstehen. Hinzu kommt, daß zu starke Stickstoffgaben zwar den Trieb ins Kraut fördern, die Blühwilligkeit bei Blütengehölzen aber darunter leidet. Eine Herbstdüngung mit einem Phosphordünger fördert den Blüten- bzw. Fruchtansatz.

Verschiedene Laubgehölze
Nachstehend ein paar Laubgehölze für den kleinen Garten in der Reihenfolge der Blütezeit.

Zaubernuß *(Hamamelis)*
Die Zaubernuß macht ihrem Namen alle Ehre. Sie zaubert uns mitten im Winter – oft noch unter Schnee verdeckt – zarte Blüten hervor. Man pflanzt sie in feuchten humusreichen Boden. Sie eignet sich auch gut als Hintergrund auf dem Staudenbeet. Für einen sonnigen Platz ist sie dankbar, doch blüht sie ebensogut im Halbschatten. Sie ist nicht nur als Winterblüher sehr wertvoll, auch die schöne Herbstfärbung der Blätter läßt uns den Strauch noch einmal bewundern.
Die Blütezeit ist je nach Sorte Januar – März. Sie kann bis zu 3 m hoch werden, bleibt aber bei langsamem Wuchs eher gedrungen. Neben gelbblühenden Arten *(Hamamelis mollis, Hamamelis japonica)* gibt es noch eine rotblühende Sorte (‚Feuerzauber'). Sie hat eine besonders schöne Herbstfärbung.

Seidelbast *(Daphne)*
Dieser Frühlingsblüher ist eine Bereicherung für den Garten, allerdings ist er sehr giftig. Der in unseren Wäldern leider sehr selten gewordene heimische Seidelbast *(Daphne mezereum)* wird bis 1 m hoch und blüht vor dem Laubaustrieb rosarot. Er blüht schon im März und duftet stark. Nach der Blüte bilden sich erbsengroße Früchte, die leuchtendrot werden.
Eine besonders reichblühende Gartensorte ist die Züchtung *Daphne burkwoodii* ‚Sommerset'. Diese Züchtung mit ihren sternförmigen, rosafarbenen Blüten blüht später als die Wildform, nämlich erst im Mai.
Steingartenliebhabern ist der Rosmarinseidelbast *(Daphne cueorum)* zu empfehlen. Der immergrüne Strauch wird nur 20 cm hoch. Auch die karminrosafarbenen doldenartigen Blüten haben einen herrlichen Duft und blühen etwa ab April.
Seidelbast liebt feuchten humosen Boden. Der Standort sollte eher etwas schattig als zu sonnig sein; zwischen Sträuchern gesetzt, fühlt er sich ganz wohl.

Echter Jasmin, Winterjasmin
(Jasminum nudiflorum)
Wenn man von Jasmin spricht, denkt man oder meint man meistens den Falschen Jasmin, den Pfeifenstrauch Philadelphus, der im allgemeinen als Jasmin bezeichnet wird und weitaus bekannter ist als der Echte Jasmin. Der Falsche Jasmin, der zu den Steinbrechgewächsen gehört, hat mit dem Echten Jasmin, der zu der Familie der Ölbaumgewächse zählt, nichts zu tun. In Gartenkatalogen ist der Winterjasmin meistens bei den Kletterpflanzen aufgeführt, da er ein Spreizklimmer ist. Er braucht einen Halt, entweder einen anderen Strauch in unmittelbarer Nähe oder ein Gerüst. Das soll aber nicht ausschließen, daß er auch solitär stehen kann. An einen Pfahl gebunden, wirkt er während der Blüte sehr imposant.
Man gibt ihm einen geschützten, warmen Ort. Besondere Bodenansprüche stellt er nicht. Die hellgelbe Blüte er-

Echter Jasmin, auch Winterjasmin genannt (Jasminum nudiflorum).

scheint noch vor dem Laubaustrieb im Februar/März, bei warmer Witterung sogar schon im Januar.
Hat er Klettermöglichkeiten, kann er bis zu 3 m hoch werden. Durch kräftigen Rückschnitt kann man ihn immer anregen, junges Holz zu treiben, an dem sich dann entlang der Triebe die Blüten bilden.
Man sollte ihn ruhig einmal pflanzen, denn gerade in der kahlen, blütenlosen Zeit kündigt er als Vorbote den kommenden Frühling an.

Mandelröschen *(Prunus)*
Zur Pflanzengattung Prunus gehören viele Obstgehölze, wie z. B. Kirsche, Pflaume, Pfirsich und eine Reihe von Ziergehölzen, darunter auch der Mandelbusch bzw. das Mandelbäumchen. Mandelröschen sind sehr beliebt. Ob man sie als Busch oder Bäumchen pflanzt, sie bereiten im Frühjahr große Freude. Mit ihren gefüllten, hellrosafarbenen Röschen zaubern sie schon im April eine Blütenfülle hervor, die immer wieder fasziniert.
Das Mandelbäumchen *(Prunus triloba)* hat dicht zusammenstehende Zweige. Streng zurückgeschnitten nach der Blüte, treibt es kräftig aus und bildet neue starke Zweige für das nächste Jahr. Man braucht aber nicht bis nach der Blüte zu warten, sondern man schneidet Sträuße für die Vase unmittelbar vor der Blüte.
Die Zwergmandel *(Prunus tenella)* wird bis 1 m hoch und ist nicht so bekannt wie das Mandelbäumchen, doch ist sie ein ebenso eifriger Blüher und erfreut mit ihren unzähligen rosaroten Blüten.
Das Mandelröschen ist nicht sehr anspruchsvoll an den Boden, es bevorzugt jedoch kalkhaltige Böden. Der Standort sollte sonnig sein, doch wächst es auch noch gut im Halbschatten.

Spierstrauch *(Spiraea)*
Der Spierstrauch ist in Europa, in Asien und in Nordamerika beheimatet. Er stellt keine besonderen Ansprüche an den Boden. In sonnigen bis halb-

schattigen Lagen fühlt er sich wohl, im Halbschatten blüht er allerdings nicht so reich.

Die Blüte ist sehr klein, aber durch die Vielzahl der Büscheln oder Dolden wirkt sie sehr imponierend.

Die Blütezeit beginnt je nach Art schon Ende April und endet im August. Uns sind wohl am meisten die weißen Arten aus Parkanlagen bekannt, aber es gibt auch rosafarbene und rote Arten. Man läßt sie möglichst unbeschnitten, doch vertragen sie auch einen kräftigen Rückschnitt, falls es erforderlich ist.

Spiraea bumalda; eine rotblühende Art. Da sie niedrig bleibt, maximal 1 m, ist sie auch für Einfassungen gut geeignet. Doch kann man sie durch Rückschnitt im Spätwinter auf 25–30 cm auch niedrig halten. Spätblühend im Juli/August.

Spiraea decumbens; dies dürfte wohl die niedrigste Spierstrauchart sein. Sie wird nur höchsten 30 cm hoch, blüht etwa von Mai bis Juni, die Blüten sind rosafarben; auch für Steingärten geeignet.

Spiraea thunbergii; sehr früh blühend. Schon im April erfreut dieser Strauch mit seinen überhängenden Zweigen und seinem zierlichen Laub. Viele weiße Blüten in kleinen Rispen hüllen den Strauch in einen Blütenmantel. Er wird bis 1,50 m hoch.

Spiraea vanhouti; ein sehr wertvoller Spierstrauch. Er kann bis 2 m hoch werden, ist dicht verzweigt mit überhängenden Zweigen. Die weißen Blüten bilden Doldentrauben. Man sollte ihn möglichst nicht schneiden; er wächst auch in Schattenlagen.

Goldglöckchen *(Forsythia)*

Die Forsythien zählen zu den schönsten und doch anspruchslosesten Frühjahrsblühern unter den Ziersträuchern. Die Heimat der Forsythie ist China. Im Frühjahr entwickeln sie eine Fülle von goldgelben Blüten. Es gibt amerikanische Züchtungen, die durch große Blüten und sehr dichten Blütenstand überraschen.

Die Forsythie stellt keine großen Ansprüche an den Boden. Sie ist absolut winterhart, sowohl Sonne als auch Halbschatten sagen ihr zu. Nur extrem trockene Lagen liebt sie nicht. Die Höhe ist je nach Sorte 1–2,5 m. Die Blütezeit ist April bis Mai.

Tamariske *(Tamarix)*

Die Tamariske ist eigentlich kein Laubgehölz, denn sie hat an ihren Zweigen ganz kleine Schuppenblätter, die im Herbst abfallen. Sie übersteht deshalb auch längere Trockenperioden besser als ein belaubter Strauch. Volle sonnige Lage und guter leichter Gartenboden sagen ihr zu. Die unzähligen rispenartigen rosafarbenen Blütchen erscheinen an vorjährigen Zweigen. Die frühblühenden Sorten *(Tamarix parviflora, Tamarix tetrandra)* blühen schon im April/Mai.

Es gibt aber auch noch sommerblühende Sorten, z. B. *Tamarix pentranda.* Bei der Sommertamariske sind die Blüten endständig (wedelartig) und dadurch besonders wirkungsvoll.

Flieder *(Syringa)*

Der Flieder gehört zur Familie der Ölbaumgewächse und blüht im Mai. Die Blüte, endständig, in Weiß, Lilarosa, Rot, Purpurviolett und sogar in Gelb geizt nicht mit ihrem Duft.

Man pflanzt Flieder als Busch oder Bäumchen. Von einem Busch kann man mehr für die Vase schneiden, bei einem Bäumchen muß man auf die Form achten.

Der Standort des Flieders sollte sonnig sein, an den Boden stellt er keine besonderen Ansprüche, für gelegent-

Flieder (Syringa 'Andenken an L. Späth'.

liches Mulchen ist er dankbar. Die abgeblühten Rispen sollte man entfernen (Samenstände), ebenso die Wildlingstriebe.

Strauchpfingstrose

(Paeonia suffruticosa)

Strauchpaeonien sind leider noch sehr wenig bekannt, obwohl sie in China und Japan schon vor 150 Jahren gezüchtet wurden. Nach den Frühlingszwiebeln, im Mai, kommt die Blütezeit dieses wunderschönen Gehölzes. Das Farbenspiel reicht von Weiß über Gelb bis zum dunklen Rot.

Der Platz sollte warm und sonnig sein, der Boden tiefgründig und nahrhaft. Zur Düngung empfiehlt sich ein magnesiumhaltiger Dünger, der Boden sollte eher schwach sauer als alkalisch sein. Wenn der Boden auch feucht sein sollte, so liebt die Strauchpaeonie aber auf keinen Fall stauende Nässe. Ebenso ist sie empfindlich gegen Spätfrost, deshalb empfiehlt es sich, den Platz so zu wählen, daß er windge-

Strauchpfingstrosen (Paeonia suffruticosa).

Weigelie (Weigela).

schützt und eventuell an einer Mauer liegt, die die Wärme hält.
Die Höhe reicht je nach Sorte von 60–120 cm. Gepflanzt wird im Herbst, da sie früh austreibt. Strauchpaeonien werden nicht geschnitten; ältere Sträucher werden nur etwas ausgelichtet.

Weigelie *(Weigela)*
Die Weigelie mit ihren trompetenförmigen, weißen, rosafarbenen oder roten Blüten löst die Blütezeit des Flieders ab. Aber auch hier gibt es früh- und spätblühende Sorten (Mai – August).
An den Boden stellt sie keine besonderen Ansprüche. Sie liebt ein sonniges Plätzchen, mit etwas Halbschatten ist sie aber auch noch zufrieden. Veraltete Sträucher blühen wieder, wenn man sie auslichtet und dabei das alte Holz entfernt (Verjüngungsschnitt).
Die Weigelie wird nicht höher als 2 m. Weigelien bringen häufig im Herbst noch eine gute Nachblüte.

Pfeifenstrauch, Falscher Jasmin
(Philadelphus)
Der Pfeifenstrauch – auch als Falscher Jasmin bekannt – gehört zur Familie der Steinbrechgewächse. Dieser aufrechtwachsende Strauch mit einfachen und gefüllten weißen Blüten hat einen betäubenden Duft. An Boden und Lage recht anspruchslos, kann er

Falscher Jasmin, Pfeifenstrauch (Philadelphus).

4–5 m hoch werden. Die Blütezeit ist Mai/Juni, der Busch sollte nur zur Verjüngung geschnitten werden. Sehr gerne wird der Pfeifenstrauch von Blattläusen befallen. Besonders die frischen jungen Triebe sind häufig schwarz davon. Eine Spritzung mit einem geeigneten Mittel, z. B. Metasystox R, ist zu empfehlen.

Sommerflieder, Schmetterlingsstrauch *(Buddleja)*
Buddleja alternifolia; dieser anspruchslose Strauch gedeiht in jedem Boden, doch sollte der Standort sonnig sein. Er blüht im Juni/Juli und sollte nicht geschnitten werden.

Einzelne Blüte des Sommerflieders (Buddleja).

Buddleja davidii; – auch als Schmetterlingsbusch bekannt – ist sehr reichblühend. Da diese Art nur an jungen Trieben blüht, empfiehlt sich hier ein Schnitt. Winterschutz sollte gegeben werden. Es gibt Sorten in verschiedenen Farben (rosa, rot, violett). Die Blüte bildet sich am Ende der Triebe in langen Rispen. Die Blütezeit reicht je nach Sorte von Juli bis in den September hinein.

Immergrüne Laubgehölze

Immergrüne Laubgehölze sieht man in kleinen Gärten sehr wenig, obwohl sie sehr wertvoll sind. Die Kultur mag vielleicht nicht so einfach sein wie die der laubabwerfenden Gehölze, aber das sollte den Gartenfreund nicht abhalten, den einen oder anderen immergrünen Busch zu pflanzen.

Alpenrose *(Rhododendron)*
Der Name Alpenrose ist etwas ungenau, da er nur für einheimische Arten gelten kann. Viele Arten kommen aus dem Himalajagebiet, Japan, dem Balkan und aus dem östlichen Nordamerika.
Die 30 cm – 3 m hoch werdenden Büsche haben überwiegend lederartige ovale Blätter. Die trichterförmigen Blüten, meist in Büscheln in sehr vielen Farben, bezaubern den Beschauer immer wieder aufs Neue. Sie blühen je nach Sorte von April – Juni.
Neben den großblumigen, starkwachsenden Arten sowie den kleinblütigen, zwergwüchsigen Arten mit wildwachsendem Charakter, die immergrün sind, sind in den letzten Jahren immergrüne bis halbimmergrüne japanische Azaleen groß in Mode gekommen. Aber auch azaleenartige laubabwerfende Arten werden von den Baumschulen angeboten.
Die großblumigen immergrünen sowie die azaleenartigen Rhododendren möchten einen humosen, leicht sauren Boden, die Wildarten, d. h. Rhododendren mit wildartigem Charakter dagegen, lieben einen weniger humosen Boden, er kann eher etwas steinig sein. Diese kleine Art paßt neben den

Rhododendron, Gartenhybriden.

japanischen Azaleen auch gut in den Steingarten oder in der Gemeinschaft mit Stauden ins Staudenbeet.
Für die humosen und leicht sauren Boden liebenden Arten muß die Pflanzstelle gut vorbereitet werden, indem man Walderde unterarbeitet. Ist diese nicht zu beschaffen, nimmt man Torf mit Lauberde. Der Pflanzort sollte so gewählt werden, daß er etwas geschützt ist und die Sonne in der Mittagszeit nicht so stark einwirken kann, ein lichter Schatten ist der ideale Standort, das gilt auch für den Winter.
Als Dünger benutzt man am besten Spezialdünger für Rhododendren, der im Handel erhältlich ist. Besonders eine Düngergabe nach der Blüte ist sehr angebracht.
Bei frisch gepflanzten Rhododendren sollte man auf jeden Fall die abgeblühten Fruchtstände nach der Blüte ausbrechen. Sie entziehen den sich neu bildenden Knospen die Nahrung.
Rhododendren brauchen viel Wasser, besonders vor Frosteinbruch sollte man gut wässern. Allerdings möchten sie auch keine stauende Nässe. Man sollte auch nicht mit kalkhaltigem Wasser wässern (Leitungswasser ist meist kalkhaltig), sondern möglichst Regenwasser verwenden.
Rhododendren sind möglichst in Gruppen zu pflanzen, denn sie brauchen das Fluidium der eigenen Art. Einzelpflanzen kümmern trotz intensiver Pflege meistens dahin.

Sauerdorn, Berberitze *(Berberis)*
Neben laubabwerfenden Arten gibt es beim Sauerdorn auch noch immergrüne Arten. Dieser dornige Zierstrauch liebt sonnige Lagen. Er sieht auch gut als Einzelpflanzung aus.
Berberis candidula; schöner winterharter Busch, wird nur 50 cm hoch. Ein langsam wachsendes Gehölz mit goldgelben Blüten im Mai/Juni, die Frucht ist blauschwarz.
Berberis darwinii; niedriger, nur 50 cm hoch werdender Busch. Die Blätter wirken lederartig und sind glänzend dunkelgrün. Die goldgelben Blüten, in Trauben hängend, blühen von April bis Mai. Die Früchte sind eiförmig, blauschwarz.
Berberis julianae; dieser robuste, gegen Industrieabgase immune Strauch ist einer der besten unter den immergrünen Arten. Er kann bis 2 m hoch werden. Gelbe Blüten und gelbbraune Dornen machen ihn mit den lederartigen, dunkelgrünen Blättern recht interessant; die Frucht ist blauschwarz.

Buchsbaum *Buxus)*
Dieser im Mittelmeer heimische Busch kann bis zu 6 m hoch werden. In der Regel wird er aber bei uns durch Schnitt zierlich gehalten, hinzu kommt, daß es sehr niedrige Sorten gibt.
Er kann sowohl in voller Sonne als auch im Schatten stehen. Für Einfassungen und Hecken sehr ideales Gehölz. Der Boden sollte nicht zu trocken und eher etwas alkalisch als sauer sein. Die Blüte ist recht unscheinbar März/April. Buchsbaum ist resistent gegen Ruß und Industrieabgase.

Zwergmispel, Felsenmispel
(Cotoneaster)
Diese Ziergehölzgattung umfaßt laubabwerfende, halbimmergrüne und immergrüne Sträucher vom kriechenden, niedrigen bis zum baumartigen Wuchs. Die Früchte besitzen hohen Zierwert.
Die meisten Arten lieben einen sonnigen Standort, doch wachsen sie auch

Zwergmispel (Cotoneaster horizontalis), an der Wand hochwachsend.

noch im lichten Schatten. Cotoneaster bevorzugen im allgemeinen mehr trockenen Boden, stellen jedoch weiter keine besonderen Bodenansprüche. Weit verbreitet sind die kriechenden Sträucher, die sich hervorragend als Bodendecker, für Tröge und Grabbepflanzungen eignen. Die Blütezeit reicht je nach Art und Sorte von Mai – Juni.

Cotoneaster radicans; ein wertvoller Bodendecker mit dunkelgrünem Blatt. Die Blüten sind weiß und langstielig; im Herbst scharlachrote Beeren, Höhe 20 cm.

Cotoneaster microphyllus; zierlicher Strauch mit glänzenden, dunkelgrünen Blättern, weiße Blüten und roten Beeren im Herbst. Besonders für Tröge und Grabbepflanzungen, Höhe 50 cm.

Cotoneaster horizontalis; breitwachsend mit fächerartig angeordneten Zweigen. Flach wachsend, aber auch zum Hochwachsen an Hauswänden geeignet. Sehr frostharter Strauch mit rosa Blüten; im Herbst scharlachrote Beeren, reich fruchtend, Höhe 150 cm.

Cotoneaster watereri; winterharter breitbuschiger Strauch, der bis zu 3 m hoch werden kann. Als Solitärgehölz ist er mit seinen waagerecht abstehenden Zweigen, die im Herbst dicht mit roten Beeren besetzt sind, sehr zu empfehlen. Die Blüte zeigt sich weiß in Dolden blühend. Die roten Beeren werden wegen der Größe nicht so schnell von den Vögeln verzehrt.

Feuerdorn *(Pyracantha)*

Der Feuerdorn zählt zu den anspruchslosesten, widerstandfähigsten, immergrünen Gehölzen. Der mit ziemlich nadelscharfen Dornen bestückte Strauch beschert dem Gartenfreund im Herbst leuchtend orangerote Beeren, dadurch wird der Zierwert dieses Strauches sehr erhöht. Die weiße Blüte ist recht unscheinbar, sie erscheint im Juni. Der Feuerdorn liebt eine warme geschützte Lage ohne besondere Bodenansprüche. Einzeln oder in Gruppen gepflanzt, bietet er den Vögeln guten Schutz und wird auch zum Nestbau angenommen. Im kleinen Garten, wenn Kernobstbäume in der Nähe sind, sollte man darauf achten, daß die Schorfkrankheit des Kernobstes nicht die Früchte des Feuerdorns befällt. Spritzt man Kernobst gegen Schorf, dann wird der Feuerdorn gleich mitgespritzt.

Lorbeerkirsche *(Prunus laurocerarus)*

Dieser immergrüne Strauch mit seinen lackglänzenden Blätter hat einen großen Zierwert. Bei genügend feuchter Lage wächst er sowohl im Schatten als auch in der Sonne. Die Blüten sind weiß und wachsen in aufrechten Trauben; die Blütezeit ist im Mai. Es gibt niedrige Sorten von etwa 1 m Höhe und mittelhohe Sorten von etwa 1,5–2 m Höhe. Mitunter blüht die Lorbeerkirsche im Herbst noch einmal nach.

Lorbeerrose *(Kalmia latifolia)*

Die Lorbeerrose ist ein prächtiger Blütenstrauch, der leider wenig bekannt ist. Im Wuchs, aber auch im Laub ist er dem bekannten Lorbeer, der die Lorbeerblätter liefert, sehr ähnlich. Er wird bis zu 2 m hoch, wächst aber sehr langsam. An den Boden stellt er keine besonderen Ansprüche, er sollte aber nicht zu trocken stehen. Die Lage sollte halbschattig sein.

Die schmalen, harten, immergrünen Blätter sind glänzend. Die Blüten, zartrosa Glockenblüten, stehen in Dolden zusammen. Die Blütezeit liegt im Mai/Juni.

Die niedrigere Art dieser Gattung,

Lorbeerkirsche (Prunus laurocerarus).

Kalmia angustifolia, hat kleinere Belaubung und karminrote Blüten. Sie wird nur 1 m hoch und ist nicht so reizvoll wie die erste Art; für nasse Lagen geeignet.

Mahonie *(Mahonia)*
Die Mahonie, in Nordamerika beheimatet, gehört zur Familie der Berberitzengewächse. Wegen ihres niedrigen Wuchses (bis 1 m hoch) ist sie auch für den kleineren Garten geeignet.
An Lage und Boden anspruchslos, verträgt sie auch stärkeren Rückschnitt. Die stark glänzenden und gefiederten (leicht stacheligen) Blätter sind beim Austrieb und im Winter rot getönt. Die goldgelbe Blüte im April ist klein; da sie aber in Büscheln angeordnet ist, fällt sie stark auf. Die Frucht besteht aus dunkelblauen, hell bereiften Beeren.

Stechpalme *(Ilex)*
Dieser heimische immergrüne Strauch ist sehr frosthart. Er kann sowohl als Strauch als auch als Baum gezogen werden. Die dunkelgrünen oder weiß umrandeten Blätter sind glänzend und lederartig, am Rande sind sie dornig gezahnt. Die Blüte ist klein, weiß und ebenso wie bei der Mahonie in Büscheln angeordnet (Mai/Juni). Bei der grünblättrigen Stechpalme besteht die Frucht aus roten Beeren, deshalb wird sie auch gerne für die Weihnachtsbinderei verwendet. Der Fruchtansatz ist jedoch mitunter fraglich, da es Pflanzen mit nur eingeschlechtlichen Blüten (männliche und weibliche getrennt) gibt.
Bei der Herbstpflanzung sollte man darauf achten, daß man in der Baumschule Sträucher bekommt, die bereits junge Beeren tragen. Wenn die Stech-

palme auch frosthart ist, empfiehlt sich im Winter ein Schutz gegen trockene Winde und Sonne. Mulchen im Wurzelbereich ist zu empfehlen; vor Frosteinbruch kräftig wässern. Mit dem Ilex lassen sich undurchdringliche Hecken schaffen.

Nadelgehölze (Koniferen)

Bei Nadelgehölzen gibt es ein sehr großes Sortiment, so daß es dem Gartenfreund oft schwerfällt, aus dieser Formenvielfalt die richtige Art für seinen Garten zu finden. Hinzu kommt, daß Nadelgehölzen oft sogenannte „Wirtspflanzen“ für Krankheiten sind; auf derartige Koniferen sollte man auf jeden Fall verzichten. So ist z. B. die Weymouthskiefer ein Muster für eine Wirtspflanze, sie ist sehr anfällig für Blasenrost; später wechseln die Rostpilze auf Obstbäume über.
Zuviel Nadelgehölze im kleinen Garten sind nicht zu empfehlen. Wenn man z. B. an die Dreiteilung im Kleingarten denkt, dann sollten 10 Koniferen das Maximum sein. Außerdem muß man beim Kauf auf die Endhöhe achten; Koniferen können bis zu 30 m hoch werden (allerdings in 50–70 Jahren).
Auf Waldbäume im kleinen Garten sollte man generell verzichten. Koniferen müssen nicht unbedingt grün sein. Die Baumschulen bieten heute Arten an, deren Nadelfarbe von hell- bis dunkelgrün, über bläuliche Töne bis zum Goldgelb reicht.
Nachfolgend einige Arten, die sich für den kleineren Garten eignen.

Scheinzypresse *(Chamaecyparis)*
Die Scheinzypresse gehört zur Familie der Kieferngewächse. Dieses anspruchsvolle immergrüne Gehölz ist durch seinen kegelförmigen Wuchs verbreitet bekannt. Doch gibt es auch breitwachsende Arten. Die einzelnen Kulturformen erreichen unterschiedliche Höhen. Scheinzypressen werden oft mit Thuja (Lebensbaum) verwechselt; wenn man sich aber einen kleinen Unterschied merkt, wird man sie auf Anhieb auseinanderhalten können. Die Scheinzypresse läßt nämlich meistens die Triebspitzen etwas hängen, während sie beim Lebensbaum immer stehen.
Die Scheinzypresse liebt einen humosen Boden, der etwas feucht sein sollte. Es gibt grüne, blaugrüne, gelbgrüne und silbriggrüne Arten, die bis zu 10 m hoch werden können.

Wacholder *(Juniperus)*
Dieses immergrüne Gehölz gibt es in vielen Wuchsformen; es gehört zur Familie der Kieferngewächse. Die Blätter sind teils aus Nadeln teils aus

Schwedischer Säulenwacholder (Juniperus).

Schuppen. Frischer, mit Torf und Lauberde angereicherter Boden sagt dem Juniperus zu. Die Lage sollte sonnig sein, er begnügt sich aber auch noch mit Halbschatten. Im Heidegarten sollte er nicht fehlen. Gut eignet sich Kriechwacholder für Böschungen, Trockenmauern, als seitliche Treppenabgrenzung und für vieles mehr. Der Ostasiatische Wacholder *(Juniperus chinensis)* eignet sich gut für Einzelstellung. Niedrige Wacholderarten können einen Durchmesser von bis zu 4 m bekommen bei einer Höhe von nur 50 cm.

Eibe *(Taxus)*
Eiben werden in der Regel als Strauch gezogen, weniger als Baum. Mit ihren glänzenden weichen Nadeln, an der Oberseite dunkel- und an der Unterseite hellgrün, werden sie gerne für Gehölzgruppen genommen. Aber auch für freien Stand und Formschnitt sind sie gut geeignet. Nahrhafter, frischer Boden, der nicht sauer sein sollte, sagt ihnen zu. Sie gedeiht besser in schweren als in leichten Böden und ist gut schattenverträglich. Nadeln und Triebe sind giftig. Starker Rückschnitt wird gut vertragen. Die Eibe wird in vielen Varianten angeboten. Es gibt niedrige (50 cm), breitwachsende und hohe Sorten, die sich zum Teil auch als Unterbepflanzung eignen.

Lebensbaum *(Thuja)*
Der Lebensbaum ist in Nordamerika beheimatet. Er ist trotz seines fremdländischen Aussehens anspruchslos, verträgt Schatten und Sonne. Man bezeichnet ihn auch als Schuppenkonifere, ebenso die Scheinzypresse, der er sehr ähnlich ist. Er entwickelt zweierlei Blattformen, nämlich Nadeln in der Jugendzeit und Schuppenblätter im Alter, die sich im Winter meist

Lebensbaum (Thuja orientalis).

bräunlich färben und im Frühjahr wieder grün werden. Durch die Färbung schützt sich der Lebensbaum gegen Verdunstung. Vor Wintereinbruch sollte man ihn gut wässern, stauende Nässe möchte er allerdings nicht. Humusreicher Boden, der nicht zu trokken sein sollte, sagt ihm zu, ansonsten stellt er aber keine besonderen Bodenansprüche. Gutes Gehölz für Hekkenpflanzungen, für Sicht- und Windschutz. Es gibt 6 Thujaarten und hiervon wieder mehrere Sorten. Zerreibt man Thujaschuppen zwischen den Fingern, entsteht ein terpentinähnlicher Duft.
Oft treten im Sommer braune Stellen auf, es können auch ganze Zweige absterben. Dann besteht der Verdacht auf Nadelbräune oder Trieb- und Zweigsterben. Es handelt sich hierbei um Pilzkrankheiten, die durch wiederholtes Spritzen mit Kupferpräparaten bekämpft werden können.
Hin und wieder treten an den jungen Trieben älterer Pflanzen Schildläuse auf. Diese werden mit geeigneten Insektizidmitteln bekämpft; Pflanzenschutzwart oder Pflanzenschutzamt befragen.
Ein sehr schönes Gehölz ist *Thuja orientalis* ‚Aurea Elegantissima'. Die schöne Benadelung ist im Frühjahr goldgelb, im Sommer hellgrün, im Herbst bräunlich und im Winter kupferfarben.

Helmlockstanne *(Tsuga)*
Diese zierlich benadelte Tanne mit ihren überhängenden Zweigen wird zwar bis 20 m hoch und in Amerika zur Holzgewinnung gepflanzt, doch gibt es davon eine Zwergform, *Tsuga canadensis* ‚Jeddeloh'. Diese ist besonders für den Kleingarten geeignet, da sie nur 1 m hoch wird. Bei Einzelstellung kommt sie besonders gut zur Wirkung, da sie einen kugeligen Strauch

Koreanische Tanne (Abies koreana).

bildet. Die jungen hellgrünen Nadeln bilden einen Kontrast zu den älteren, die dunkelgrün sind. Der Standort sollte halbschattig sein, sie verträgt zwar Sonne, doch können die Nadeln in praller Sonne Schaden nehmen. An den Boden stellt sie keine besonderen Ansprüche, doch sollte er feucht sein.

Koreanische Tanne *(Abies koreana)*
Die Koreatanne wächst sehr langsam, deshalb ist sie auch ein Nadelbaum für den kleineren Garten. Lehmiger Boden sagt der ansonsten recht anspruchslosen Tanne zu. Die Oberseite der Nadeln ist grünglänzend, die Unterseite weiß, dadurch wirkt sie im Sommer wie im Winter sehr reizvoll. Ein besonderes Aussehen verleihen ihr die violettpurpurnen aufrechtstehenden Zapfen, die sie bei guter Lage und gutem Boden schon sehr früh ansetzt.

Coloradotanne
(*Abies concolor* ‚Compacta')
Diese Zwergform der Coloradotanne wächst sehr langsam und wird in 10 Jahren nur etwa 90 cm hoch, ihre endgültige Höhe liegt bei etwa 2 m. Der Standort sollte sonnig sein, auch sollte sie nicht zu nah an anderen Gehölzen stehen, sie kommt dann nicht so zur Wirkung. Ihr Wuchs ist nicht so gleichmäßig wie bei anderen Tannen, doch das sollte ihren Wert nicht schmälern. Wegen ihres langen Wachstums wird sie leider nicht häufig angeboten.

Schling- und Kletterpflanzen

Schling- und Kletterpflanzen haben eine bestimmte Aufgabe zu erfüllen. Sie sollen Sichtschutz geben, Schatten spenden oder ganz einfach einen unschönen Platz verdecken. Sie eignen sich für Mauern, Hauswände, Zäune, Pergolen und Rankgerüste.

Waldrebe *(Clematis)*
Diese kletternde Pflanze wird zum Begrünen von Mauern, Wänden, Pergolen usw. gerne verwendet. Sie zählt zu den schönsten blühenden Schlingpflanzen.
Der Standort sollte sonnig bis halbschattig sein. Sie möchte aber einen kühlen Fuß haben, deshalb sollte man beim Pflanzen gleich ein niedriges kriechendes Gehölz mitpflanzen.
Tiefgründiger, leichter und feuchter Boden sagt dieser Pflanze zu. Beim Pflanzvorgang legt man die Clematis schräg in die Erde, so daß der untere Triebteil noch mit Erde bedeckt wird; deshalb muß das Pflanzloch groß genug vorbereitet werden.
Neben den Wildarten gibt es großblumige Hybriden. Sie blühen je nach Sorte von Mai–Oktober. Bei den Wildarten kommen nach der Blüte die hellen bis silbrigen Fruchtstände sehr gut zur Geltung. Großblumige Hybriden werden im Frühjahr etwas zurückgeschnitten, und zwar nimmt man die letztjährigen Triebe auf 50–60 cm zurück.

Efeu *(Hedera)*
Dieser selbstkletternde Strauch, der sich mit Hilfe der Haftwurzeln festhält, ist besonders für Mauern und Baumstämme zu empfehlen, aber ebensogut eignet er sich als Bodendecker. An Boden und Lage stellt er keine Ansprüche, er paßt sich überall an, das ist oft in Schattenlagen wünschenswert. Die Blüte erscheint nur an alten Sträuchern, grüngelb in kugeligen Dolden.

Kletterhortensie
(Hydrangea petiolaris)
Diese starkwüchsige Kletterpflanze wächst ausgezeichnet in schattigen Lagen. Sie ist relativ anspruchslos, liebt feuchten Boden, braucht aber weiter keine Pflege. Sie kann auch freistehend gepflanzt werden. Sie blüht im Sommer (Juni/Juli) doldenartig, weiß. Sie ist die geeignete Pflanze, um so manches schattige, unschöne Plätzchen mit ihrem frischgrünen Laub verdecken zu können. Sie kann auch als Bodendecker gepflanzt werden.

Schlingenknöterich *(Polygonum)*
Diese windende Schlingpflanze ist sehr schnellwachsend. Außerdem ist sie ein Massenblüher vom Sommer bis in den Herbst hinein. Sie eignet sich für alle zu bewachsenden Unterlagen, doch braucht sie immer einen Halt, da sie keine Haftwurzeln besitzt. Die kleinen grünlichweißen Blüten in langen Rispen verdecken in der Hauptblütezeit durch ihre Vielzahl die Blätter. Die Pflanzentriebe können bis zu 15 m lang werden und dadurch in kurzer Zeit größere Flächen beranken.
An Boden und Lage stellt sie keinen besonderen Anspruch, doch blüht sie in schattiger Lage nicht so stark wie in einer sonnigen.

Trompetenblume *(Campsis)*
Dieser Schlingerstrauch stammt aus Nordamerika, China und Japan. Er hat je nach Herkunft mehr oder weniger Haftwurzeln. Die Blüten befinden sich in Büscheln angeordnet an den Trieb-

Schlingenknöterich (Polygonum).

enden, sie sind meistens orangerot, innen gelb und blühen von Juli – September. Die Lage sollte etwas windgeschützt sein; obwohl der Strauch winterhart ist, friert er oft etwas zurück. Der Boden sollte humusreich und durchlässig sein.

Glyzine *(Wisteria)*
Dieser Schlinger für Hauswände, Pergolen usw. benötigt einen frischen humosen Boden. Die Lage sollte etwas geschützt und sonnig sein, deshalb bevorzugt an Südlagen pflanzen.
Veredelte Pflanzen blühen stärker als aus Samen gezogene. Beim Pflanzen schneidet man das Gehölz kräftig zurück, mindestens auf 50 cm. Die Pflanze darf nicht austrocknen, sonst ist der Austrieb gefährdet, deshalb muß häufig gewässert werden. Sie verlangt einen frischen, nahrhaften Boden. Im ersten Jahr nach der Pflanzung treibt die Pflanze sehr spät aus, oft erst im Frühsommer. Die Blütezeit reicht je nach Art von Mai – August. Die Blüten hängen in langen Trauben je nach Sorte in Weiß, Rosa, Blau oder Violett herunter. Ein Rückschnitt der einjährigen Triebe sowie ein Auslichten wird im Sommer vorgenommen. Winterschutz ist zu empfehlen.

Der Gemüsegarten

Die Gemüsebeete sind ein wichtiger Bestandteil des Gartens.
Wenn man etwa ein Drittel der Gartenfläche eines Kleingartens von 300 m^2 für den Gemüseanbau verwendet, kann man schon allerhand Arten kultivieren. Maßgebend ist natürlich auch der Bedarf, den der Gartenfreund an Gemüse hat. Denn das Gemüse, das man selbst heranzieht, soll ja auch verwendet werden.
Der Gemüseteil sollte in der Sonne liegen. Legt man ihn unter Obstbäume, wird man wenig Freude an den Gemüsekulturen haben. Man muß sich ganz klar von der Ansicht trennen, daß man wegen der Platzausnutzung auch unter Obstbäumen Gemüsekulturen heranziehen kann. Im Frühjahr, wenn die Obstgehölze noch kahl sind, sieht es zwar aus, als ob auch unter oder neben den Bäumen noch genügend Licht für eine Unterbepflanzung vorhanden wäre, aber spätestens nach der Obstbaumblüte muß man erkennen, daß diese Unterkulturen kaum noch von der Sonne erreicht werden.
Man muß also den Obst- und Gemüsebau klar voneinander trennen.

Gemüsearten

Wenn man einen guten Samenkatalog aufschlägt, wird man feststellen, daß das Gemüse in Gruppen eingeteilt ist.

Hülsenfrüchte
Bohnen (Busch- und Stangenbohnen, Puffbohnen)
Erbsen (Schal- und Markerbsen, Zuckererbsen)

Gurken- und gurkenähnliche Gemüsekulturen
Freilandgurken
(Einlege- und Schlangengurken)
Kastengurken
(Gurken für das Frühbeet)
Hausgurken
(Gurken für das Gewächshaus)
Kürbis
(Speisekürbis, zum Einmachen)
Melonen (für geschützte Lagen im Freiland, sonst Frühbeet)
Zucchini
(ähnlich wie Speisekürbis)

Kohlgemüse
Blumenkohl (für jede Jahreszeit geeignete Sorten)
Brokkoli (verwandt mit dem Blumenkohl)
Rotkohl (frühe bis späte Sorten)
Weißkohl (reichliches Angebot an frühen, mittelfrühen und späten Sorten)
Wirsing (besonders als Spätgemüse geeignet)
Rosenkohl
(ideales Herbst- und Wintergemüse)
Blätterkohl
(auch als Grün- und Winterkohl bekannt)
Chinakohl (inzwischen auch bei uns gut bekannt)
Kohlrabi (Oberkohlrabi, sehr beliebtes Frühjahrsgemüse)
Butterkohl
(wirsingähnliche Köpfe bildend)

Wurzelgemüse
Kohlrüben (Unterkohlrabi, für Speise- und Futterzwecke)
Karotten (Möhren, Gelbe Rüben)
Rote Rüben (Rote Bete)
Rettiche (Früher-, Sommer- und Winterrettich)

Radieschen (geeignete Sorten von Frühjahr bis Herbst)
Schwarzwurzeln
(sehr gesundes Wurzelgemüse)
Sellerie (Knollensellerie)
Wurzelpetersilie
(Blätter können natürlich genauso verwendet werden)

Salatgemüse
Kopfsalat (sehr gute Sorten für Frühjahr, Sommer und Herbst, aber auch zum Überwintern, Winterkopfsalat)
Eissalat (Sommersalat)
Pflücksalat (auch Rupfsalat genannt) bildet keine Köpfe, Blätter werden gerupft, nicht geschnitten)
Schnittsalat (auch Lattich genannt, Pflanzen werden in jungem Zustand geschnitten)
Endivien (typischer Herbstsalat)
Feldsalat (auch Rapunzel oder Ackersalat genannt, der vitaminreichste unter den Salaten)
Zichoriensalat (wächst an manchen Orten auch wild, sehr vitaminreich)
Chicoree
(wird bei uns noch wenig kultiviert)
Gartenkresse
(keimt sehr schnell, 4–5 Tage)

Spinatgemüse
Gartenspinat (auch zum Überwintern im Freiland)
Neuseeländer
(kriechend, keimt schlecht)
Gartenmelde (wenig bekannt, wird ähnlich wie Spinat verwendet)
Mangold (wird entweder wie Spinat oder nur die Rippen werden verwendet)

Blattstielgemüse
Bleichsellerie (kein Schnittsellerie)
Mangold (als Stielgemüse)
Knollenfenchel
(fleischige Verdickungen der Stiele)

Zwiebelgemüse
Küchenzwiebel (als Steckzwiebel oder Saatzwiebel angebaut)
Frühlingszwiebel
(Überwinterungszwiebel)
Schalotte
(bildet mehrere Brutzwiebeln, Horste)
Perlzwiebel
(auch Sommerlauch genannt)
Knoblauch (Herbstpflanzung besser als Frühjahrspflanzung)
Lauch
(Porree, gute winterharte Sorten)
Schnittlauch
(von Zeit zu Zeit neu aussäen)

Gemüsepflanzen, die Früchte tragen
Tomate (warme geschützte Lagen bevorzugt)
Eierfrucht (auch Aubergine genannt, gedeiht nur in warmen geschützten Lagen)
Paprika (Gemüsepaprika oder Gewürzpaprika)
Mais (Zuckermais)

Ausdauernde Gemüsepflanzen
Spargel (im kleinen Garten fehlt es meistens am Platz)
Rhabarber (gute Sorte wählen)
Artischocke (läßt sich auch einjährig kultivieren)
Meerrettich (auch wildwachsend)

Küchen- und Gewürzkräuter

Gemüsemischkulturen

Für den modernen Kleingärtner sind Mischkulturen im Gemüsebau selbstverständlich. Die Zeit, in der ein Beet Karotten, ein Beet Weißkraut oder ein Beet Spinat angebaut wurde, ist vorbei. Heute kultiviert man fünf und mehr verschiedene Gemüsearten auf einem Beet und erzielt beste Erfolge. Doch

Angewandte Mischkultur (mittleres Beet von links nach rechts: Rettich, Kopfsalat, Blumenkohl, Spinat, Kohlrabi).

setzt gerade die Mischkultur eine intensive Bodenbearbeitung und Düngung voraus. Da wäre in erster Linie das eigene Erzeugnis, nämlich der Kompost zu verwenden. Man kann gar nicht oft genug auf die Wichtigkeit des Kompostes, gerade im Kleingarten, hinweisen.

Man trägt eine dicke Schicht Kompost (3–4 cm sollten es schon sein) auf das Beet auf, eine Zugabe von Torfmull ist zu empfehlen. Zusätzlich gibt man noch einen Mischdünger. Bei Blaukorn rechnet man im Schnitt 80–120 g pro m^2. Allerdings gibt man etwa die Hälfte vor dem Pflanzen bzw. Aussäen und den Rest in 1–2 Gaben nach 3–4 Wochen. Empfehlenswert ist natürlich, wenn man das Pflanz- bzw. Saatbeet schon 2–3 Wochen vor dem Anbauen fertig macht, allerdings läßt sich das in der Praxis oft nicht durchführen. Erfahrungen haben gezeigt, daß mit Mischkulturen weitaus höhere Erträge erzielt werden als mit normalen Gemüsekulturen.

Jedoch kommt es auf die Zusammenstellung der verschiedenen Gemüsearten an. Es gibt Gemüsearten, die können sich im wahrsten Sinne des Wortes nicht riechen. Andere wieder ergänzen sich gegenseitig, d. h., was die eine Art abgibt, nimmt die andere praktisch als Nährstoff wieder auf. Ein wichtiger Punkt bei der Mischkultur ist das unterschiedliche Wachstum der einzelnen Gemüsearten. Sie wachsen nicht alle gleich schnell, sie benötigen bis zur Reife bzw. bis zur Ernte verschieden lange Wachstumszeiten, so daß eine Kultur der anderen schon früh Platz macht und diese sich dann entsprechend ausdehnen kann.

Ein Musterbeispiel an Verträglichkeit mit anderen Gemüsearten ist die rote Rübe oder rote Bete. Sie ist ideal für eine Nachbarschaft mit Salat, Kohlrabi, Radieschen, aber ebenso mit Tomaten und Buschbohnen. Gut ergänzen sich Kartoffeln und Kohlarten. Man sieht oft in Kartoffelfeldern riesige Kohlköpfe und andere gesunde Kohlarten. In der Landwirtschaft praktiziert man diese Anbauweise schon lange.

Spinat und Erdbeeren vertragen sich ebenfalls gut. Besonders im 1. Jahr kann man das Erdbeerbeet optimal ausnutzen. Sät man neben den Erdbeerreihen je eine Reihe Spinat, kann man in die Mitte, also zwischen 2 Erdbeerreihen, noch eine Reihe frühe Kohlräbchen pflanzen. Experten behaupten, daß sich Spinat günstig auf den Geschmack der Erdbeeren auswirkt.
Einige Beispiele über Mischkulturen, ausgehend von einer 1 m Beetbreite.
In die Beetmitte pflanzt man Tomaten, Abstand 1 m. Zwischen diese genau in die Mitte je eine Kohlrabi, zwischen Kohlrabi und Tomate wieder einen Kopfsalat. An den äußeren Beeträndern sät man je eine Reihe Radieschen, am besten eine kurzlaubige Sorte (‚Frühwunder‘, ‚Cherry Belle‘). Etwas weiter nach innen (8 cm) sät man eine Reihe Pflücksalat oder Spinat (auf jede Beetseite). Zwischen diesen Reihen und der mittleren Reihe pflanzt man nur Kohlarten, z. B. frühen Blumenkohl ‚Erfurter Zwerg‘, der nicht zu großes Blattwerk bekommt, Weißkohl, Rotkohl und Wirsing. Man pflanzt abwechselnd Blumenkohl und Rotkohl auf der einen Seite, Weißkohl und Wirsing auf der anderen Seite.
Reihenfolge der Ernte: Radieschen, Pflücksalat oder Spinat, Kopfsalat, Kohlrabi, Blumenkohl, Wirsing, Rotkohl, Weißkohl. Eine Kultur macht also der anderen Platz. Eine Ausnahme bilden nur die Tomaten, die man nach und nach aberntet, in der Regel bis zum ersten Frost, sie wachsen nach oben und breiten sich unten kaum mehr aus.
Gut bewährt haben sich folgende Kombinationen:
rote Rüben (4 Reihen),
Kohlrabi (3 Reihen, die Kohlrabi pflanzt man weiter als üblich und setzt noch Kopfsalat dazwischen),
Kopfsalat (zwischen den Kohlrabis),
Reihenfolge der Ernte: Kopfsalat, Kohlrabi, rote Rüben.

rote Rüben (1 Reihe in die Mitte des Beetes),
Buschbohnen (2 Reihen, Aussaat erfolgt selbstverständlich erst Mitte Mai),
Tomaten (im Verband zwischen den Gemüsereihen).

Steckzwiebeln (4 Reihen)
Karotten, Möhren (3 Reihen, jeweils in der Mitte zwischen zwei Steckzwiebelreihen),
Spinat (6 Reihen, jeweils links und rechts neben den Karotten. Statt Spinat kann man auch Radieschen oder Pflücksalat säen. Genausogut kann man aber auch jeweils 2 Reihen Spinat, Radieschen und Pflücksalat säen.)

Die Zusammenstellung der Mischkulturen bleibt den Bedürfnissen des Kleingärtners überlassen. Doch nicht jedes Gemüse kann man zusammenpflanzen, z. B. vertragen sich nicht gut:

Bohnen und Erbsen (obwohl beides Hülsenfrüchte),
Buschbohnen und Fenchel,
Stangenbohnen und Zwiebeln,
Erbsen und Zwiebeln,
Erdbeeren und Kohlgemüse,
Gurken und Kartoffeln,
Kohlgemüse und Radieschen,
Tomaten und Erbsen,
Tomaten und Kartoffeln (obwohl beides Nachtschattengewächse).

Gut vertragen sich dagegen:
Bohnen und Kohlgemüse,
Bohnen und Gurken,
Stangenbohnen und Karotten,
Erbsen und Karotten,
Erdbeeren und Salat,
Erdbeeren und Spinat,

Kartoffeln und Bohnen,
Kohlgemüse und Sellerie,
Kohlgemüse und Kartoffeln,
Kohlrabi und Kopfsalat,
Karotten/Möhren und Zwiebeln,
Karotten/Möhren und Salat,
Karotten/Möhren und Tomaten,
Petersilie und Tomaten,
rote Rüben und Zwiebeln,
Sellerie und Lauch,
Sellerie und Buschbohnen,
Tomaten und Zwiebeln,
Zwiebeln und rote Bete,
Zwiebeln und Erdbeeren,
Zwiebeln und Salat.

Hülsenfrüchte

Buschbohnen

Die Aussaat der Buschbohnen erfolgt Anfang Mai bis Mitte Juli (Folgesaaten). Bohnen sind wärmebedürftig, deshalb nicht zu früh aussäen, immer nach den Witterungsverhältnissen richten. Es ist auch eine Vorkultur möglich, d. h., man sät in Töpfe (am besten Torftöpfe) aus, 4–6 Korn je Topf, und stellt diese ins Frühbeet. Ist es warm genug und sind die Pflanzen erstarkt, werden sie ausgepflanzt (nach den Eisheiligen). Man erreicht dadurch eine wesentlich frühere Ernte, häufig scheitert es aber um diese Jahreszeit am Platz im Frühbeet.

In der Regel wird wohl die Saatkultur im Freiland vorgezogen werden. Man sät in Reihen mit 50 cm Abstand. Auch Horstsaat ist üblich, d. h., man sät tellerartig 5–8 Bohnen im Abstand von 40 x 40 cm im Verband. Bohnen sollten nicht zu tief gesät werden. Bei lockeren Böden kann jedoch etwas tiefer gesät werden als bei schweren Böden, doch auf keinen Fall tiefer als 5 cm. Späteres Anhäufeln ist zu empfehlen. Es gibt frühe, mittelfrühe und späte Sorten, das sollte man beim Samenkauf berücksichtigen.

Stangenbohnen

Stangenbohnen werden Anfang Mai bis Ende Juni ausgesät (Folgesaaten). Sie verlangen einen tiefgründigen Gartenboden, der genügend Kalk besitzen muß. Kalte Böden mögen sie gar nicht. Sie verlangen – anders als die Buschbohnen – einen sehr nahrhaften Boden, doch sollte kein frischer Stalldung verwendet werden. Die Stangen werden schräg, besser senkrecht in die Erde gesteckt. Dabei ist darauf zu achten, daß die Stangen nicht zu eng

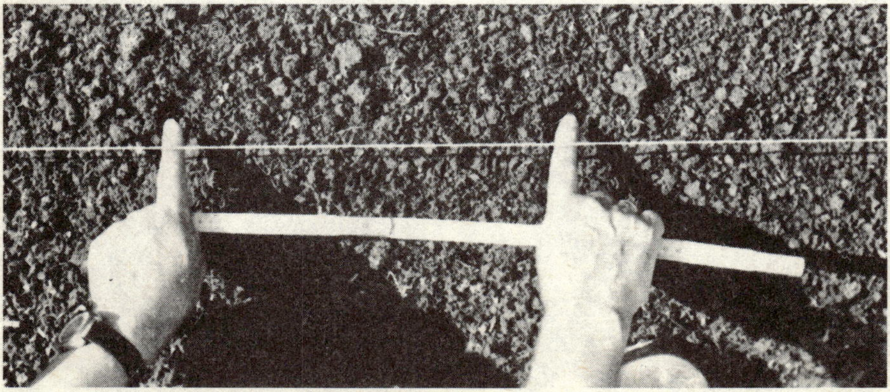

Die Abstände werden mit Zollstock und den Zeigefingern markiert.

Farbtafel 11: pikierte Landnelken (Dianthus) vor Auspflanzung (oben); Landnelken (Dianthus) (unten).

Horstsaat bei Buschbohnen.

stehen, 80 x 90 cm ist das Normalmaß. Bei starkwachsenden Sorten steckt man 80 x 100 cm. Man hat bestimmt mehr Freude und mehr Ertrag an den Stangenbohnen, wenn man gerade in den Abständen lieber nach oben als nach unten geht. Um jede Stange bildet man eine kranzförmige Vertiefung, in die man 8–10 Korn hineinlegt (3–4 cm tief). Auch hier gibt es wie bei den Buschbohnen frühe, mittelfrühe und späte Sorten. Die Sorte ‚Hilds Rapid' kommt mit kurzen Bohnenstangen (2 m) aus und ist deshalb auch für den kleinen Garten gut geeignet.

Die im Handel befindlichen Sorten haben keine Fäden. Die Sorten mit Fäden sind nach und nach vom Markt verschwunden. Die meisten Stangenbohnen-Züchtungen werden gegen unberechtigten Nachbau geschützt, deshalb sollte man beim Erwerb von Saatgut immer darauf achten, daß man möglichst Züchterpackungen bekommt, die auch besonders gekennzeichnet sind. Die Gewährleistung hierfür bietet der Fachhandel.

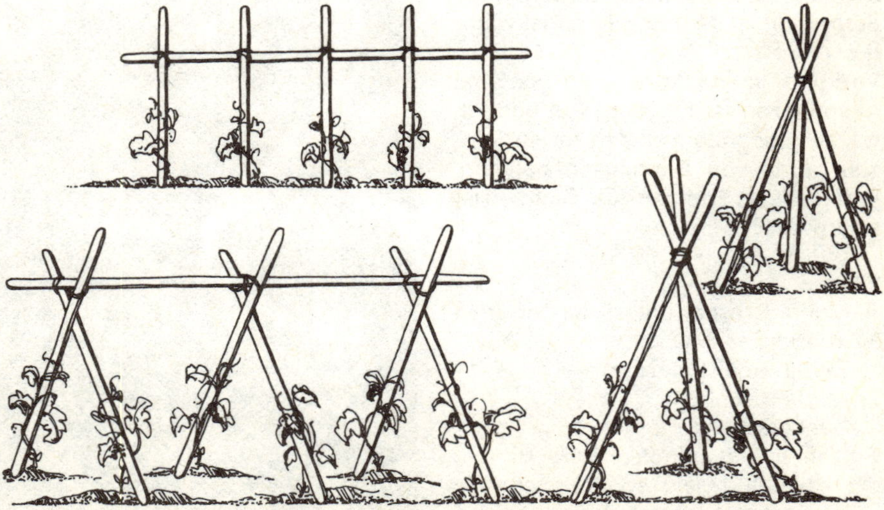

Die Stangen können sowohl gerade als auch schräg in die Erde gesteckt werden, aber auch pyramidenförmiges Stecken ist möglich; der Handel bietet Welldrahtstäbe an, die, wenn sie dick genug sind, auch für Stangenbohnen verwendet werden können.

Farbtafel 12: *Kohlgemüseaussaat im Frühbeet (oben); mit mitwachsender Folie abgedeckte Möhren-, Radieschen- und Zwiebelaussaat (unten).*

Prunk- oder Feuerbohnen

Prunk- oder Feuerbohnen, auch Blumenbohnen genannt, werden wie die Stangenbohnen kultiviert, doch sind sie weitaus weniger anspruchsvoll als diese. Späte Aussaat bringt im Spätsommer bis in den Herbst hinein reiche Bohnenernte. Im Gegensatz zu den normalen Stangenbohnen eignen sich Feuerbohnen für rauhe Lagen, ja es sagt ihnen sogar kühle und feuchte Witterung zu. Von den üblichen Bohnenkrankheiten bleiben sie verschont. Leider sind nicht alle Sorten fadenlos.

Puffbohnen (dicke Bohnen, Saubohnen, Ackerbohnen)

Puffbohnen können schon Ende Februar/Anfang März an Ort und Stelle ausgesät werden, wenn es die Witterung zuläßt. Man drückt sie einfach in die Erde. Gesät wird in Reihen, ungefähr alle 10 cm ein Korn, etwa 5 cm tief. Puffbohnen stellen keine Bodenansprüche, doch sollte der Boden etwas tiefgründig sein, freier Stand ist wichtig.

Vorkultur in Kästchen und späteres Auspflanzen ist möglich. Puffbohnen werden besonders an den zarten Spitzen gerne von Blattläusen befallen, rechtzeitiges Spritzen oder Stäuben ist erforderlich.

Erbsen

Bei den Erbsen unterscheidet man 3 Gruppen:

1. Schal- oder Palerbsen,
2. Markerbsen,
3. Zuckererbsen.

Erbsen lieben mittelschwere Böden, die kalkhaltig sein sollten. Schwere Böden mögen sie nicht, ebenso keinen frischen Stalldung. Dagegen sind sie für Kompostgaben dankbar. Zuviel Stickstoff bringt zwar kräftige krautige Pflanzen, aber wenig Fruchtansatz. Als Düngung gibt man am besten einen Mischdünger, 40 g pro m^2, man arbeitet ihn vor der Aussaat ein.

Es gibt niedrige, mittelhohe und hohe Sorten. Hohe Sorten benötigen Reiser oder ein Drahtgerüst.

Schal- oder Palerbsen

Palerbsen sind glattschalig und widerstandsfähiger gegen Witterungseinflüsse als Mark- und Zuckererbsen. Man kann sie deshalb schon Ende Februar/Anfang März aussäen, besonders wenn man sie mit einer mitwachsenden Folie abdeckt.

Man sät 2 Reihen auf ein Beet, Reihenabstand je nach Sorte 30–45 cm. Entweder bereitet man sich ein schmales, 70 cm breites Beet vor, oder man sät auf ein Normalbeet 100–120 cm, hier pflanzt man außen zusätzlich 1 Reihe Kopfsalat oder sät je 1 Reihe Radieschen aus.

Die Aussaat der Erbsen geschieht in Reihen.

Erbsen sät man in flache Rillen mit etwa 3 cm Abstand; starkwachsende hohe Sorten etwa 5 cm. Nach dem Säen zieht man die Rillen zu und drückt sie mit dem Rechenrücken fest. Sind die Jungpflanzen 3–4 Wochen alt, kann man sie anhäufeln. Hat man hohe Pflanzen gewählt, steckt man Erbsenreiser dazu oder bringt ein Erbsengitter an. Erbsenreiser steckt man an die Außenseite der Erbsenreihen mit Neigung zur Beetmitte. Auf keinen Fall in die Reihen stecken, da man sonst die Wurzeln zu sehr schädigt. Die Erbsen nehmen den Halt sehr schnell an und ranken empor.

Zu hohen Erbsen werden beizeiten Reiser gesteckt.

Markerbsen
Markerbsen sind von Palerbsen durch das Korn leicht zu unterscheiden. Das Korn ist nicht glatt, sondern in ausgereiftem Zustand runzelig eingeschrumpft. Markerbsen werden etwas später ausgesät als Pal- oder Schalerbsen, nämlich erst Ende März. Sonst werden sie wie Palerbsen kultiviert.

Zuckererbsen
Bei Zuckererbsen wird die Hülse mitgegessen. Sie werden in jungem Zustand verbraucht. Ihnen fehlt die Pergamentschicht, die die anderen Erbsen haben. Die Aussaat kann schon Mitte bis Ende Februar erfolgen, wenn es die Witterung zuläßt, jedoch sollte man Aussaaten nach dem 15. Mai nicht mehr vornehmen.

Gurken- und gurkenähnliche Gemüsekulturen

Landgurken
Unter Landgurken versteht man Gurken, die man direkt ins Freiland sät. Die Aussaat erfolgt ab Mitte Mai nach den Eisheiligen (in günstigen Gebieten schon in der ersten Maiwoche).
Man sät in Reihen, d. h., es kommt 1 Reihe in die Mitte des Beetes. Es wird so ausgesät, daß die Kerne etwa 5 cm im Abstand liegen. Ein späteres Vereinzeln ist zu empfehlen, man nimmt dann jede zweite Pflanze heraus. Man kann aber auch alle 20–25 cm mehrere Körner (etwa 5–6) zusammen aussäen (Horste). Gurken werden nur flach ausgesät, 2 cm tief genügt.
Das Gurkenbeet muß gut vorbereitet werden. Reichliches Einarbeiten von Kompost sowie ein mit Dünger angereicherter Torf ist zu empfehlen. In der Mitte des Beetes kann man einen klei-

Landgurken kann man auf einen schrägen Maschendraht hochwachsen lassen.

nen Wall bilden, in diesen zieht man dann die Saatrille.

Gurken kann man auch schräg auf einen Maschendraht hochwachsen lassen. Besonders in nassen Jahren hat sich diese Methode bewährt. Natürlich muß man hierbei etwas nachhelfen und hier und da eine Ranke anbinden. Die Saatrille legt man dann allerdings nicht in die Beetmitte, sondern mehr an den Beetrand und läßt die Schräge des Gitters zur Beetmitte hochlaufen. Gurken mögen keine nassen und schweren Böden.

Neben der Aussaat an Ort und Stelle kann man die Anzucht der Gurkenpflanzen in Töpfen vornehmen. Man legt 3–5 Körner in Ton- oder Torftöpfe und senkt diese ins Frühbeet ein. Die Aussaat sollte 3–4 Wochen vor dem eigentlichen Auspflanzen erfolgen. Auch kann man die Töpfe ans Fensterbrett in einen warmen Raum stellen, doch müssen die Töpfe dann größer sein (10–14 cm) und dürfen nicht austrocknen. Die Temperatur sollte nicht unter 18°C absinken. Das Auspflanzen geschieht nach den Eisheiligen.

Man pflanzt dann im Abstand von 40 cm aus. Vorgezogene Pflanzen haben den Vorteil, daß man sie in Töp-

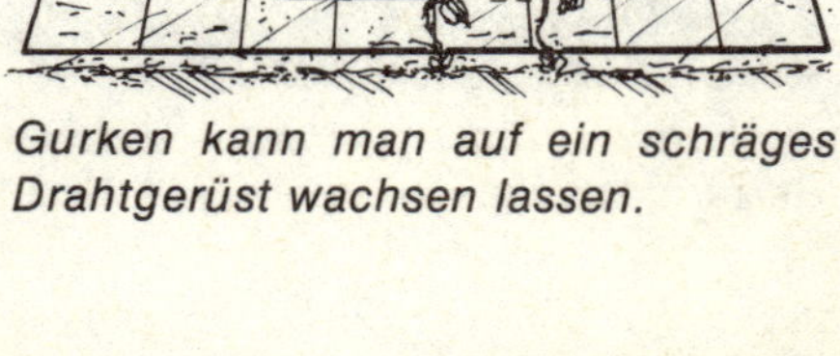

Gurken kann man auf ein schräges Drahtgerüst wachsen lassen.

fen noch ein paar Tage im Zimmer oder Frühbeet belassen kann, wenn die Witterung zum Auspflanzen ungünstig ist. Als zusätzliche Düngung empfiehlt sich bei Saat oder Pflanzung eine Mischdüngergabe von 70–80 g Blaukorn je m^2, dieselbe Menge gibt man noch einmal später auf 2 Gaben verteilt.
Mitte Juni sind die Gurken meistens soweit, daß man sie anhäufeln kann, sie haben dann schon das fünfte Blatt gebildet. Stehen die Gurken auf einem Wall, erübrigt sich natürlich ein Anhäufeln. Bei Trockenheit muß man jetzt reichlich gießen, das ist gerade bei Gurken sehr wichtig.
Echter Mehltau macht den Gurken häufig zu schaffen; rechtzeitiges Spritzen mit geeigneten Mitteln ist erforderlich, spätestens jedoch beim Auftreten der ersten Mehltauflecken (Morestan, Euparen).

Kastengurken (Frühbeet)
Kastengurken sind für den Kleingärtner weniger interessant, da er meistens in seinem Frühbeet keinen Platz hat. Deshalb soll auch hier nicht näher darauf eingegangen werden, dasselbe gilt für Hausgurken.

Kürbis
Kürbisse sät man ab Mitte Mai direkt ins Freiland. Kürbisse brauchen viel Nährstoffe. Man hebt am besten ein Pflanzloch aus, füllt es mit Komposterde und sät darauf die Kürbisse aus. In der Regel genügen 1–2 Pflanzen. Sie bilden sehr lange Ranken, oft bis zu 5 m lang. Deshalb ist manchmal ein Einstutzen erforderlich. Der Wasserbedarf ist beim Kürbis sehr hoch, bei trockener Witterung ist reichliches Gießen bzw. Wässern notwendig.
Kürbisse können natürlich wie Gurken auch in Töpfen vorkultiviert werden.

Zucchini (Speisekürbis)
Diese immer beliebter werdende Gemüseart bildet lange dunkelgrüne Früchte. Die Bekanntheit dieser Speisekürbisart ist nicht zuletzt auf unsere Gastarbeiter zurückzuführen.
Die Kultur entspricht im wesentlichen der der Kürbisse. Es werden in der Regel immer nur junge, noch nicht ausgereifte Früchte verwendet.

Melonen
Melonen sind uns aus südlichen Ländern bekannt, doch kann man auch bei uns im Freiland Melonen ziehen. Allerdings ist die Freiland-Melonen-Zucht bei uns von einem warmen Sommer abhängig. Obwohl man diesen nicht voraussagen kann, sollte man sich nicht abhalten lassen und es trotzdem versuchen. Ein Kleingärtner ist sowieso Rückschläge gewohnt. Ansprüche an Lage und Boden sind wie bei Gurken, eher noch besser. Sehr zu empfehlen ist bei Freilandmelonen die Verwendung einer mitwachsenden Folie; sie kann man auch noch im Sommer bei kühler Witterung verwenden.
Bei Melonen sollte man den Haupttrieb stutzen, denn weibliche Blüten, die Frucht tragen, bilden sich nur an den Seitentrieben zweiter Ordnung. Durch das Entspitzen der Haupttriebe wird die Bildung der Seitentriebe gefördert. Diese entspitzt man noch einmal, um sie auch wieder zur Bildung von Seitentrieben anzuregen. An diesen neuen Seitentrieben bilden sich dann in großer Menge die weiblichen Fruchtblüten.

Kohlgemüse

Kohlgemüse wird wohl in jedem Gemüsegarten angebaut. Entweder man zieht sich die Pflanzen selbst oder

kauft sie beim Gärtner. Zieht man sie selbst, kann man bestimmte Sorten auswählen, was wir beim Gärtner meistens nicht können. Er zieht zum Pflanzenverkauf in der Regel ein/zwei Sorten von einer Art; es wäre für einen Berufsgärtner auch zuviel verlangt, würde er eine Vielzahl von Sorten ziehen. Trotzdem werden wir uns Frühgemüsepflanzen in der Regel vom Gärtner besorgen, da in einem Kleingarten meistens die Voraussetzungen für die Frühjahrspflanzenzucht fehlen. Spätgemüsepflanzen dagegen kann man sich selbst aussäen, da man das Saatbeet ins Freiland verlegen kann und dabei nicht unbedingt auf ein Frühbeet angewiesen ist.
Kohlgemüse braucht tiefgründigen Boden, da es tief wurzelt. Die Lage sollte mehr feucht als trocken sein. Besonders Blumenkohl muß bei Trokkenheit kräftig gewässert werden. Neben einem kräftigen nahrhaften Boden muß man natürlich zusätzlich düngen. Man gibt am besten einen Mischdünger (Blaukorn), 150–250 g pro m^2. Die Hälfte vor dem Pflanzen, die andere Hälfte in 2 weiteren Gaben, nach 4 Wochen beginnend. Bei Frühkohl gibt man $^2/_3$ vor dem Pflanzen und 3–4 Wochen später $^1/_3$.
Kohlpflanzen sollten auf jeden Fall pikiert werden, man erreicht dadurch stämmige ballenhaltige Pflanzen, die nach dem Auspflanzen, ohne zu trauern, weiterwachsen. Man pikiert aber so, daß die Saatpflänzchen bis zu den Keimblättern in die Erde kommen. Häufig sieht man, daß gerade Kohlgemüse viel zu eng gepflanzt wird. Man pflanzt heute zwar enger als früher, da man gerade bei Weiß- und Rotkohl Sorten mit kleineren Köpfen gezüchtet hat, doch sollte man beim Kohlgemüse immer noch 50 x 50 cm pflanzen, bei späten Sorten 50 x 60 cm. Zu enges Pflanzen bringt hochschießende Pflanzen, die schlechte Köpfe, Blumen, Rosen oder Knollen bilden. Im Pflanzstadium sehen die Abstände zwar sehr weit aus, doch bald stellt man fest, daß die Pflanzen bei zügigem Wachstum den Platz unbedingt benötigen, ohne sich zu beengen. Das schließt natürlich nicht aus, daß man Mischkultur anwenden kann (siehe Abschnitt Mischkultur). Der Abstand für Kohlgemüse wird davon nicht berührt.

Blumenkohl
Blumenkohl braucht guten Boden, er ist der anspruchsvollste unter den Kohlgemüsen. Man pflanzt frühe Sorten Ende März/Anfang April im Abstand von 50 x 50 cm. Man muß ihn immer gut feucht halten, wenn man Erfolg haben möchte. Gerade bei Trokkenperioden ist reichliches Wässern unbedingt notwendig.
Er liebt feuchte Luft, deshalb ist wiederholtes Spritzen bei warmem, trokkenem Wetter zu empfehlen.
Bei Blumenkohl gibt es ein reichliches Sortenangebot. Bei richtiger Sortenwahl (den Jahreszeiten entsprechend) und bei richtiger Behandlung kann man auch im Kleingarten erstklassige Blumenkohlrosen ziehen.
Blumenkohlpflanzen für den Spätanbau zieht man sich selbst und sät deshalb Anfang April bis Anfang Mai aus (je nach Sorte auch noch später möglich). Später Blumenkohl ist weniger anspruchsvoll als früher. Ist er bei Frosteintritt noch nicht voll entwickelt, kann man ihn auch in ein Frühbeet einschlagen, er wächst dort weiter und bildet noch Blumen aus. Auch Kellereinschlag ist möglich, sofern der Keller kühl ist; er wächst auch noch im Dunkeln weiter (Blume), allerdings sollte schon eine kleine Blume beim Ein-

schlag vorhanden sein. Der Einschlag sollte mit Ballen geschehen.

Brokkoli

Die Pflanzen haben Ähnlichkeit mit Blumenkohlpflanzen, bilden aber keine weißen festen Blumen, sondern eine Vielzahl blumenkohlartiger grüner Köpfchen.

In der Küche werden nicht nur die Stengel verwendet, die ähnlich wie Spargel verarbeitet werden, das Beste ist die Blume.

Für die Hauptkultur erfolgt die Aussaat im März bis April ins Frühbeet (später auch ins Freiland). Pikieren ist zu empfehlen. Im Mai pflanzt man auf 50 x 60 cm aus. Brokkoli kann man im Gegensatz zu Blumenkohl fortlaufend ernten; hat man die Hauptrose entfernt, bilden sich Seitentriebe, die wiederum kleine Röschen bilden. Sonst entspricht die Kultur der des Blumenkohls.

Rotkohl (Rotkraut)

Die Kultur des Rotkohls entspricht im wesentlichen der des Weißkohls, wenn auch die Bodenansprüche eher etwas höher als niedriger sind. Rotkohl wächst langsamer als Weißkohl.

Auch hier gibt es frühe, mittelfrühe und späte Sorten. Beim Kauf von Saatgut unbedingt darauf achten, das Sortiment ist sehr groß.

Die Kohlköpfe sind heute nicht mehr extrem groß. Die Züchter sind bestrebt gewesen, kleine bis mittelgroße Köpfe zu züchten; das kommt natürlich dem Kleingärtner sehr gelegen. Kleine bis mittelgroße Kohlköpfe sind verbrauchergerechter, sei es zum Frischverbrauch oder zum Einlagern.

Weißkohl (Weißkraut)

Weißkohl ist nicht so anspruchsvoll wie Blumenkohl. Der Boden sollte aber trotzdem tiefgründig und nährstoffreich sein.

Für den Kleingarten genügen in der Regel wenige Pflanzen. Für den Frühanbau besorgt man sie sich vom Gärtner. Natürlich kann man sie sich auch selbst ziehen, wenn man ein Frühbeet zur Verfügung hat. Die Aussaat muß schon im März erfolgen, anschließendes Pikieren ist erforderlich. Man kann die Pflänzchen auch eintopfen (kleine Torf-, Kunststoff- oder Tontöpfe). Bei späterem Auspflanzen mit Topfballen ins Freiland tritt keine Stockung ein. Diese Methode kann man natürlich bei allen frühen Kohlarten anwenden. Auch beim Weißkohl zieht man sich mittelfrühe und späte Sorten selbst heran, denn hier genügt ein Freilandsaatbeet.

Das Sortiment der Weißkohlsorten ist ebenfalls sehr groß.

Wirsingkohl

Wirsing ist in der Entwicklung den anderen Kopfkohlarten etwas voraus, d. h., er entwickelt sich schneller. Er muß auch nicht unbedingt besonders feste Köpfe haben, um in der Küche verbraucht zu werden.

Die Kultur entspricht der des Blumenkohls. Frühe Sorten kann man 40 x 40 cm pflanzen, mittelfrühe 40 x 50 cm und späte 50 x 50 cm. Auch bei Wirsing gibt es gute frühe, mittelfrühe und späte Sorten.

Rosenkohl (Sprossenkohl)

Rosenkohl kann man zum Nachbau, z. B. nach Frühkartoffen, Erbsen usw., verwenden. Selbstverständlich muß man den Boden wieder gut aufbereiten. Er muß tiefgründig gemacht werden und sollte nicht zu feucht sein. Zur Aufbereitung empfiehlt sich in erster Linie Kompost und ein Mischdünger. Mit Stickstoffgaben sollte man sich zu-

Links pikierte, rechts unpikierte Rosenkohlpflanzen.

rückhalten, es gibt dann zwar mächtige Pflanzen, die aber wenig winterhart sind und „Flatterrosen“ bilden.
Der Abstand sollte etwa 50 x 70 cm betragen, doch richtet er sich auch nach der Sorte. Die Hauptpflanzzeit ist Ende Juni, doch gibt es Sorten, die ein früheres oder späteres Auspflanzen erforderlich machen oder es zulassen. Man kann z. B. jeweils 1 Reihe Rosenkohl und 1 Reihe Winterlauch pflanzen, um das Beet etwas aufzulockern. Aber auch an den Gurkenbeeträndern läßt sich noch 1 Reihe unterbringen. Meistens haben die Gurken den Beetrand noch nicht erreicht. Bis es soweit ist, sind die Pflanzen stark genug, um sich behaupten zu können.
Rosenkohl kann man sich selbst aussäen, da die Aussaatzeit der meisten Sorten erst Mitte–Ende April ist.

Blätterkohl (Grünkohl)
Blätterkohl wird je nach Gegend auch als Grünkohl, Braunkohl oder Krauskohl bezeichnet. Man kann ihn spät pflanzen, denn er entwickelt sich erst in den Herbstmonaten so richtig; deshalb hat auch die Aussaat bis Mitte/-Ende Mai Zeit.
Die Pflanzzeit liegt etwa von Ende Juni bis in den August hinein. Man hat dann im Kleingarten auch schon mehr Platz und kann ihn als zweite Frucht kultivieren. Er wird in der Regel erst nach dem ersten Frost geerntet, Folgeernten reichen den ganzen Winter über und sogar bis März/April.
Hohe Sorten pflanzt man etwa 40 x 50 cm, niedrige 40 x 40 cm. Niedrige Sorten werden im Winter durch Schnee besser geschützt als hohe Sorten.

Chinakohl
Sowohl als Gemüse als auch als Salat schmeckt Chinakohl ausgezeichnet, und er verdient es, daß er mehr Einzug in unsere Kleingärten bekommt. Er wird erst im Sommer (Mitte Juli – August) ausgesät. Man sät an Ort und Stelle in Reihen von etwa 40 cm Abstand und vereinzelt ihn später in der Reihe auf 30 cm; aber auch Auspflanzen ist möglich. Ab Oktober kann geerntet werden, er verträgt leichte Fröste bis ungefähr – 3°C.

Kohlrabi (Oberkohlrabi)
Man unterscheidet Früh-, Sommer- und Spätkohlrabi.
Frühkohlrabi benötigen einen leichten Boden, denn sie sollen sich schnell entwickeln und in etwa 50 Tagen erntereif sein. Frühkohlrabi bilden weniger Blattwerk als Sommer- und Spätkohlrabi und können deshalb auch ziemlich eng (20 x 20 cm) gepflanzt werden. Ist das Wetter günstig, und hat man abgehärtete Pflanzen, kann man schon zum Frühlingsanfang, also Mitte–Ende März mit dem Auspflanzen beginnen.
Sommerkohlrabi werden auf 30x30 cm gepflanzt. Sie können von Mitte Mai bis etwa Ende Juli gepflanzt werden. Leider sind sie meistens nicht schoßfest.
Spätkohlrabi benötigen etwa 75 Tage bis zur vollen Entwicklung. Sie werden ab Anfang Juli gepflanzt, der Pflanzabstand beträgt 50 x 40 cm. Spätkohlrabi bringen nicht nur größere Knollen, sondern auch stärkeres Blattwerk.

Butterkohl
Butterkohl hat Ähnlichkeit mit Wirsing. Er entwickelt sich allerdings schneller als dieser; sonst entspricht die Kultur jedoch der des Wirsings.
Die Aussaat erfolgt im Juli. Im August pflanzt man auf etwa 30 x 40 cm aus, und schon Ende September kann man ernten. Butterkohl bildet gelbe, leicht geschlossene Köpfe.

Wurzelgemüse

Bei Wurzelgemüse verzehrt man das, was unter oder halb über der Erde wächst. Diese Familie ist groß, wenn auch die meisten Arten nicht das geringste miteinander zu tun haben. Diese Gemüsearten lieben leichte, lockere Böden; auf nassen, schweren Böden bringen sie wenig Ertrag.
Ideal ist der Boden, wenn man z. B. einen Rettich oder eine Karotte im erntereifen Zustand, ohne große Kraftanstrengung und ohne daß die Blätter abreißen, aus dem Boden ziehen kann. Frischen Stalldung verträgt Wurzelgemüse nicht.

Kohlrüben (Unterkohlrabi)
Kohlrüben werden sowohl zu Speisezwecken als auch zu Futterzwecken verwendet. Sie werden je nach Gegend verschieden stark angebaut. Die Aussaat erfolgt im Mai, die Auspflanzung etwa Mitte Juni. Kohlrüben sind anspruchslos an Boden und Lage.

Möhren (Karotten)
Möhren sät man ab März direkt ins Freiland, die letzte Aussaat kann spätestens Ende Juni stattfinden. Sie benötigen je nach Witterung 2–4 Wochen zum Auflaufen, also eine lange Zeit. Da man meistens in Reihen sät (20–40 cm, je nach Sorte), bringt man Radieschensamen mit ein, dieser geht schnell auf und markiert die Reihen. Man kann dann schon einmal auflokkern, ohne befürchten zu müssen, daß man in die Aussaatreihen gerät.
Man kann auch die Aussaatreihen mit Sand markieren. Möhren bzw. Karot-

ten lieben sandigen, humosen Boden; auf keinen Fall frischen Stalldung verwenden. Nasse, schwere Böden sind für Möhren ungeeignet, die Folge ist ein hoher Prozentsatz verkrüppelter Rüben, die sich wurzelartig verzweigen.

Empfehlenswert ist, die Möhrenaussaat (bei sehr früher Aussaat) mit einer mitwachsenden Folie abzudecken. Diese Abdeckung verfrüht die Erntezeit um bis zu 3 Wochen bei Frühkarotten und man kann Ende Mai/Anfang Juni die ersten Möhren zum Frischverbrauch ziehen. Möhren eignen sich gut für Mischkulturen.

Möhren und Zwiebeln vertragen sich besonders gut.

Rote Rüben (rote Bete)

Rote Rüben brauchen guten Boden und sonnige Lage. Ideal ist ein altgedüngter, lockerer Gartenboden; auf keinen Fall frischen Stalldung verwenden.

Man sät Anfang April an Ort und Stelle aus; frühe Aussaat vor April ist nicht zu empfehlen (Schosserbildung).

Für die Wintereinlagerung kann man noch bis Ende Juni aussäen. Man sät in Reihen von 30 cm Abstand, in der Reihe 10 cm; es empfiehlt sich, etwas dichter zu säen und später zu vereinzeln. Rote Rüben können auch gepflanzt werden.

Rettich

Bei Rettichen unterscheidet man den Sommer- und Winterrettich. Sommerrettich sät man Anfang–Mitte April aus. Winterrettich Anfang–Mitte Juni. Man sät in Reihen von 20 cm Abstand und vereinzelt später auf 15–20 cm, je nach Wüchsigkeit der Sorte. Man kann aber auch die Samenkörner schon auf die entsprechenden Abstände aussäen. Man legt dann am besten 2 Körner 2 cm tief; nach dem Auflaufen läßt man die jeweils stärkere Pflanze stehen.

Der Boden sollte tiefgründig sein. Besonders die „Minowasa-Hybriden“ (japanische Rettiche) verlangen einen sehr tiefgründigen Boden, da sie sehr lang werden. Frischer Stalldung darf bei Rettichen nicht verwendet werden. Rettiche werden gerne von der Rettichfliege sowie von der Großen und Kleinen Kohlfliege befallen, man sieht es spätestens beim Ernten, wenn die Rüben und Wurzeln zerfressen sind. Hier hilft vorbeugend wirken, indem man vor oder nach der Saat bereits ein Streumittel oder Granulat ausbringt. Auch Gießbehandlung ist möglich, z. B. mit Drillzid flüssig oder Nexion stark, genaue Anwendungsvorschriften beachten.

Radieschen
Radieschen sollten im Kleingarten von Frühjahr bis Herbst immer „vorrätig" sein. Das heißt, man sollte alle 3 Wochen eine Aussaat vornehmen. Man sät in Reihen oder breitwürfig. Auch für Radieschen gilt die Regel, daß altgedüngter Boden am besten für sie ist. Der ideale Nährboden ist lockerer Boden, der mit Kompost und Torfmull durchgearbeitet ist. Da Radieschen flach wurzeln, kann man auch auf nassen, schweren Böden aussäen, wenn man auf diese eine etwa 5 cm dicke Kompost-Torf-Schicht aufbringt und diese nur flach unterhackt.
Bei Trockenheit muß reichlich gegossen werden. Radieschen eignen sich besonders gut als Markiersaat, vor allem bei lang im Boden liegenden Aussaaten, in erster Linie Petersilie und Karotten. Wichtig ist hierbei allerdings, daß man die Radieschen nur dünn sät.
Sät man in Reihen, nimmt man einen Reihenabstand von 10–20 cm (je nach Sorte), innerhalb der Reihen etwa 5 cm. Häufig wird zu dicht gesät, die Folge ist schlechte Knöllchen- und Schoßbildung; rechtzeitiges Vereinzeln ist unbedingt vorzunehmen.
Radieschen werden nach einer gewissen Zeit pelzig, ist das der Fall, sind sie überständig und man sollte sie nicht mehr verwenden; deshalb immer wieder Folgeaussaaten vornehmen.
Die junge Aussaat wird gerne von Erdflöhen befallen, besonders bei trockenem Wetter (Blätter sind siebartig durchlöchert), hier hilft Stäuben oder Spritzen mit zugelassenen Insektiziden.

Schwarzwurzeln
Schwarzwurzeln müssen früh ausgesät werden, will man im 1. Jahr brauchbare Wurzeln ernten. Die Bodenvorbereitung für die Aussaat muß sehr intensiv sein. Man gräbt zwei Spatenstiche tief um, unterläßt es aber auf jeden Fall, mit Stalldung zu düngen. Der Boden sollte locker und mit Humus angereichert sein, denn nur so bilden Schwarzwurzeln lange glatte Wurzeln.
In schweren Böden, besonders wenn sie nur normal tief gegraben wurden, bilden die Schwarzwurzeln nur unschöne, zu sehr verzweigte Wurzeln.
Man sät in Reihen von etwa 30 cm Abstand, rechtzeitiges Vereinzeln auf ungefähr 5 cm ist erforderlich. Die Aussaat kann schon ab Februar erfolgen. Geerntet wird im Winterhalbjahr, etwa ab Oktober. Über Winter gibt man eine Schicht Laub auf das Beet, so daß man auch bei Frost ernten kann. Durch das Belassen der Wurzeln im Beet hat man im Winter immer frische Wurzeln; durch ein Herausnehmen und Einschlagen büßen sie erheblich an Qualität ein.
Augustsaat mit Überwinterung der Jungpflanzen ist ebenso möglich, doch sind im Frühjahr gesäte Schwarzwurzeln zarter. Die Blüten sollte man nicht ausbrechen.

Knollensellerie
Falls man sich Selleriepflanzen selbst heranziehen möchte, sät man Anfang März ins warme Frühbeet aus. Der feine Samen läuft nach etwa 3 Wochen auf. Etwa Mitte April ist es Zeit zum Pikieren, das ist bei Sellerie unbedingt erforderlich. Man kann auch die Aussaat in einem beheizten Raum in Kästchen vornehmen und dann ins Frühbeet pikieren.
Nach den Eisheiligen pflanzt man aus.

Bekommen die Pflanzen Frost, kommt es häufig zur Schoßbildung; deshalb bei ungünstiger Witterung lieber erst Ende Mai pflanzen.
Man pflanzt im Abstand von 40 x 40 cm. Sellerie verlangt gärtnerischen Boden. Altgedüngter Boden (Herbst) sagt ihm zu. Frischer Stalldung im Frühjahr fördert zwar die Wurzel- und Laubbildung, doch geht diese auf Kosten der Knolle. Dagegen sollte man nach dem Anwachsen regelmäßig Kopfdünger geben. Sellerie liebt chlor- und borhaltige Dünger, man gibt deshalb Nitrophoska rot und 40prozentiges Kali. In Fachgeschäften bekommt man diese Dünger auch in kleinen Mengen. Sehr wichtig ist weiterhin das Gießen. Das Entfernen von Blattwerk, um dadurch größere Knollen zu erreichen, ist nicht zu empfehlen. Wenn man nicht zu tief pflanzt, regelmäßig auflockert und eine gute Sorte gewählt hat (was leider nicht immer der Fall ist, wenn man die Pflanzen beim Gärtner kauft), wird man schöne Sellerieknollen etwa Anfang November ernten.

Salatgemüse

Bei Salaten muß man unterscheiden zwischen Salaten mit Vorkultur und Direktaussaat. Alle Salate lieben kräftigen, lockeren, humosen Boden; deshalb bei der Bodenvorbereitung gut mit Kompost durcharbeiten. Salat muß gut feucht gehalten werden. Trockenheit bringt niemals zarte Blätter, das schnelle Wachsen wird verzögert, die Folge ist zähes, hartes Blattwerk. Bei feuchter Witterung gibt man Kopfdün-

Kopfsalat zwischen Zwiebeln oder Lauch gepflanzt, bringt gute Erfolge.

gergaben, besonders bei den Frühjahrs- und Sommersalaten.

Kopfsalat
Kopfsalat ist gut für Mischkulturen geeignet. Im Schatten oder Halbschatten gedeiht Kopfsalat schlecht, d. h., es bilden sich keine Köpfe, sondern nur Blattwerk, das allerdings zart ist und ebenso verwendet werden kann. Kopfsalat sollte ohne Stockung zügig durchwachsen, deshalb ist es wichtig, daß man für jede Jahreszeit die entsprechende Sorte wählt. Gerade dieser Punkt ist für den Kleingärtner sehr wichtig, da er ja Salat nach und nach ernten möchte und nicht wie der Gärtner, der oft die ganze Kultur auf einmal schneidet.
Für die früheste Kultur im Frühbeet ist eine Aussaat schon im Januar erforderlich. Da man für ein Frühbeet nur wenige Pflanzen benötigt, wird man sie sich in der Regel beim Gärtner besorgen.
Kopfsalat fürs Freiland kann man je nach Witterung schon Mitte–Ende März auspflanzen. Die Pflanzen sollten jedoch abgehärtet sein. Wichtig bei früher Pflanzung ist, daß zur Pflanzzeit kein Nachtfrost eintritt. Salat verträgt zwar leichte Fröste, jedoch darf er nicht frisch gepflanzt sein, sondern muß schon Fuß gefaßt haben, andernfalls ist eine Abdeckung unbedingt erforderlich. Frühkopfsalat pflanzt man auf 20 x 20 cm, spätere Sorten auf 25 x 35 cm.
Die Wintersorten werden Anfang September ausgesät und im Oktober ausgepflanzt. Der Erfolg ist nicht immer zufriedenstellend. Ein Abdecken mit Reisig sowie gelegentliches Ausstreuen von Schneckenkorn ist sehr zu empfehlen. Dieser Kopfsalat kann etwa ab Ende Mai geerntet werden, die Köpfe sind erstaunlich zart.

Pflücksalat
Pflücksalat bildet keine Köpfe, sondern wird zur Ernte abgerupft (Rupfsalat). Die Blätter wachsen immer wieder nach, bis die Pflanzen blühen. Pflücksalat wird hauptsächlich in Gegenden angebaut, wo Kopfsalat schlecht wächst. Man sät ab März direkt ins Freiland, Reihenabstand etwa 20 cm. Pflücksalat kann dicht gesät werden. Die Sortenauswahl ist nicht sehr groß.

Schnittsalat (Lattich)
Schnittsalat wird wie Pflücksalat in Reihen ausgesät, jedoch dünner als dieser. Der Salat wird geschnitten, wenn die Pflänzchen etwa 5 Blätter haben. Schnittsalat ist für den Kleingarten ideal, da man bis zur Ernte nicht so lange warten muß.
Zur Schnittsalatverwendung kann man auch frühe Kopfsalatsorten nehmen, trotzdem gibt es hierfür spezielle Sorten.

Zichoriensalat
Zichoriensalat kann Anfang Mai bis Mitte Juli an Ort und Stelle oder auf ein Saatbeet ausgesät werden. Frühe Aussaaten neigen zur Schoßbildung, späte Aussaaten gehen meistens auf Kosten der Kopf- bzw. Schaftbildung. Der Boden sollte tiefgründig sein. Die Köpfe werden je nach Sorte bis zu 40 cm hoch. Zichoriensalat ist ein sehr wertvolles Wintergemüse und ist je nach Sorte besonders zu behandeln.

Endiviensalat
Herbstsalate sind für den Küchentisch eine wertvolle Bereicherung, dazu zählt natürlich die Endivie.
Die Aussaat kann von Mitte Juni bis Mitte Juli vorgenommen werden. Frühere Aussaat ist nicht zu empfehlen, da es häufig zur Schoßbildung kommt. Spätere Aussaaten entwickeln sich vor

Eintreten der ersten Fröste nicht mehr zu erntefähigen Pflanzen.
Man pflanzt etwa Ende Juli im Abstand von 30 x 30 cm auf guten altgedüngten Boden; in der Regel ist es ein abgeerntetes Beet. Nicht zu tief pflanzen! Endivien lassen sich bleichen, indem man die Rosette zusammennimmt und an den Spitzen zusammenbindet. Dadurch erreicht man, daß das Innere der Pflanze zart und gelb wird; allerdings sollte man diese Arbeit nur bei trockenem Wetter vornehmen, bei nassem Wetter besteht die Gefahr, daß es zur Fäulnis kommt. Gebleichte Pflanzen erreicht man nach etwa 14 Tagen.
Winterendivien lassen sich auch für den Winterverbrauch einlagern. Hat man ein Frühbeet zur Verfügung, kann man sie mit Wurzelballen einschlagen, allerdings werden sie vorher nicht gebleicht (zusammengebunden), bei Frost muß das Frühbeet entsprechend zugedeckt werden. Auch ein Kellereinschlag in Sand kann vorgenommen werden. Voraussetzung ist, daß der Keller genügend hell und luftig ist, ein Zusammenbinden ist hier nicht erforderlich.
Endivien müssen auf dem Pflanzbeet gut feucht gehalten werden, sollen sie zügig wachsen. Für Kopfdüngergaben während des Wachstums sind sie dankbar.

Feldsalat (Rapunzel)
Die Aussaat des Feldsalats erfolgt ab Anfang – Mitte August. Es empfiehlt sich, in 2–3 Etappen auszusäen: etwa Anfang – Mitte August, Ende August und Anfang – Mitte September.
Feldsalat eignet sich ideal zum Nachbau nach Frühkohlarten, Frühkartoffeln, abgeräumten Erdbeeren usw. Feldsalat ist sehr wertvoll, da er einen hohen Vitamin-C-Gehalt hat.
Man sät in Reihen (10–15 cm) oder breitwürfig. Bei Reihensaat läßt er sich etwas einfacher ernten. Er stellt keine besonderen Bodenansprüche, doch muß dem hohen Stickstoffbedarf Rechnung getragen werden. Für den Kleingarten ist ein Mischdünger zu empfehlen, z. B. Blaukorn 80–100 g pro m^2, die Hälfte bei Vorbereitung des Saatbeetes, die andere Hälfte etwa 4 Wochen nach der Aussaat. Für die Winterernte empfiehlt sich eine Abdeckung mit Laub, so daß man auch bei Frost schneiden kann, doch sollte die Laubabdeckung nur lose sein, um Fäulnis zu verhindern.

Spinatgemüse

Spinat ist zwar nicht anspruchsvoll und benötigt keinen besonderen Boden, doch wächst er natürlich auf gutem Gartenboden besser als auf sehr leichtem. Die Kultur ist einfach, eine Vorkultur entfällt (außer Neuseeländer).

Gartenspinat
Spinat sät man für die Frühjahrsernte im März aus. In günstigen Lagen kann man auch schon im Februar damit beginnen.
Man sät in Reihen (25–30 cm) oder breitwürfig. Die Reihenaussaat ist vorzuziehen, da sich das Saatbeet besser bearbeiten (jäten, auflockern) läßt. Spinat liebt keinen sauren Boden, auch mit frischem Stallmist sollte man vorsichtig sein, nur bei Winterspinat sollte man Stallmist verwenden. In gutem Boden treibt der Spinat (schießt) nicht so schnell zur Blüte wie in kargem, schlechten Boden. Dem Nährstoffverbrauch muß Rechnung getragen werden, deshalb gibt man einen Mischdünger von 80–100 g pro m^2; $2/3$ gibt man vor der Saat, $1/3$ nach der Bil-

dung der Rundblätter (Keimblätter sind spitz).
Zur Frühjahrs-, Sommer- und Herbstaussaat muß auf die richtige Sorte geachtet werden.

Neuseeländer Spinat
Dieser Spinat ist für den Kleingarten gut geeignet, weniger für den Erwerbsgartenbau. Der kriechende *Tetragonia tetragonioides* ist eigentlich kein Spinat *(Spinacia oleracea)*, obwohl der Geschmack ähnlich ist, eher etwas feiner.
Neuseeländer Spinat sollte vorkultiviert werden. Die hartschaligen, mit Zacken versehehen Samenkörner sind sehr groß und keimen schlecht (eventuell Samenkörner anritzen). Deshalb empfiehlt sich schon eine frühe Aussaat in Töpfen ins Mistbeet oder geheizten Räumen (Februar/März, auch noch April).
Mitte Mai etwa kann man auspflanzen. Bei gutem, kräftigem Boden wächst er dann rasch weiter und bildet kräftig rankende Triebe. Geerntet werden nur die Blätter, die immer wieder nachwachsen. Schon wenige Pflanzen reichen aus, um den ganzen Sommer über zu ernten.

Gartenmelde
Die Gartenmelde hat ihre Liebhaber unter den Kleingärtnern, wenn sie auch je nach Gegend unbekannt ist oder als Unkraut angesehen wird (nicht zu verwechseln mit der wilden Melde). Die Kultur entspricht der des Spinats. Im Erwerbsgartenbau hat sie keine Bedeutung.
Guter Gartenboden, kräftig mit Kompost angereichert, sagt ihr zu. Sie ist schnellwüchsig und läßt sich in der Küche als ausgezeichnetes spinatähnliches Gemüse verwenden.

Mangold (Römischer Kohl)
Mangold wird als Spinat oder als Stielgemüse in der Küche verwendet. Aus jedem Samenkorn (Knäuel), das wie Runkelrübensamen aussieht, keimen 2–3 Pflänzchen, deshalb ist ein späteres Vereinzeln notwendig.
Die Aussaat erfolgt Mitte April in Reihen von 25–30 cm Abstand (bei Verwendung als Spinat). Normaler Gartenboden genügt ihm, der allerdings tiefgründig sein sollte. Mangold kann auch überwintern, die Aussaat erfolgt dann im Juli/August, es kann dann auch noch im Herbst geerntet werden. Für die Stengelgewinnung benötigt man einen Abstand von 40 x 30 cm, da sich die Pflanzen kräftig und ausbreitend entwickeln. Die zu eng stehenden Pflanzen braucht man nach dem Verdünnungsvorgang nicht wegzuwerfen, sondern man verwendet sie als Spinat in der Küche.

Bleichsellerie
Aussaat und Anzucht der Pflanzen geschieht wie bei Knollensellerie. Ende Mai pflanzt man ins Freiland auf 50 x 50 cm aus. Sind die Blattstiele breit genug, werden die Pflanzen zusammengebunden und wenn möglich, mit schwarzer Folie eingepackt, aber so, daß die oberen Blattmassen noch frei bleiben. Dadurch erreicht man gut gebleichte Stiele, die dann Ende Oktober geerntet werden können.

Knollenfenchel
Vom Knollenfenchel wird die fleischige Verdickung der Blattstiele verwendet. Man nimmt sie für Salat oder gekocht oder gebacken.
Die Aussaat sollte Anfang – Mitte Juli erfolgen. Reihenabstand etwa 40 cm, vereinzeln auf 30 cm in der Reihe ist erforderlich. Knollenfenchel sollte keinesfalls vor Juli ausgesät werden, da

sonst die Gefahr der Schoßbildung besteht. Er kann auch auf die vorgenannten Abstände ausgepflanzt werden, wenn er auf einem Saatbeet vorkultiviert wurde. Geerntet wird im Herbst. Ein Anhäufeln im Spätsommer ist zu empfehlen.

Zwiebelgemüse

Küchenzwiebeln

Die Küchenzwiebel kann auf mehrere Arten kultiviert weden.

Saatzwiebeln

Man sät im März, in günstigen Lagen schon ab Februar aus, sobald der Boden abgetrocknet ist. Der Abstand der Reihen sollte 25–30 cm betragen, innerhalb der Reihen vereinzelt man auf etwa 5 cm Abstand.

Altgedüngter Gartenboden, den man mit Kompost anreichert, sagt den Zwiebeln zu. Frischen Stalldung verwendet man nicht. Auch sollte der Boden nicht zu tiefgründig gemacht werden, das braucht die Zwiebel nicht, im Gegenteil, es kommt dann zu starker Schoßbildung auf Kosten der Zwiebelentwicklung.

Als Dünger gibt man einen Mischdünger (Blaukorn), 100–150 g pro m^2, $^1/_3$ vor der Saat, $^2/_3$ in 2 Gaben im Abstand von etwa 4 Wochen. Zwiebeln dürfen überhaupt nicht oder nur ganz flach gehackt werden, da man sonst die zarten Wurzeln beschädigt, es kommt zu Wachstums- bzw. Entwicklungsstörungen.

Oft wird der Fehler gemacht, daß die Zwiebelschlotten von Hand umgeknickt werden, um ein schnelleres Ausreifen der Zwiebeln zu fördern. Diese Methode ist falsch, genau das Gegenteil wird dadurch erreicht. Die Zwiebel reift von alleine aus, die Schlotten werden gelb und fallen um. Ein gutes Merkmal für die Reife der Zwiebel ist auch der Zwiebelschaft, er gibt Auskunft über den Reifegrad. Fühlt er sich weich und schlaff an, ist die Zwiebel erntereif, das ist etwa im August der Fall, kann aber unter Umständen (Trockenperiode) auch schon früher sein. Die Zwiebeln werden dann herausgenommen und in Bündeln an einem trockenen Ort aufgehängt oder flach ausgebreitet, um völlig auszutrocknen (Wurzeln). Man sucht sich für diese Arbeit möglichst einen trockenen Tag aus.

Pflanzzwiebeln

Für die Pflanzzwiebeln trifft im großen und ganzen das Vorhergesagte zu. Sie werden Anfang März ins Frühbeet ausgesät und etwa Ende April ins Freiland gepflanzt. Pikiert werden sie nicht, sondern man nimmt sie direkt vom Saatbeet weg. Diese Kultur ist besonders für Gärten geeignet, die schwere, feuchte Böden haben. Diese Böden trocknen im Frühjahr nicht so schnell ab, so daß sie für eine Aussaat an Ort und Stelle nicht geeignet sind.

Steckzwiebeln

Steckzwiebeln werden sehr verbreitet im Kleingarten für die Heranzucht von Küchenzwiebeln verwendet. Man kauft sie am besten im Fachgeschäft, hier hat man die Gewißheit, daß man einwandfreie, für unsere Breiten geeignete Zwiebeln bekommt. Es eignen sich nämlich nicht alle Zwiebelsorten für Steckzwiebeln. Die meisten Sorten würden unweigerlich schießen und zur Blüte treiben, würde man sie als Steckzwiebeln verwenden. Steckzwiebeln werden aus Samen von 2- oder 3jähriger Kultur gezogen. Nur helle, gesunde Qualität in kleiner bis mittelgroßer Sortierung bringt gute, haltbare, große Zwiebeln, deshalb

Das Umfallen der Zwiebeln bedeutet, daß sie bald reif zur Ernte sind.

Vorsicht bei Billigangeboten. Sie sollten die Größe einer Haselnuß haben. Die beste Steckzwiebelsorte für unser Klima und unsere Böden ist die Stuttgarter Riesen Spezialzucht. Daneben werden noch Birnförmige und Rote Braunschweiger als Steckzwiebeln angeboten, diese können jedoch mit den Stuttgarter Riesen nicht mithalten. Man steckt die Steckzwiebeln im März. Es ist darauf zu achten, daß sie nicht zu tief gesteckt, sondern nur leicht eingedrückt werden. Zu tief gesteckte Zwiebeln entwickeln sich schlecht. Man kann eng stecken, Reihenabstand 15–20 cm, in der Reihe 6–7 cm. Zu enger Reihenabstand bringt häufig Probleme beim Jäten und Auflockern; es besteht dann die Gefahr, daß zu viele Schlotten geknickt werden, das wiederum hemmt die Zwiebel in der Entwicklung. Die Düngung wird wie bei Saatzwiebeln vorgenommen.

Überwinterungszwiebeln
(Frühjahrszwiebeln)
Überwinterungszwiebeln sind, wie der Name schon sagt, Zwiebeln, die etwa im August ins Freiland an Ort und Stelle ausgesät werden, um zu überwintern. Sie bringen schon im Frühjahr frische Zwiebeln zum Verbrauch in der Küche. Zwiebeln, die nicht verbraucht werden, kann man auch als Trockenzwiebeln verwenden, die sich noch bis zum Herbst halten, wenn die

normalen Steck- oder Saatzwiebeln reif zur Verwendung sind.
Sie werden wie Saatzwiebeln in Reihen ausgesät. In rauhen Gegenden gibt man etwas Winterschutz (Fichtenreisig). Im Frühjahr vereinzelt man auf etwa 5 cm, eine Düngung mit hohem Stickstoffgehalt ist zu empfehlen.

Schalotten
Schalotten eignen sich auch zum Überwintern, obwohl sie bei uns in der Regel erst im März – wie die anderen Steckzwiebeln auch – gesteckt werden. Schalotten werden von Feinschmeckern der normalen Küchenzwiebel vorgezogen, da sie etwas milder, aber doch aromatisch sind. Sie bilden ein ganzes Nest von Zwiebeln. Die kleinen hebt man auf, um sie im nächsten Frühjahr wieder zu stecken. Die beste Zeit ist Anfang April. Man steckt in Reihen, nicht so eng wie normale Steckzwiebeln (10–15 cm). Zum Überwintern steckt man Schalotten Anfang Oktober, allerdings sollte man eine nicht zu nasse Lage wählen (Fäulnisgefahr).
Schalotten lieben kräftigen Boden, doch keinen frischen Dung.

Winterheckzwiebeln
Diese Schnitt- oder ewige Zwiebel liefert das ganze Jahr über grüne Schlotten. Sie ist winterhart und mehrjährig. Vermehrt wird sie im Frühjahr durch Aussaat oder Teilung. Sie ist anspruchslos und wächst auf jedem Gartenboden.

Perlzwiebel
Perlzwiebeln vermehren sich durch Brutzwiebeln. Läßt man sie mehrere Jahre ungestört wachsen, verwildern sie. Legt man ein Beet an, steckt man sie im August in Reihen, in der Reihe etwa 10 cm Abstand. Die Zwiebeln fangen danach an zu treiben. Über Winter kommt es zum Stillstand, doch im Frühjahr wachsen sie zügig weiter. Im Frühsommer stirbt das Laub ab, es haben sich inzwischen ganze Nester von Zwiebeln gebildet. Spätestens im Juli müssen sie geerntet werden, da sie im August wieder anfangen zu treiben. Man sucht sich wieder die größten Zwiebeln (je nach Bedarf) heraus und steckt sie neu. Perzwiebeln werden gerne zum Einmachen genommen.

Knoblauch
Die Knoblauchkultur setzt sich mehr und mehr durch. Man hat auch bei uns entdeckt, wie wertvoll Knoblauch ist. Er verlangt altgedüngten Boden. Man steckt ihn im September/Oktober, doch kommt er auch im zeitigen Frühjahr zurecht, wenn man es im Herbst versäumt hat. Man teilt die Zwiebeln und steckt nur die einzelnen Zehen, jedoch tiefer als Steckzwiebeln. Er treibt schon nach kurzer Zeit seine lauchähnlichen Blätter. Für den Haushaltsbedarf reicht es in der Regel, wenn man 2–3 Zwiebeln teilt und diese steckt.
Wird das Kraut gelb und stirbt ab, nimmt man die Zwiebeln mit einer Grabgabel heraus und hängt sie zum Trocknen an einem luftigen Ort auf.

Lauch (Porree)
Die Aussaat beginnt Anfang März ins Frühbeet. Pflanzzeit ist im Mai. Auch Freilandaussaat an Ort und Stelle ist möglich, besonders für den späten Winterlauch. Man pflanzt auf 30 x 20 cm. Empfehlenswert ist, eine etwa 10 –15 cm tiefe Rille zu ziehen, in die man dann hineinpflanzt. Die Rille wird durch Regen und Gießen allmählich zugeschwemmt. Anfang September schiebt man die Rille ganz zu, man erreicht dadurch lange weiße Schäfte,

denn nur diese werden ja von der Lauchpflanze in der Küche verwendet. Winterharte Sorten läßt man über Winter stehen, weniger widerstandsfähige schlägt man im Frühbeet oder an einer geschützten Stelle ein und gibt Winterschutz.
Lauchmotte und Zwiebelfliege machen ab Mai dem Lauch oft zu schaffen. Fensterfraß deutet auf die Lauchmotte hin, man findet kleine gelbliche Raupen als Verursacher.
Aber auch die Zwiebelfliege befällt den Lauch häufig. Die Pflanzen kümmern, Jungpflanzen können sogar umfallen, man entdeckt dann am Wurzelhals Maden, nämlich die Maden der Zwiebelfliege. Man kann vorbeugend wirken durch Ausstreuen von Streumitteln oder bei Befall mit geeigneten Mitteln spritzen.

Tomaten

Tomaten sät man Anfang März in Kästchen oder Schalen. Von der Aussaat bis zur Pflanzung muß man mit etwa 8 Wochen rechnen. Nach der Aussaat stellt man die Tomaten warm (18–25°C).
Es empfiehlt sich, die Schößlinge vor dem Eintopfen einmal zu pikieren. Das Pikiergefäß sollte tief genug sein, da man die Pflänzchen bis an die Keimblätter (die untersten beiden Blätter) in die Erde steckt. Man kann auch direkt ins Frühbeet pikieren, sofern man einen warmen Kasten zur Verfügung hat, denn Tomaten brauchen viel Wärme; stehen sie zu kalt, tritt Wachstumsstockung ein.
Etwa Mitte April topft man ein, d. h., man setzt jede einzelne Pflanze in einen nicht zu großen Topf (8/9 cm). Man kann auch Torftöpfe verwenden, die man dann mit auspflanzt.
Die Töpfe senkt man ins Frühbeet. Hat man kein Frühbeet zur Verfügung, und zieht man die Pflanzen am Fenster in der Wohnung, muß man allerdings etwas größere Blumentöpfe nehmen (10–12 cm). Man zieht nur soviel Pflanzen, wie man benötigt, vielleicht noch 2 Ersatzpflanzen für eventuellen Ausfall. Bei Heranzucht in der Wohnung muß darauf geachtet werden, daß die Pflanzen unbedingt hell stehen, also unmittelbar am Fenster, denn sonst werden sie sehr schnell lang und vergeilen. Die Folge sind schwache, lange Pflanzen, die erst spät mit dem Blütenansatz beginnen.
Im Frühbeet bleiben die Pflanzen gedrungen, doch ist auch hier darauf zu achten, daß man die Töpfe nicht zu dicht einsenkt und daß man bei warmer Witterung genügend lüftet. Die ideale Tomatenpflanze sollte zur Pflanzzeit (nach den Eisheiligen) ein starkes Stämmchen haben und nicht höher als 40–50 cm sein, lieber etwas niedriger als zu hoch. Der Topfballen sollte gut durchwurzelt sein.

Tomaten werden tief gepflanzt.

Man pflanzt genügend weit, etwa 60 x 80 cm, zwischen den Pflanzen setzt man noch je eine Salatpflanze, Tomaten und Salat vertragen sich gut. Die Lage sollte geschützt sein, das wärmste, sonnigste Plätzchen im Garten ist für sie gerade gut genug. Der Boden sollte nicht zu leicht, doch sehr nährstoffreich sein. Es empfiehlt sich, vor dem Auspflanzen jeweils eine Grube auszuheben und diese mit Kompost und mit Dünger angereichertem Torfmull (z. B. Super Manural) aufzufüllen, darüber deckt man wieder normale Gartenerde, da sonst nach der Pflanzung die Amseln gerne die Wurzeln freischarren.

Getopfte Tomatenpflanzen wachsen in der Regel sofort weiter. Doch sollte man sie auf jeden Fall vorher abhärten, nichtabgehärtete Pflanzen erleiden häufig einen Schock, so daß sie im Wachstum um Wochen zurückgeworfen werden.

Am besten bis zum ersten Blattansatz; später kann man das unterste Blatt entfernen.

Einen Pfahl sollte man gleich beim Pflanzen dazu stecken. Tomaten wachsen schnell, deshalb ist ständiges Ausgeizen und Anbinden erforderlich. Unter „ausgeizen" versteht man das Entfernen aller Seitentriebe, die aus den Blattachseln wachsen. Man bricht sie einfach aus. Sind sie einmal zu groß geworden, nimmt man ein scharfes Gartenmesser und schneidet die Triebe unmittelbar am Stamm ab. Bricht man zu groß gewordene Seitentriebe ab, besteht die Gefahr, daß man Fäden vom Stamm mit abreißt, es entsteht eine Wunde. Das Ausschneiden sollte aber immer die Ausnahme bleiben, denn mit dem Messer überträgt man oft unbewußt Krankheiten; deshalb öfter nachschauen und möglichst nur von Hand ausgeizen.

Von der Unsitte, Blätter zu entfernen, damit die Früchte schneller rot werden, kann man nur abraten. Die Pflanze braucht die Blätter, um zu atmen und zu assimilieren.

Man kann auch Tomaten am Spaliergerüst ziehen. Hier läßt man dann 2–3 Haupttriebe stehen und bindet sie an. Die Pflanzweite muß dann allerdings 1 m betragen. Benutzt man Metallstäbe ohne Rillen, muß man beim Anbinden besonders darauf achten, daß der Bindfaden (Bast oder Kunstbast) mehrmals um die Stäbe gewickelt wird. Denn ist die Pflanze mit Früchten behangen, wird sie sehr schwer, die Folge ist häufig, daß sie in sich zusammenfällt bzw. rutscht, da der Bindfaden an dem glatten Stab keinen Halt hat und vom Gewicht mit heruntergezogen wird.

Empfehlenswert ist, Tomaten zu mulchen, Grasmahd, Stroh oder kurzfaseriger Mist ist bestens dafür geeignet.

Neben den Stabtomaten gibt es noch die sogenannten Buschtomaten. Diese wachsen ohne zusätzlichen Halt auf-

Der Tomatenpfahl sollte gleich mit eingeschlagen werden.

Tomaten und Pfähle werden nach einer Schnur ausgerichtet.

recht und bilden mehrere kräftige Triebe, die kompakt bleiben. Hier braucht man nichts anzubinden und nichts auszugeizen. Allerdings ist der Ertrag nicht so hoch wie bei Stabtomaten.

Die Sortenauswahl bei Tomaten ist sehr groß. Kauft man auf dem Wochenmarkt oder beim Gärtner, weiß man meistens nicht, um welche Sorte es sich handelt. Man sollte immer nach der Sorte fragen und sich nicht nur vom Aussehen der Pflanze beeindrukken lassen.

Nachfolgend noch ein paar wichtige Erscheinungen und Krankheiten an Tomaten.

Trotz guten Fruchtbehanges zeigen die Blätter deutliche Gelbfärbung. Das ist ein typisches Bild für **Magnesiummangel.** Die Blätter werden vom Blattrand her gelb, in der Mitte um die Blattadern herum bleiben sie am Anfang noch grün.

Hier ist Magnesiumzufuhr durch Spritzen mit Magnesiumsulfat erforderlich. Auch Gaben von Bittersalz (30–50 g pro m^2) können gegeben werden. Bei häufigem Vorkommen ist allerdings eine Bodenuntersuchung empfehlenswert, denn eine Gelbfärbung der Blätter kann auch auf **Eisenmangel** zurückzuführen sein. Allerdings ist hier das Gelbwerden der Blätter mehr im oberen Drittel der Pflanze festzustellen. Bei Überprüfung des pH-Wertes stellt man fest, daß dieser meistens zu hoch ist. Hier kann nur mit Gaben von Eisenchelaten geholfen werden, z. B. Fetrilon. Eine Verbesserung der Bodenstruktur sowie eine Bodenuntersuchung ist zu empfehlen.

Kraut- und Braunfäule tritt im Juni bis Juli besonders bei hoher Luftfeuchtigkeit auf. Auf der Blattoberseite bilden sich erst graue, später braunwerdende Flecken. An der Unterseite ist schim-

Beginn der Kraut- und Braunfäule.

Bereits fortgeschrittene Kraut- und Braunfäule.

melähnlicher Belag festzustellen. Die Blätter vertrocknen; aber auch die Früchte bekommen braune Flecken, das Fruchtfleisch ist an diesen Stellen verhärtet, später fault es (Braunfäule). Ist die Krankheit erst einmal aufgetreten, kann man als Kleingärtner wenig tun, man beschränkt sich auf rechtzeitiges Entfernen der befallenen Blätter und Früchte. Spritzungen mit geeigneten Mitteln gegen Kraut- und Braunfäule, z. B. mit Antracol, lohnt sich im Kleingarten nicht.

Braunfleckenkrankheit tritt ebenfalls im Juni/Juli auf. Auf der Blattunterseite bilden sich grünliche Blattflecke, später vertrocknen die befallenen Blätter; die Krankheit breitet sich schnell aus. Hohe Luftfeuchtigkeit fördert das Auftreten dieser Krankheit, ebenso zu dicht stehende Pflanzen. Spritzungen mit Mittel gegen Braunfleckenkrankheit, z. B. Antracol. Vorbeugend wirken ist hier angebracht, nicht zu dicht pflanzen, bei Beginn der Krankheit befallene Blätter sofort entfernen und verbrennen.

Blattrollen; die Blätter am unteren Drittel der Pflanze rollen sich ein. Die Ursache ist keine Krankheit, sondern ist meistens in der Überdüngung oder besser gesagt in zu starker Düngung zu suchen. Auch kann dieses Bild auftreten, wenn man der Pflanze zu früh die Geiztriebe wegnimmt. Das Blattrollen wirkt sich nicht auf die Früchte aus.

Platzen der Früchte; die Ursache ist meistens wetterbedingt. Plötzlicher

Zu dicht stehende, unausgegeizte Tomaten fördern das Auftreten der Braunfleckenkrankheit.

Regen nach längerer Trockenheit führt zum Aufplatzen der Früchte, aber auch der Kleingärtner selbst trägt oft durch plötzliches starkes Gießen bei Trockenheit – womöglich noch mit Regner oder Schlauch – zum Platzen der Früchte bei. Hier empfiehlt sich vorzeitiges Ernten und die Früchte nachreifen lassen.

Paprika

Die Kultur des Paprika entspricht im großen und ganzen der der Tomaten. Die Aussaat erfolgt Mitte–Ende Februar, also sehr früh. Für den Kleingärtner kommt in der Regel nur das Küchenfenster als Standort für das Saatgefäß in Frage. Paprika benötigt zum Keimen eine Mindesttemperatur von 18°C. Es empfiehlt sich, das Saatgefäß bis zum Auflaufen in einem beheizten Raum hochzustellen – hier ist meistens gleichmäßige Wärme – und erst nach dem Auflaufen ans Fenster zu stellen. Man pikiert in Kästchen und stellt sie hell auf, für ein Pikieren ins Frühbeet ist es meistens noch zu kalt. Empfehlenswert ist, Paprika wie Tomaten in Töpfe zu setzen, so daß man zum Auspflanzen Topfware hat. Das Auspflanzen geschieht nach den Eisheiligen Mitte Mai. Die Lage sollte auf jeden Fall warm und geschützt sein. Der Boden muß gut vorbereitet werden (wie bei Tomaten).

Gepflanzt wird im Abstand von 50 x 60 cm. Im Freiland wird man nur Freude haben, wenn im Sommer länger anhaltende Wärmeperioden sind; kühle Sommer bekommen den Paprika gar nicht. Leider lassen sich diese Sommer nie voraussagen, und so muß man eben auf gut Glück Paprika kultivieren.

Man zieht Paprika einmal als Gemüsepaprika, den man grün erntet, und zum anderen als Gewürzpaprika, den man in der Regel erst erntet, wenn er reif ist.

Eierfrucht (Aubergine)

Die Eierfrucht hat auch unter den Kleingärtnern ihre Liebhaber, wenn sie auch nicht den Bekanntheitsgrad der Tomate besitzt. Die Eierfrucht braucht ebenfalls eine geschützte Lage und guten Boden. Die Kultur entspricht der der Tomate.

Mais (Zuckermais)

Man wird sich fragen, was soll der Mais beim Gemüse, aber gerade im Spätsommer und Frühherbst bringt der Mais eine besondere Bereicherung des Küchenzettels. Die Kolben werden in Salzwasser gekocht und schmecken mit Butter überstrichen ausgezeichnet. Natürlich handelt es sich nicht um den Mais, den der Landwirt anbaut und später im Silo speichert, um über Winter den Kühen ein abwechslungsreiches Futter zu geben, sondern um „Zuckermais“. Dieser schmeckt zart und süß, etwa wie junge Erbsen. Er wird geerntet, wenn die Kolben zwar ausgewachsen, aber noch weich und milchig sind.
Die Kultur ist relativ einfach. Man sät ab Mitte Mai an Ort und Stelle aus. Der Boden sollte nahrhaft und tiefgründig sein, der Standort sonnig. Man sät in Reihen oder breitwürfig. Man vereinzelt die Jungpflanzen so, daß auf den Quadratmeter etwa 8 Pflanzen kommen. In der Reihe vereinzelt man auf einen Abstand von 40 cm. Stehen die Pflanzen zu eng, bleiben sie dünn und haben wenig Standfestigkeit, entsprechend ist dann die Frucht.

Rhabarber

Rhabarber liebt mittelschweren, feuchten Boden, eher etwas schwerer als zu leicht. Vor der Pflanzung ist tiefes Umgraben (möglichst 2 Spaten tief) erforderlich. Hat man Stalldung zur Verfügung, düngt man reichlich, er kann nie genug davon haben. Die gute Bodenvorbereitung ist deshalb so wichtig, weil Rhabarber über mehrere Jahre (7–10 Jahre) an Ort und Stelle stehen bleibt, und sein Verlangen nach Nahrung groß ist.
Gepflanzt wird im Herbst, aber auch Frühjahrspflanzung ist möglich. Pflanzt man mehrere Stöcke, sollte man einen Abstand von 1–1,20 m einhalten. Das Pflanzloch hebt man so tief aus, daß der Wurzelstock nicht zu tief, aber auch nicht zu hoch sitzt, er soll nach der Pflanzung etwa 3 Finger breit mit Erde bedeckt sein. Der Wurzelstock sollte gut festgetreten werden, damit sich keine Hohlräume bilden.
Im darauffolgenden Frühjahr wird man nur einen schwachen Austrieb erleben, deshalb verzichtet man im 1. Jahr auf eine Ernte. Erst wenn er richtig gewurzelt hat, treibt er kräftige Blätter nach. Die Blütenstiele entfernt man rechtzeitig, sie nehmen der Pflanze zuviel Kraft weg. Die volle Ernte setzt erst im 2. Standjahr ein. Man sollte sich davor hüten, der Pflanze auf einmal zuviel Blätter wegzunehmen, das bekommt ihr ganz und gar nicht. Wenn man ein gutes Drittel wegnimmt, schadet man der Pflanze nicht, sie verkraftet diese Menge ohne weiteres. Nach 10–14 Tagen kann man erneut ernten. Etwa im Juli stellt man das Ernten ein. Man merkt dann auch, daß die Pflanze im Trieb nachläßt. Eine Mischdüngergabe ist jetzt unbedingt erforderlich (etwa 100 g pro m^2).
Rhabarberblätter schneidet man nicht, sondern man zieht sie mit einem kleinen Ruck nach oben heraus, man beginnt immer mit den äußeren Blättern. Mit den stehengebliebenen restlichen Blättern sammelt die Pflanze im Som-

mer schon Kraft für das nächste Frühjahr. Läßt mit den Jahren die Triebkraft nach, und werden die Stengel der Blätter sehr dünn, nimmt man im Herbst den Wurzelstock heraus und teilt ihn, aber so, daß sich an jedem Teilstück noch Knospenansatz befindet.
Rhabarber läßt sich auch aus Samen ziehen, doch lohnt sich die Anzucht für den Kleingärtner nicht, da er nur wenige Pflanzen benötigt und die Anzucht doch recht langwierig ist.
Für ein Mulchen mit Stalldung ist Rhabarber sehr dankbar.
Will man im Frühjahr besonders früh ernten, stülpt man beim Beginn des Austriebs einen entsprechend großen Eimer oder ein nicht zu großes Faß ohne Boden über den Stock. Da die Triebe bzw. die Blätter dem Licht zustreben, werden sie schnell lang und liefern früher erntereife Blattstiele.

Meerrettich (Kren)

Meerrettich wird im Kleingarten nur wenig angebaut, auch erwerbsmäßig wird er nur in wenigen Gegenden kultiviert. Er liebt mittelschweren Boden, der genügend feucht sein sollte. Frischer, mit Stalldung gedüngter Boden bei der Pflanzung sagt ihm zu.
Man kann dem Meerrettich ein Plätzchen im Garten zuweisen und ihn verwildern lassen. Man gräbt dann nach Bedarf die Stangen (dicke Wurzeln) aus, um sie in der Küche zu verwenden. In der Regel sorgt die Pflanze selbst für Nachwuchs. Man kann Meerrettich aber auch regelrecht kultivieren, d. h. auf ein Beet pflanzen, wenn man größeren Bedarf hat.
Man besorgt sich Setzlinge, das sind dünne Stangen ohne Blattansatz (diese sind jedoch in verschiedenen Gegenden schwer zu bekommen), und pflanzt diese im April auf ein gut vorbereitetes tiefgründiges Beet. Man kann in der Mitte des Beetes einen Damm bilden (25–30 cm hoch) und pflanzt dann die Setzlinge von beiden Seiten mit Hilfe eines langen Pflanzholzes im Abstand von etwa 25–30 cm schräg ein.
Man kann aber auch auf ein ganz normales Beet 3 Reihen pflanzen. Man zieht Rillen von 10 cm Tiefe und legt die Setzlinge hinein, und zwar so, daß die Kopfenden (dicken Enden) leicht nach oben zeigen, das untere Ende drückt man an. Die Setzlinge sind meist annähernd gleich lang, so daß man sie etwa im gleichen Abstand (zwischen jeden Setzling 10 cm) einlegen kann. Zuvor reibt man die Stangen (auch Fechser genannt) ab, damit alle Seitenwurzeln entfernt werden. Die Hauptwurzel soll ja möglichst keine Seitenwurzeln bilden, sondern sich nur von den Wurzeln am unteren Ende (das man festgedrückt hat) ernähren, dort läßt man die Wurzeln selbstverständlich ungestört wachsen. Im Sommer (Juli) legt man die Wurzeln (Fechser) frei und entfernt alle Nebenwurzeln, das kann man nach 4–5 Wochen wiederholen. Man wird staunen, was für kräftige Meerrettichwurzeln man im Herbst ernten kann. Das Ganze hört sich zwar recht kompliziert an, ist es aber keineswegs. Das Beet muß unkrautfrei und feucht gehalten werden, so daß man die Stangen gut freilegen kann. Eine zwischenzeitliche Düngung mit einem Mischdünger ist zu empfehlen. Im darauffolgenden Jahr kann man eigene Setzlinge verwenden, die zwar nicht so gleichmäßig ausfallen wie die gekauften, doch reicht es allemal aus, um an anderer Stelle ein neues Meerrettichbeet anzulegen.

Gewürz- und Küchenkräuter

Die wichtigsten Gewürz- und Küchenkräuter zieht man in der Regel selbst. Man sollte eine Kräuterecke anlegen, in der man die Kräuter pflanzt oder aussät. Die Skala der Kräuter ist sehr lang, und man kann sich natürlich nicht alle Arten und Sorten zulegen, sondern man beschränkt sich auf die Kräuter, die man tatsächlich in der Küche verwendet.
Die Aussaat erfolgt in der Regel an Ort und Stelle. Einzelne Arten benötigen eine Vorkultur und erst ein späteres Auspflanzen an Ort und Stelle.
Gartenerde, die man mit Kompost und Torf anreichert, eignet sich für alle Gewürz- und Küchenkräuter. Ihre Anspruchslosigkeit läßt sich auch daher ableiten, daß nämlich viele Kräuter wild wachsen.

Nachfolgend bekannte Gewürz- und Heilkräuter.

Basilikum *(Ocimum basilicum)*
Dieses Gewürz liebt Wärme (Heimat Vorderindien), deshalb empfiehlt sich eine Vorkultur in Töpfen oder Saatkistchen. Die schwarzbraunen Samenkörner sind relativ klein, deshalb drückt man die Aussaat nur leicht an und kann auf ein Abdecken verzichten. Die selbst herangezogenen Pflanzen pflanzt man nicht vor Ende Mai aus. In Töpfe gepflanzt, läßt sich Basilikum auch überwintern, so daß man im zeitigen Frühjahr Stecklinge schneiden kann. Doch scheitert diese Kultur meistens an der Platzfrage.
Basilikum findet Verwendung für Gemüse, Salate, Fleischgerichte, zum Gurkeneinlegen, zu Diätgerichten; es wirkt appetitanregend.

Bohnenkraut *(Satureja hortensis)*
Bohnenkraut ist ein sehr bekanntes Würzkraut. Die hell- bis dunkelbraunen Samenkörner sind sehr klein und bleiben nicht lange keimfähig; deshalb sollte man jedes Jahr neues Saatgut kaufen, das erspart Enttäuschung. Man sät an Ort und Stelle breitwürfig oder in Reihen aus (Reihenabstand 20 cm). Eine Vorkultur in Töpfen oder Saatkistchen, aber auch im Frühbeet ist möglich, man pflanzt dann ab Mitte Mai in Reihen 20 x 15 cm Abstand. Man setzt immer 2 Pflänzchen zusammen. Bohenkraut findet Verwendung zu Hülsenfrüchten, in erster Linie natürlich zu Bohnen, Suppen, Pilzgerichten, zum Gurkeneinlegen. Es wirkt appetitanregend und magenstärkend, man kann es für das Winterhalbjahr trocknen.

Borretsch oder Gurkenkraut
(Borago officinalis)
Von dieser Würzpflanze, die je nach Standort und Boden bis zu 80 cm hoch werden kann, verwendet man nur die jungen Blätter. Die schwarzbraunen Samenkörner lassen sich wegen ihrer Größe gut aussäen. Man kann mehrmals im Jahr aussäen: Anfang April, etwa Ende Mai und noch eine Aussaat Ende Juni oder Anfang Juli, dadurch hat man den ganzen Sommer über bis in den Herbst hinein Jungpflanzen. Ältere Pflanzen werden gerne von Blattläusen besiedelt. Für den eigenen Bedarf kommt man mit wenigen Pflanzen aus.
Borretsch findet Verwendung für Salate, Soßen, Fleischgerichte, zum Gurkeneinlegen, für Diät und zu Rohkost.

Dill *(Anethum graveolens)*
Dill sät sich häufig selbst aus, und dem Gartenfreund ist es ganz lieb, denn so gedeiht er oft besser, als wenn er

streng in Reihen (25 cm) oder breitwürfig eigens auf ein Beet gesät wird. Der flach hellumrandete Samen keimt gut; man kann auch bei Karottenaussaat ein paar Körner mit daruntermischen; auch in Verbindung mit Zwiebeln (Saat- oder Steckzwiebeln) wächst er gut. Dill sollte man mehrmals aussäen, so daß man immer frisches junges Grün hat. Legt man selbst saure Gurken ein, verwendet man hierfür ältere, blühende, bis samentragende Stengel.
Dill findet in erster Linie zum Gurkeneinlegen Verwendung sowie zu Soßen, Suppen, Salaten; er ist verdauungsfördernd und magenstärkend.

Estragon *(Artemisia dracunculus)*
Hier handelt es sich um ein Staudengewächs, das man nicht aus Samen zieht, sondern am besten schon als fertige Staude beim Gärtner kauft. Aus Samen gezogene Pflanzen haben kein Aroma. Es gibt den „deutschen Estragon" und den „französischen Estragon" – auch unter „aromatischer Estragon" bekannt – sowie den „russischen Estragon".
Estragon findet Verwendung zu Geflügel, Salaten, Soßen, zum Gurkeneinlegen; auch Estragonessig wird hergestellt.

Gartenkresse *(Lepidium sativum)*
Die Gartenkresse ist als niedriges Pflänzchen bekannt, das man meistens in Kästchen oder auch geschnitten angeboten bekommt. Verwendet werden nur die Keimpflanzen, die unmittelbar über der Erde abgeschnitten werden. Die Gartenkresse wird an sich 30–50 cm hoch und bildet an den Triebenden kleine weiße Blüten.
Gartenkresse ist recht anspruchslos und gedeiht bei genügender Feuchtigkeit auf jedem Gartenboden. Man sät in Reihen (8 cm) oder breitwürfig. Sehr häufig wird sie auch schon im Winter oder Spätwinter in Kästchen, Töpfen oder Tellern ausgesät und am Küchenfenster aufgestellt. Man muß dazu nicht immer Erde verwenden, sondern man kann den Samen z. B. auch auf Watte, Papiertaschentüchern u. ä. ausbringen. Voraussetzung ist jedoch, daß das Ganze immer gut und gleichmäßig feucht gehalten wird. Man kann sich dann je nach Bedarf bedienen. Um die Osterzeit sät man Kresse gerne in Tellern aus, um so ein natürliches, grünes Osternest für die Kinder zu haben. Der Samen ist gut keimfähig.
Gartenkresse wird für Salate, Grüne Soße, Quark verwendet, aber auch als Brotbelag, zur Garnierung und zu Rohkost. Der Vitamin-C-Gehalt ist sehr hoch.

Kerbel *(Anthriscus cerefolium)*
Vom Kerbel gibt es verschiedene Kulturformen. Neben der krausblättrigen gibt es auch glattblättrige Formen. Man sät ihn am besten alle drei Wochen neu aus, so hat man immer im Trieb stehendes frisches Kraut zum Ernten. Pralle Sonne liebt er nicht, deshalb empfiehlt sich für ihn ein halbschattiges bis schattiges Plätzchen. Man sät in Reihen (10 cm) oder breitwürfig. Der Samen bleibt lange keimfähig, so daß man ihn im nächsten Jahr noch verwenden kann.
Kerbel findet zu Kräutersoßen, Tomatensalat und zu Frühlingssuppen Verwendung; er schmeckt sehr aromatisch.

Majoran *(Majorana)*
Man unterscheidet einjährigen *(Majorana hortensis)* und ausdauernden *(Origanum majorana)* Majoran. Meistens wird die einjährige Kultur vorge-

zogen. Er liebt guten, humosen Gartenboden, ein sonniges Plätzchen sollte ihm zugewiesen werden. Der feine Samen bleibt bis 3 Jahre keimfähig.
Majoran wächst sehr langsam, es empfiehlt sich deshalb, Jungpflanzen beim Gärtner zu kaufen. Sonst ist frühe Aussaat in Schalen erforderlich, ein späteres Pikieren (mehrere Pflänzchen zusammen) ist zu empfehlen. Majoran läßt sich auch durch Stecklinge vermehren, sofern man Pflanzen in einem frostfreien Raum überwintert hat. Er findet als Wurstgewürz Verwendung sowie für Wildgerichte und Suppen, auch im getrockneten Zustand.

Melisse *(Melissa officinalis)*
Die Melisse, auch unter dem Namen Zitronenmelisse bekannt, hat je nach Gegend viele Namen, z. B. Hasenohr, Wanzenkraut oder Herztrost. Das sagt aus, daß die Melisse sehr verbreitet ist. Da es eine ausdauernde Pflanze ist und in der Regel eine Pflanze für den Bedarf genügt, besorgt man sie sich vom Gärtner. Ältere Pflanzen werden verjüngt, indem man sie teilt. Es gibt eine großblättrige und eine kleinblättrige Form.
In sonniger Lage auf humusreichem Boden kann sie bis zu 1 m hoch werden; sie wurzelt nur flach.
Sie wird nur roh verwendet für Salate, Soßen und Wildgerichte.

Petersilie *(Petrosilium crispum)*
Petersilie zieht man am besten in zweijähriger Kultur, d. h., die im Frühjahr ausgesäte Petersilie läßt man im Herbst zum Überwintern stehen, so daß man im zeitigen Frühjahr schon wieder frisches Grün hat. Im Frühjahr sät man dann wieder neu aus. Solange diese noch nicht schnittreif ist, schneidet man noch von der vorjährigen den Bedarf; erst dann, wenn man von der Neueinsaat seinen Bedarf decken kann, entfernt man die vorjährige Kultur. So kommt man auch nicht in Versuchung, Petersilie zweimal hintereinander auf demselben Platz auszusäen, denn sie verträgt sich selbst nicht. Die zu überwinternde Petersilienkultur sollte man allerdings etwas mit Fichtenreisig abdecken.
Die Aussaat erfolgt Ende März/Anfang April, unter mitwachsender Folie schon Ende Februar/Anfang März, je nach Witterung. Petersiliensamen hat eine lange Keimzeit, etwa 3 Wochen, bei kalter Witterung kann es sogar noch länger dauern, deshalb empfiehlt es sich, etwas Radieschensamen mit auszusäen. Radieschen gehen schnell auf und man hat somit die Reihen markiert, so daß man das Saatbeet bald etwas lockern kann, vorausgesetzt, man hat die Petersilie in Reihen ausgesät. Für den Reihenabstand genügen 15 cm, sät man allerdings Wurzelpetersilie aus, sollte man einen größeren Reihenabstand (20–25 cm) wählen.
Man unterscheidet nämlich 2 Petersilienarten, Blatt- und Wurzelpetersilie. Bei der **Blattpetersilie** unterscheidet man wieder glattblättrige und krausblättrige Sorten.
Wurzelpetersilie benötigt neben dem größeren Reihenabstand noch ein tiefgelockertes Saatbeet. Selbstverständlich kann man auch von der Wurzelpetersilie die Blätter verwenden, sie sollte jedoch vereinzelt werden.
Auch Petersilie bleibt von Krankheiten und Schädlingen nicht verschont (Pilzkrankheiten, Möhrenfliegenmaden, Wurzelmilben).
Verwendet wird die Petersilie zu fast allen Gemüsen, Suppen, Salaten und Kartoffeln; die Wurzeln werden gekocht verwendet, das Laub immer roh.

Pfefferminze *(Mentha piperita)*
Es gibt eine ganze Reihe von heimischen Minzearten. Die im Garten am meisten angebaute Minze ist eine Kreuzung zwischen der „Grünen Minze“ und der „Wasserminze“. Echte Pfefferminze fruchtet nicht, d. h., sie bringt keinen Samen. Man besorgt sich 1 – 2 Pflanzen aus der Gärtnerei; sie bilden reichlich (häufig zuviel) Wurzelausläufer. Humusreicher Boden in leicht halbschattiger Lage sagt der ausdauernden Pflanze zu. In rauhen Gegenden empfiehlt sich Winterschutz.
Sie findet zu Fisch, Fleischgerichten, Suppen, Soßen sowie zum Würzen von Rohkost Verwendung; es werden nur frische Blätter und Triebspitzen genommen.

Rosmarin *(Rosmarinus officinalis)*
Rosmarinpflanzen sind ausdauernd und immergrün, ältere Ästchen verholzen. Rosmarin ist leider nicht winterhart, nur milde Winter übersteht er im Freien in geschützten Lagen. Man solle die Pflanzen deshalb über Winter eintopfen und hereinnehmen, doch dürfen die Pflanzen nicht zu warm stehen (nicht über 10°C). Läßt man es in geschützten Lagen draußen, sollte man unbedingt Winterschutz geben. Wird Rosmarin ausgesät, braucht es bis zum Keimen etwa 4 Wochen. Doch kommt man für den Eigenbedarf mit 2–3 Pflanzen aus, so daß man sie sich aus der Gärtnerei besorgen kann.
Rosmarin findet Verwendung bei der Zubereitung von Bratenfleisch, Kochfisch, Bratensoßen, Salatsoßen, Wild und Geflügel; als Badezusatz wirkt es anregend für Herz und Kreislauf.

Salbei *(Salvia officinalis)*
Dieser Halbstrauch kann eine Höhe bis zu 70 cm erreichen. In seiner Heimat im Mittelmeerraum ist er noch an den Berghängen in 800 m Höhe zu finden. Die Aussaat erfolgt auf einem Saatbeet, dem späteres Pikieren folgt. Kalkhaltiger Gartenboden sowie eine mehr trockene Lage sagt ihm zu. Der Standort kann sonnig bis halbschattig sein. Man kann ihn auch im Balkonkasten ziehen, wenn man ihn regelmäßig düngt und zurückschneidet. Im Winter benötigt er Winterschutz.
Verwendet wird er für Salat, Quark, Kräuterbutter; frisch getrocknet auch für Wild, Geflügel, Schweine- und Hackbraten.

Schnittlauch *(Allium schoenoprasum)*
Schnittlauch ist neben Petersilie wohl das am meisten bekannte Küchenkraut, sofern man überhaupt von einem Kraut sprechen kann. Er bildet nämlich kleine weiße Zwiebelchen, aus denen die röhrenartigen Blätter heraustreiben. Humoser, nährstoffreicher Boden sagt ihm zu. Der Standort, sonnig oder halbschattig, sollte genügend feucht sein. Man kann Schnittlauch selbst aussäen, doch muß man darauf achten, daß man frischen Samen verwendet, da er seine Keimkraft ein Jahr nach der Ernte verliert.
Es gibt grob-, mittel- und feinröhrige Sorten. Heute gibt man grobröhrigen den Vorzug. Man sollte sich überhaupt von alten Schnittlauchnestern trennen und wieder einmal neu aussäen.
Möchte man sich Schnittlauch für den Winter treiben, nimmt man ihn bereits im Herbst aus dem Boden und läßt ihn an einem trockenen Ort einziehen, bis man die verdorrten Röhren entfernen kann. Danach setzt man den Stock (eine Vielzahl von Zwiebelchen) in passende Töpfe und stellt ihn in einem warmen Raum ans Fenster. Gutes Feuchthalten mit temperiertem Wasser beschleunigt den Austrieb. Ist die-

ser genügend erfolgt, stellt man die Pflanzen etwas kühler, sie vergeilen dann nicht.

Im Frühjahr setzt man den Schnittlauch wieder in den Garten (sofern man ihn nicht auf den Kompost wirft), wo er sich in gutem feuchten Boden schnell wieder erholt. Schnittlauch kann häufig geschnitten werden, doch sollte man darauf achten, daß man ihn nicht zu tief abschneidet, er treibt schneller wieder durch, wenn er etwa nur 4 cm über dem Boden abgeschnitten wird. Man sollte ihn nicht blühen lassen, er wird dann schnell hart und vergilbt.

Schnittlauch wird für Rühreier, Quark, Grüne Soße, Salate, Kartoffelsalat und vieles mehr verwendet; man verarbeitet ihn nur roh.

Thymian *(Thymus vulgaris)*

Thymian ist eine alte Gewürzpflanze, doch auch als Heilpflanze wird sie schon sehr früh erwähnt. Thymianpflanzen kann man durch Aussaat heranziehen. Es gibt 2 Arten, die bei uns angepflanzt werden, der „deutsche Thymian“, auch „Winterthymian“ genannt, da er winterhart ist und der „französische Thymian“, der nicht winterhart ist und deshalb jedes Jahr neu gesät wird. Wenn der „deutsche Thymian“ auch winterhart ist, sollte man ihm trotzdem Winterschutz geben. Er stellt keine besonderen Bodenansprüche; schwere Böden sagen ihm allerdings nicht zu. Er macht sich auch als Einfassungspflanze recht gut. Eine Vermehrung durch Teilung ist ebenfalls zu empfehlen.

Er wird zu Hackbraten, Leberknödeln, Fisch und Rohkost verwendet; er kann auch getrocknet werden.

Obstbau im kleinen Garten

Im kleinen Garten werden kleinkronige, niedrige Baumformen bevorzugt. Sie sind pflege- und ernteleicht, der Ertragsbeginn setzt früher ein (längere Stämme verzögern den Ertragsbeginn), aber was noch sehr wichtig ist, sie nehmen wenig Platz weg.
Nachfolgend soll deshalb auch nur auf die schwach bis mittelstark wachsenden kleinen Baumformen eingegangen werden.

B – Buschbaum
– etwa 60 cm Stammlänge
Spb – Spindelbusch
– etwa 50 cm Stammlänge
(nur bei Kernobst)
Sp/F – Formobstbäume
– etwa 40 cm Stammlänge
schlanke Spindel
– etwa 40–50 cm Stammlänge
(nur bei Kernobst)

Buschbaum

Der Buschbaum mit einer Stammhöhe von etwa 60 cm eignet sich wegen seines geringen Raumbedarfs recht gut für den Kleingarten. Maßgebend ist natürlich die richtige Unterlage und die richtige Sortenwahl.

Spindelbusch

Den Spindelbusch gibt es bisher nur bei Äpfeln und Birnen; also bei Kernobst. Bei Steinobst gibt es ihn noch nicht, da es für diese Obstart keine schwachwachsenden Unterlagen gibt. Doch wird man sicher in einigen Jahren auch hierfür geeignete Unterlagen zur Verfügung haben; Versuche haben schon begonnen. Der Spindelbusch gilt neben der schlanken Spindel als die Idealform für den Kleingarten.

Formobstbäume

Formobstbäume werden als Fächer oder Spalier gezogen, aber auch andere durch Schnitt gezogene Formen gehören dazu.
Durch entsprechende Schnittbehandlung werden die Obstbäume zu ganz bestimmten symmetrischen Formen erzogen. Besonders bei Kernobst (Pfirsich, Aprikosen) wird der Formobstbau angewendet. An Mauern oder auch an freistehenden Gerüsten kann man den Spalierobstbau praktizieren. Nur muß man hierfür genügend Zeit und Muße haben, denn diese Formerziehung braucht ständig Pflege.

Schlanke Spindel

Die schlanke Spindel ist für den kleinen Garten sehr gut geeignet. Man sieht sie zwar noch wenig in den Gärten, doch bedingt durch ihre vielen Vorteile wird sie bald nicht mehr wegzudenken sein. Diese Spindel, die nichts anderes ist als eine einjährige Veredelung auf M-9-Unterlage (schwachwachsend), kann man je nach Sorte in Abständen von 150–200 cm pflanzen. Überschreitet sie die Höhe von 200 cm, wird sie beim Apfel auf 180–200 cm zurückgenommen (in der Regel nach 3 Standjahren), bei Birnen wird die Mittelachse bei etwa 200–230 cm belassen.

Bodenvorbereitung

Möchte man einen Obstbaum pflanzen, muß man sich genau über den Standort klar sein, denn der Baum soll ja für viele Jahre stehenbleiben.
Genauso wichtig ist die Bodenbearbeitung. Obstgehölze wollen einen gu-

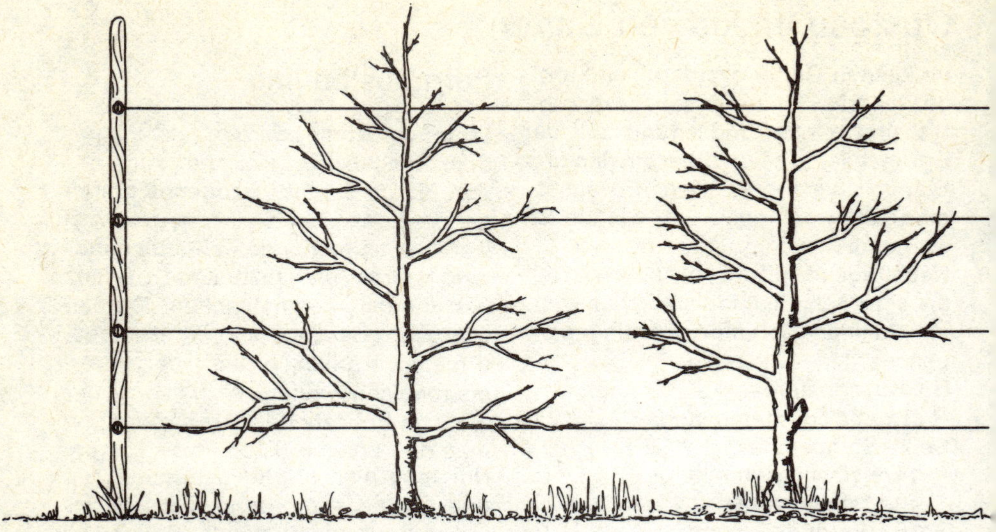

Schlanke Spindel am Drahtspalier.

ten, durchlässigen, möglichst humosen Boden. Ohne Humus wird man keine richtige Freude an den Obstgehölzen haben. Deshalb sollte man vor dem Pflanzen den Boden genügend mit Humus anreichern; aber nicht nur die Pflanzstelle, d. h. das Pflanzloch, sondern eine größere Fläche. Will man im Herbst pflanzen, muß man schon rechtzeitig – möglichst schon im Sommer – beginnen, den Humusgehalt im Boden zu verbessern. Mit Kompost, Torf, Düngetorf kann man schon allerhand erreichen, wenn man diese Bodenverbesserer nicht auf die Oberfläche streut, sondern sie möglichst 20–30 cm tief einarbeitet. Die Pflanzstelle läßt man dann bis zur Pflanzzeit in Ruhe.

Pflanzung

Zunächst hebt man die Baumgrube an der vorbereiteten Stelle aus, und zwar so breit und so tief (2 Spaten tief), daß die Wurzeln des Obstgehölzes genügend Platz haben und an allen Seiten noch Spielraum von etwa 10 cm vorhanden ist. Den Untergrund lockert man gut auf.

Die ausgehobene Erde kann man nun noch einmal mit etwa 1/4 Komposterde oder Mistbeeterde und 1/4 Torf oder Torfdünger verbessern. Ebenso kann man zur Bodenverbesserung noch etwas Handelsdünger daruntermischen: auf einen 1/4 m^3 Erde 125 g Thomasmehl und 100 g Kali, allerdings nur, wenn man keinen Düngetorf (z. B. Super Manural) daruntergemischt hat. Diese Handelsdünger sind schwerlöslich und kommen erst zur Wirkung, wenn das Gehölz schon Wurzeln gefaßt hat. Auf Beigabe von Stallmist in die Pflanzgrube sollte man verzichten. Wenn man welchen zur Verfügung hat, sollte man ihn lieber einige Zeit nach dem Pflanzen auf der gebildeten Baumscheibe (rund um den Baum) ausbringen.

Farbtafel 13: Frühlingszwiebeln kann man schon ab Ende Mai/Anfang Juni ernten.

Nun kann man mit dem Pflanzen beginnen. Man füllt wieder etwas angereicherte Erde in die Pflanzgrube, so daß das Gehölz auf die richtige Standhöhe kommt. Die Veredelungsstelle, die in der Regel kurz über dem Wurzelhals sitzt, muß auf jeden Fall über dem Boden liegen. Man erkennt die Veredelungsstelle an der knotenartigen Verdickung. Setzt man die Veredelungsstelle unter die Erde, kommt es oberhalb der Veredelungsstelle zur Wurzelbildung. Diese Wurzeln übernehmen nach und nach die Ernährung, während die eigentlichen Wurzeln der Unterlage allmählich verkümmern. Das Gehölz wächst zwar kräftig weiter, doch der Ertrag ist sehr schmal, und man gibt dann womöglich der Baumschule die Schuld.

Gut ist es, wenn zwei Personen den Pflanzvorgang ausführen, die eine Person hält und schüttelt den Baum, so daß die Erde gleichmäßig zwischen den Wurzeln verteilt wird, während die andere Erde nachfüllt. Danach wird die Erde kreisförmig um den Baum festgetreten. Pflanzt man den Baum so tief wie er in der Baumschule gestanden hat, kann man nichts falsch machen. Zum Schluß bildet man mit der übriggebliebenen Erde einen etwa 10 cm hohen Wall um den Baum und schafft einen Gießrand. Nun wässert man reichlich. Bei sehr später Herbstpflanzung, kalten Lagen und genügend feuchtem Boden, kann man auf ein Einwässern verzichten.

Baumpfahl

Obstgehölze, besonders die auf schwachwachsenden Unterlagen veredelten, sowie Beerenstämmchen müssen unbedingt angepfählt werden. Man verwendet dazu imprägnierte Holzpfähle, die von langer Lebensdauer sind. In vielen Baumschulen kann man sie gleich mitkaufen. Der Pfahl sollte vor dem Pflanzen des Gehölzes in die Pflanzgrube gerammt werden, so daß man bei einem schon gepflanzten Baum die Wurzeln nicht beschädigt.

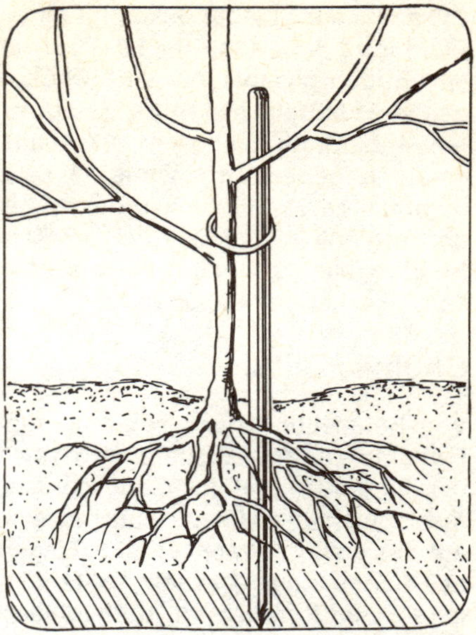

Der Pfahl muß beim Pflanzen bis in den noch unaufgelockerten Boden reichen.

Bei Kronenbäumchen sollte der Pfahl nicht ganz bis an die untersten Äste reichen. Hat man es versäumt den Pfahl vorher einzuschlagen, sollte man sehr behutsam vorgehen.

Angebunden wird zunächst nur locker, so daß sich der Baum beim Setzen der Erde nicht „aufhängt". Nach dem Setzen wird er endgültig mit geeigneten Bindemitteln (Kokosstricke u. ä.) in Form einer liegenden Acht angebunden; doch gibt es auch Patentverschlüsse. Um ein eventuelles Abrutschen des Bindematerials zu verhindern, kann man es mit einem Nagel am Pfahl anheften.

Farbtafel 14: Gut vertragen sich Erdbeeren und Zwiebeln.

Die schlanke Spindel bekommt einen Pfahl von 2,5 m Länge, der 50–70 cm in den Boden geschlagen wird. Die sogenannte Mittelachse wird bis zur letzten Anbindung bei 1,8 m insgesamt 4mal angebunden. Ohne dieses mehrmalige Anbinden würde es bei der schlanken Spindel bei starkem Fruchtbehang zu Astbruch und starkem Überhängen kommen.

Baumschnitt

Vom Baumschnitt hängt sehr vieles ab. Fehler, die im Anfangsstadium, d. h. in der Jugendzeit eines Gehölzes gemacht werden, wirken sich meistens auf das spätere Wachsen und Tragen des Baumes aus. Deshalb sollte man dem Schnitt genügend Aufmerksamkeit schenken.

Es gibt keine feste Regel für jeden Baum, sondern jeder Baum muß individuell geschnitten werden, wenn auch gewisse Regeln bei jeder Baumart eingehalten werden sollten. Über Baumschnitt sind schon viele Bücher geschrieben worden, immer wieder tauchen neue Erkenntnisse auf, die aber in erster Linie für den Erwerbsobstbauer von Wichtigkeit sind. Im Rahmen dieses Buches soll auch nur allgemein auf den Baumschnitt eingegangen werden.

Man unterscheidet verschiedene Schnittarten:

1. Pflanzschnitt
2. Erziehungs- oder Aufbauschnitt;
3. Überwachungs- oder Ertragsschnitt;
4. Erneuerungs- oder Verjüngungsschnitt.

Pflanzschnitt

Der Pflanzschnitt wird in der Regel im zeitigen Frühjahr durchgeführt, auch wenn die Pflanzung im Herbst stattgefunden hat. Im gewissen Sinne kann man das Beschneiden der Wurzeln, die beim Pflanzen frisch angeschnitten werden, sowie das Zurückschneiden von verletzten Wurzeln bis ins gesunde Holz auch als eine Schnittmaßnahme bezeichnen, wenn man auch unter Schnittmaßnahmen nur das Schneiden des oberirdischen Holzes versteht. Schon beim Pflanzschnitt sollte man an den späteren Ertrag denken. Das heißt weniger zurückschneiden, Äste, die nicht zum Aufbau benötigt und die schwach sind, werden entfernt. Äste,

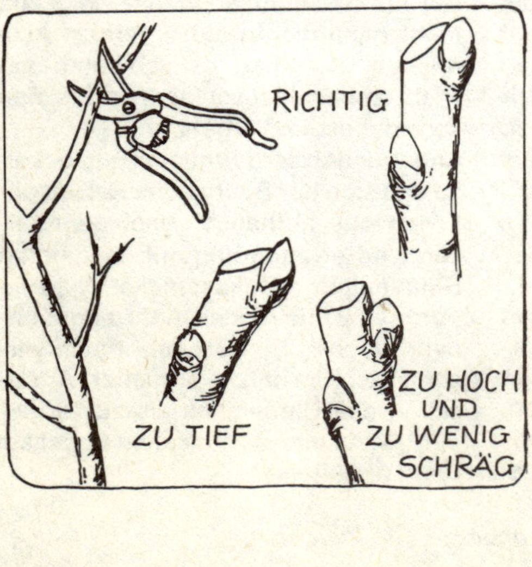

Der Schnittansatz.

die zu steil stehen, aber zum Aufbau geeignet sind, werden heruntergebunden. Im Gegensatz zu früher führt man heute den Pflanzschnitt nicht mehr so radikal aus. Der Mittelbetrieb bildet die Stammverlängerung, er wird auf 4–6 Augen gekürzt. Der Konkurrenztrieb, der unweigerlich zu einer Gabelbildung führt, wird entfernt. Mitteltrieb sowie 3–4 Seitentriebe bilden ein tragfähiges Astgerüst, alle anderen Triebe werden entfernt. Bei Steinobst können es auch bis zu 5 Seitentriebe sein. Die Seitentriebe sollten in verschiedenen Höhen aus dem Stamm wachsen, Quirlbildung (Astkränze) ist nicht zu empfehlen. Die Seitentriebe werden bei Kernobst etwa um die Hälfte, bei Steinobst etwa um ein Drittel eingekürzt.

Jeder Schnitt wird dicht über einem Auge durchgeführt, jedoch kann ein zu dichtes Herangehen der Knospe schaden. Der Schnitt sollte schräg von der Höhe der Knospenspitze bis zum unteren Drittel der Knospe durchgeführt werden. Ein zu hoch angesetzter Schnitt bringt Stumpfbildung. Der Stumpf vertrocknet, und es besteht die Gefahr, daß sich Krankheiten ansiedeln, zumindestens muß der Stumpf nachgeschnitten, d. h. entfernt werden.

Erziehungs- und Aufbauschnitt

Dieser Schnitt wird im Jugendstadium des Gehölzes durchgeführt (etwa 1.–5. Standjahr) und beginnt praktisch schon in der Baumschule. Der Käufer von Obstgehölzen setzt diesen Erziehungsschnitt nur fort.

Die einzelnen Schnittarten kann man eigentlich gar nicht so genau abgrenzen, denn sie greifen ineinander über. Der Erziehungsschnitt richtet sich nach der Baumform. Beim Spindelbusch baut man das Gerüst weiter auf, das man beim Pflanzschnitt angefangen hat. 3–4 Seitentriebe bilden eine Etage, mehr sollte man nicht zulassen. Den Mitteltrieb nimmt man regelmäßig zurück, da er die Stammverlängerung bildet, wird er immer senkrecht gezogen, die Länge richtet sich je nach starkem oder schwachem Durchtrieb. Bei schwachem Durchtrieb muß man mehr zurücknehmen, um das Gehölz zum stärkeren Austrieb anzuregen; hier kommt es aber auch auf die jeweilige Sorte an. Beim Schnitt des Mitteltriebes ist darauf zu achten, daß man im folgenden Jahr entgegengesetzt schneidet, d. h., daß das obere Auge gegen das vorjährige steht.

Durch die Schnittmaßnahmen will man den Gehölzen nicht nur Erziehung und Aufbau angedeihen lassen, sondern es soll dadurch auch genügend Luft und Sonne ins Bauminnere und somit an die Früchte gelangen.

Überwachungs- oder Ertragsschnitt

Dieser Schnitt beginnt dann, wenn der Kronenaufbau abgeschlossen ist. Aufgabe dieses Schnittes ist es, für genügend Fruchtholz zu sorgen. Veraltetes und zu dicht stehendes Fruchtholz muß entfernt werden. In dieser Periode wird jedoch nicht nur geschnitten. Das Herunterbinden geeigneter, kräftiger Triebe vor der Verholzung, kann der Umwandlung in Fruchttriebe förderlich sein, diese Triebe dürfen aber nicht geschnitten werden.

Durch diesen Schnitt sollte man aber auf keinen Fall das einmal aufgebaute Kronengerüst zerstören.

Je mehr man zurückschneidet, je weniger Knospen bleiben übrig; die Folge davon ist, daß das Gehölz sehr stark austreibt. Der Fachmann sagt dann, der Baum hat viel Trieb; zu viel Trieb bedeutet aber viel Holz und keine Frucht.

Schneidet man zuwenig, bekommt man zwar wenig Trieb, aber später verkahlen die Äste. Man muß also den goldenen Mittelweg wählen.
Das Ziel des Ertragsschnittes muß immer auf Ertrag ausgerichtet sein. Man muß so schneiden, daß sich genügend Fruchttriebe bilden. Nimmt man bei Kernobst die Jahrestriebe im Juli/August zurück (Stummelschnitt), erreicht man in der Regel, daß sich aus diesen Stummeln Fruchttriebe bilden. Bei Steinobst muß man durch Schnitt immer die Bildung neuer Triebe veranlassen. Das ist besonders bei Sauerkirschen und Pfirsichen notwendig. Da der Ertrag hauptsächlich oder nur an einjährigen Trieben erfolgt, bleibt es unerläßlich, einjährige Triebe zu fördern (siehe Sauerkirschen). Man sieht häufig bei Sauerkirschen die langen, nach unten hängenden Triebe, die wie „Trauerkirschen" aussehen. Das gilt es durch Schnittmaßnahmen rechtzeitig zu verhindern. Wenn man im Frühjahr vor Austrieb die einjährigen Triebe um 1/3 kürzt, erreicht man, daß die Äste kurz bleiben und sich verzweigen; man beugt aber auch gleichzeitig der Monilia (Triebdürre) vor. Natürlich schneidet man einen Teil der Ernte weg, denn an den Trieben sitzen nun einmal reine Blütenknospen, aber nur so kann man einer Verkahlung entgegenwirken und gesunde große Früchte erzielen.

Erneuerungs- oder Verjüngungsschnitt

Der Erneuerungsschnitt wird beim Umpfropfen eines Baumes angewandt. Hier soll ein Ersatz für eine Sorte geschaffen werden, mit der man vielleicht nicht zufrieden war oder man möchte ganz einfach statt eines frühen einen späten Apfel.
Bei einer Umpfropfung kommt man in der Regel schneller zum Erfolg als bei einer Neupflanzung. Doch sollten die zur Umpfropfung vorgesehenen Bäume noch relativ jung und gesund sein. Nach der Umpfropfung muß wieder ein neues Gerüst aufgebaut werden.
Der Verjüngungsschnitt wird durchgeführt, wenn das Fruchtholz zu kurz und zu dünn wird. Bei schwachwachsenden Unterlagen wird in der Regel ein Verjüngen früher anstehen als bei starkwachsenden.
Ein Verjüngungsschnitt ist im Kleingarten immer zu empfehlen, da man ja nicht den ganzen Baumbestand verjüngen muß, sondern nur einen oder wenige Bäume.
Schwachwachsende und reichtragende Gehölze, dazu zählt auch der Pfirsich und die Schattenmorelle, sollten etwa zwischen dem 8. und 10. Standjahr verjüngt werden, danach etwa alle 4–6 Jahre. Starkwachsende Gehölze benötigen einen Verjüngungsschnitt erst nach 12–15 Jahren. Bei älteren Obstgehölzen verjüngt man nicht radikal, sondern man verteilt den Schnitt auf 2 oder 3 Jahre. Ein Verjüngungsschnitt sollte immer mit intensiver Düngung und Bodenbearbeitung Hand in Hand gehen.

Winterschnitt/Sommerschnitt

Im allgemeinen werden Gehölze im Winter geschnitten, doch spielt der Sommerschnitt eine nicht unwesentliche Rolle. Bei Steinobst z. B. hat man sich mehr und mehr dem Sommerschnitt zugewendet, um Frostschäden an Holz und Knospen zu vermeiden. Selbst ein Verjüngen führt man z. B. bei Sauerkirschen nach der Ernte durch. Pfirsiche schneidet man sowieso erst unmittelbar vor oder nach der Blüte; der Schaden durch Frost kann sich hier besonders stark auswirken. Obstbaubetriebe werden vermutlich auch weiterhin dem Winterschnitt den Vorzug geben, denn im Sommer fehlt ihnen ganz einfach die Zeit dazu. Der Kleingärtner sollte sich aber zumindest das Steinobst schon im Sommer vornehmen.

Wundpflege

In den letzten Jahren hat man erkannt, wie wichtig – auch bei kleinen Schnittstellen – die Wundpflege ist. Die Wundpflege sollte unmittelbar nach dem Schnitt erfolgen. Man kann dadurch größere Schäden, Ast- oder sogar Baumverluste vermeiden. Zum Wundverschluß an Kern- und Steinobstgehölzen gibt es im Handel mehrere Mittel zur Auswahl.

Man muß immer daran denken, daß man durch richtige Wundpflege gleichzeitig vorbeugenden Pflanzenschutz betreibt. Es gibt zwar Empfehlungen, normale Schnittwunden erst bei einem Durchmesser eines 10-Pfennig-Stückes (21,5 mm) zu behandeln, doch sollte man sich nicht daran halten und auch kleinere Wunden verschließen.

Bei größeren Schnittflächen schneidet man mit einer Hippe die Ränder glatt, bevor man ein Wundmittel aufträgt. Eingerissene, lose Rindenlappen bindet man, wenn möglich, fest und bestreicht die Wundränder mit Baumwachs. Man hat es ja oft nicht nur mit Schnitt- und Sägewunden zu tun, sondern auch mit Wunden, die durch Frost, Wildverbiß oder Freßschäden entstanden sind.

An Stämmen und Ästen treten oft Krebswunden auf, die man auf jeden Fall behandeln muß. Man schneidet oder stemmt diese Wunden bis auf das gesunde Holz aus und verschließt sie mit einem Wundverschlußmittel.

Schneidgeräte für den Obstbau

Bei der Durchführung des Obstbaumschnitts geht man in der Regel mit Schere und Baumsäge vor. Der Handel bietet auf diesem Gebiet ein sehr reichhaltiges Angebot an Sägen, Scheren und Messern an. Für Schnittmaßnahmen im Kleingarten genügt in der Regel eine Säge (Baumsäge), eine Gartenschere (Baumschere) und ein Messer (Hippe).

Die **Säge** oder **Baumsäge** sollte nicht zu schwer in der Hand liegen, Hand und Arm ermüden sonst zu leicht. Zu empfehlen sind Sägen aus Leichtmetall. Das Sägeblatt sollte einfach zu spannen und ebenso einfach in Schrägstellung zu bringen sein. Eine einfache Zahnung genügt, gut haben sich auch die sogenannten Schwedensägeblätter bewährt.

Die **Gartenschere** oder **Baumschere** muß einen großen Teil der Schnittarbeiten leisten. Sie wird sowohl einschneidig als auch zweischneidig angeboten. Man sollte beim Kauf darauf achten, daß bei geöffneter Schere die gespreizten Griffe gerade noch in die Hand passen. Das untere Ende der Klinge sollte leicht hakenförmig sein, man kann dadurch die Schere leichter ansetzen (besonders bei stärkeren Ästen). Auch hier bietet der Handel Scheren aus Leichtmetall an, natürlich sind die Schneiden (Klinge und Gegenschneide) aus Stahl und können sogar ausgewechselt werden.

Die **Astschere** oder **Waldschere** wird nur für große Bäume und dornentragende Sträucher benötigt. Astscheren haben lange hebelartige Griffe, an deren unteren Enden der Schnittkopf sitzt. Auch hier sollte die untere Klinge hakenförmig auslaufen, um besser ansetzen zu können. Astscheren gibt es auch mit Aluminiumgriffen, dadurch sind diese Geräte leichter.

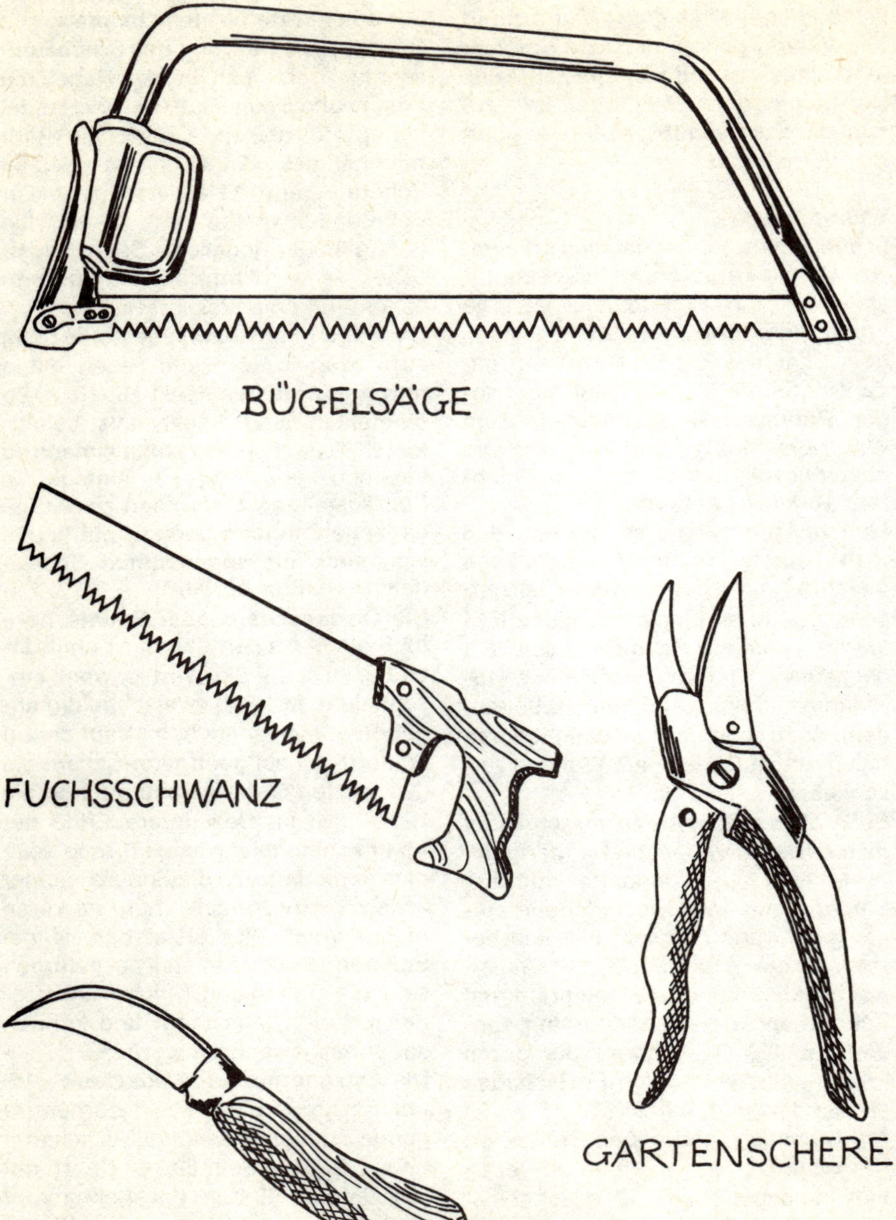

Schneidegeräte für den Obstbau.

Die **Hippe** (Messer mit gebogener Klinge) findet hauptsächlich im Obstbau Verwendung. Dieses bewährte Gartenmesser muß gut in der Hand liegen. Deshalb sollte man beim Kauf maßnehmen und das Messer bei geöffnetem Zustand ruhig einmal in die Hand nehmen. Man braucht die Hippe unbedingt zur Wund- und Schnittbehandlung bei Gehölzen.

Kern- und Steinobstarten

Apfel

Der Apfel ist das häufigste fruchtende Gehölz, zumal er sehr genügsam und mit jedem guten Ackerboden zufrieden ist, sofern dieser ausreichende Feuchtigkeit besitzt. Apfelbäume wurzeln relativ flach, d. h., eine Tiefgründigkeit von 60–70 cm ist ausreichend. Der Apfel liebt natürlichen Humus, doch Stickstoffübersättigung bekommt ihm nicht (Schwammigkeit, Anfälligkeit gegen Krankheiten).

Durch die englische Versuchsstation „East Malling“ wurden die schwachwachsenden Unterlagen in Typen eingeteilt und mit Großbuchstaben „M“ und einer Zahl bezeichnet. Für den kleinen Garten kommt in erster Linie die sehr schwachwachsende Unterlage M 9 in Frage. Diese Unterlage ist nur für Äpfel geeignet, der Wuchs liegt bei 1–2 m Durchmesser. Aber auch die Unterlage M 26 ist für reichtragende Sorten wegen ihrer nicht zu starken Wüchsigkeit geeignet.

Verschiedene Sorten haben sich durchgesetzt, die aber vom Wuchs her recht unterschiedlich sind.

Alkmene: eine Kreuzung aus den Sorten ‚Oldenburger‘ und ‚Cox' Orange‘, kommt aus der DDR. Gutes Aroma zeichnet die Sorte aus. Mittelgroße Früchte, ähnlich der Goldparmäne.
Genußreife: Ende September – Ende November.

Cox' Orange Renette: wächst mittelstark und neigt zu reicher Verzweigung. Ein langer Fruchtholzschnitt ist gut verträglich, doch muß rechtzeitige Verjüngung des Fruchtholzes vorgenommen werden. Die Sorte trägt früh und reich, die Früchte – groß bis mittelgroß – besitzen gutes Aroma.
Genußreife: November – April.

Gloster 69: von der Verzweigung her der Goldparmäne sehr ähnlich. Gutes Auslichten, aber auch Herunterbinden der Äste (Schlanke Spindel) tragen zur guten Fruchtung bei. Rotgefärbte gute Lagersorte.
Genußreife: Januar – April.

Golden Delicious: weicht vom Erscheinungsbild gegenüber anderen Sorten ab. Starke Verzweigung, früh hängende Seitenäste bei Fruchtbehang lassen die Sorte leicht erkennen.
Genügendes Auslichten des zu dichten Fruchtholzes ist sehr wichtig. Gute jährliche Fruchtbarkeit zeichnet den grüngelben Delicious aus.
Genußreife: Oktober – April.

Goldparmäne: eine frühe, sehr beliebte, heute weniger angebaute Sorte; mehr Liebhabersorte. Eine laufende Verjüngung des Fruchtholzes ist erforderlich. Die Früchte sind mittelgroß, hellgelb, rot gestreift.
Genußreife: November – Dezember.

James Grieve: kurzes, gut verzweigtes Fruchtholz, muß deshalb viel geschnitten werden, aber auch eine ständige Verjüngung ist wichtig. Der Geschmack der großen Früchte ist sehr gut.
Genußreife: September – Anfang November.

Jonathan: gute, lagerfähige Sorte. Die schwachwachsende Sorte muß laufend verjüngt werden, um Triebbil-

Das Beispiel zeigt, wie weit die Wurzeln des Apfelbaumes reichen; das ist besonders bei Düngergaben zu berücksichtigen.

dung anzuregen. Mehltauanfällig, beim Schnitt berücksichtigen.
Genußreife: Oktober – März.
Laxton's Superb: ist der Cox' Orange Renette im Wuchscharakter sehr ähnlich; guter Pollenspender. Kurzer Schnitt wegen Verkahlung zu empfehlen.
Genußreife: November–März.
Oldenburger (Geheimrat Dr. Oldenburg): dieser mittelgroße Apfel mit seiner eigenwilligen Färbung ist sehr saftig und für den Frischverbrauch sehr gut geeignet. Er enttäuscht nie und bringt jedes Jahr reichliche Frucht. Eine altbewährte Sorte, für Zwergformen geeignet.
Genußreife: Oktober–Anfang Dezember (danach wird er mehlig).
Roter von Berlepsch: wächst stark und breit; muß oft gebremst werden. Auf M-9-Unterlage als Spindelbusch oder auch als schlanke Spindel kultivierbar.
Genußreife: Dezember–April.
Roter von Boskoop: wächst wie die Stammsorte breit und ausladend. Diese herbsäuerliche Sorte findet wieder Liebhaber. Auch als Spindelbusch und schlanke Spindel auf M 9 gute Erfolge.
Genußreife: Dezember–April.

Birne

Nicht nur bei Äpfeln, sondern auch bei Birnen hat man es mit stark- und schwachwachsenden Sorten zu tun. Birnen haben das Bedürfnis, steil hinauszuwachsen. Ebenso gehen aber in entgegengesetzter Richtung die Wurzeln in den Boden. Sie sind Tiefwurzler; feuchte, tiefgründige Böden sind deshalb für sie erforderlich. Aber auch Birnen lassen sich im kleinen Garten als Büsche, Spindelbüsche oder auch als schlanke Spindeln ziehen. Die Quitte dient als schwachwachsende Unterlage. Auf Birnenunterlagen mit Sämlingswurzeln sollte man verzichten (starker Wuchs).
Nachfolgend einige bewährte Sorten:
Alexander Lukas: Sorte mit etwas eigenwilligem Wuchs, bildet lange Fruchtruten. Blütenbildung am Ende der Ruten; muß beim Schnitt beachtet werden. Diese alte, aber wertvolle Sorte ist widerstandsfähig gegen Schorf.
Genußreife: Oktober–Dezember.
Clapps Liebling: diese große und saftige Birne bildet ebenfalls lange Jahrestriebe. Sie blüht spät, deshalb auch für weniger günstige Lagen geeignet.
Genußreife: August–September.
Conference: zeichnet sich durch sehr gute Fruchtbarkeit aus; kurzes Fruchtholz; Seitenäste neigen zum Hängen.
Genußreife: Anfang Oktober – Mitte November.
Gräfin von Paris: diese Sorte mit ihrer ziemlich großen Frucht ist eine wertvolle Birne. Der Wuchs ist mittelstark, die Blüte früh.
Genußreife: November–Januar.
Gute Luise: alte Sorte, die aber – wird sie richtig behandelt (Mittelachse wegschneiden und auf Seitenholz ableiten) – gute Erträge bringen kann. Allerdings ist diese Sorte anfällig für Schorf. Windfestigkeit; auch Anbau in weniger günstigen Lagen zeichnet die Sorte aus.
Genußreife: September–Oktober.
Köstliche von Charneux: wächst sehr stark und ausgesprochen steil. Windfestigkeit sowie Eignung für rauhe Lagen zeichnen die Sorte aus. Auch hier sollte der Mitteltrieb entfernt und auf Seitenäste geleitet werden.
Genußreife: Anfang Oktober – Mitte November.
Vereinsdechantsbirne: große, hellgelbe Frucht (manchmal etwas rot-

backig). Gute Birne für den kleinen Garten. Kurzes, mittellanges Fruchtholz ist vor allem in der Jugend zu schonen, da die Sorte spät zu fruchten beginnt. Die Blüte ist mittelspät.
Genußreife: Ende Oktober – Dezember.

Williams Christ: als Einmachbirne sehr geschätzt, da das Fleisch weiß bleibt; fleißiger, früher Träger. Für wenig günstige Lagen nicht geeignet (geringe Frosthärte). Wächst nicht so stark wie Alexander Lukas; Rückschnitt kann deshalb etwas strenger durchgeführt werden.
Genußreife: September (nur kurz haltbar).

Das Abstützen der Äste bei starkem Fruchtbehang, wie hier bei der Birne Williams Christ, ist unbedingt vorzunehmen.

Süßkirsche
Die Süßkirsche ist für den kleinen Garten wenig geeignet. Der überaus sparrige und starke Wuchs benötigt einen sehr großen Platzbedarf. Schwachwachsende Unterlagen sind zur Zeit noch nicht verfügbar, doch wird man auch hier mit den Jahren geeignete Unterlagen finden; Versuche scheinen erfolgversprechend zu sein. Süßkirschen sind sehr frostempfindlich, deshalb werden sie erst geschnitten, wenn keine starken Fröste mehr zu erwarten sind. Ein Auslichten kann nach der Ernte vorgenommen werden.

Sauerkirsche
Sauerkirschen unterscheiden sich von Süßkirschen rein äußerlich durch ihren Wuchs. Kleine Bäume oder Büsche, die entweder einen hängenden oder steilen Wuchs haben, verlangen eine stetige Schnittbehandlung.
Die Meinung, daß Sauerkirschen nicht geschnitten zu werden brauchen, ist falsch. Allerdings ist die Schnittbehandlung nicht bei allen Sorten gleich; deshalb beim Kauf erkundigen. Sauerkirschen auf Vogelkirsche veredelt werden etwa 1 m breiter als die auf Weichselunterlage veredelten. Hinzu kommt, daß die auf Weichselunterlage veredelten Sauerkirschen eine gleichmäßigere Ernte zulassen (Früchte werden zusammen reif).
Schattenmorelle: die wohl am weitesten verbreitete Sorte, macht aber auch die meiste Arbeit, zumindestens was den Schnitt betrifft. Sie fruchtet fast nur an einjährigen Trieben. Deshalb ist es die Aufgabe des Schnittes, immer wieder für den Nachwuchs dieser Triebe zu sorgen. Das ist oft gar nicht so leicht. Man muß austriebsfähige Blattknospen erkennen können und auf diese zurückschneiden, so daß man mit Neutrieb rechnen kann. Als Kleingärtner kann man sich auch die Arbeit machen und einjährige Triebe um etwa $1/3$ kürzen. Natürlich schneidet man einen Teil der Blüten mit weg, doch beugt man der Bildung von Trauerästen und somit einer Verkahlung vor. Auch das Entfernen von zu schwachen und zu dichten Ästen zählt zur Schnittmaßnahme.
Trotz des Namens Schattenmorelle gedeiht sie in vollsonniger Lage am besten. Der Name bezieht sich nicht etwa auf einen schattigen Standort. Sie trägt sehr früh, regelmäßig und reichlich.
Köröser Weichsel: entwickelt viele Kurztriebe. Deshalb weniger Rückschnitt erforderlich, aber gutes Auslichten ist hier notwendig.
Ludwigs Frühe: diese hellfrüchtige, sehr frühe Sauerkirsche ist als Einmachkirsche sehr beliebt. Gutes Auslichten sowie genügend Rückschnitt, der die Bildung von Neutrieben anregt, ist auch hier erforderlich, um ein Verkahlen zu verhindern.

Pflaumen – Zwetschen – Mirabellen – Renekloden
Pflaumen lieben einen humosen, feuchten, lockeren Boden.
Zwetschen sind nicht ganz so anspruchsvoll. Mirabellen und Renekloden dagegen wollen wieder einen besseren Boden, der mindestens dem der Pflaumen gleichkommt. Genügend Kalk muß im Boden vorhanden sein, das Abstoßen der unentwickelten Früchte kann auf Kalkmangel zurückzuführen sein, besonders in der Zeit, in der sich die Steine bilden.
Der Schnitt beschränkt sich nach dem Aufbau der Krone oder des Gerüsts nur noch auf das Auslichten sowie gelegentliches Verjüngen. Eine Verjüngung ist mit der Zeit erforderlich, um

ein Nachlassen der Fruchtgröße zu verhindern.

Einige Pflaumensorten in der Reihenfolge der Erntezeit:

Ontariopflaume: große, grünlichgelbe Pflaume, reift Anfang bis Mitte August. Sie ist recht fruchtbar, hat aber geringe Frosthärte; der Wuchs ist stark.

The Czar: große dunkelblaue Pflaume, die Mitte August genußreif ist. Starker, breiter Wuchs und gute Frosthärte. Sie ist selbstfruchtbar, trägt sehr früh und reichlich.

Königin Viktoria: sehr große, leuchtend gelbrote Früchte bringend. Die Reifezeit ist von Anfang bis Mitte September. Trotz guter Frosthärte liebt sie eine geschützte Lage.

Einige Zwetschensorten in der Reihenfolge der Erntezeit:

Lützelsachser Frühzwetsche: ist bereits Anfang August reif. Die Frucht ist relativ groß, oval, dunkelblau. Geringe Ansprüche an Boden und Klima zeichnen die Sorte aus. Sie trägt früh, ist aber auf Fremdbestäubung angewiesen.

Bühler Frühzwetsche: bekannte mittelgroße Zwetsche. Sie liebt feuchten Boden, der für die Ausreifung wichtig ist. Frühes, regelmäßiges Tragen und Selbstfruchtbarkeit zeichnen die Sorte aus.

Hauszwetsche: diese längliche, blaue, erst im September reifende Frucht wird gern für Zwetschenkuchen verwendet. An den Boden stellt sie außer hoher Bodenfeuchtigkeit keine besonderen Ansprüche. Der Wuchs ist mittelstark. Der Fruchtertrag kann gesteigert werden, wenn ein zweiter Baum der gleichen Sorte in unmittelbarer Nähe gepflanzt wird (Selbstbefruchtung).

Mirabellen und Renekloden

Nancy Mirabelle: diese Mirabelle ist im August erntereif bzw. genußreif. Die goldgelben Früchte lösen sich gut vom Stein. Kalkhaltiger Boden ist erforderlich.

Große grüne Reneklode: reift Ende August bis Mitte September, ist gelbgrün und mittelgroß. Diese bewährte Sorte wird gerne zum Einmachen verwendet. Mittelstarker, breiter Wuchs. Etwas geschützte Lage ist trotz großer Frosthärte zu empfehlen; Fremdbestäubung.

Quillins Reneklode: reift Ende August – Anfang September. Diese Sorte trägt sehr reich und ist deshalb sehr wertvoll. Sie ist großkronig.

Als Unterlage für die vorgenannten Steinobstarten wird die St.-Julien-Pflaume verwendet. Von Bedeutung ist auch die schwachwachsende INRA 655/2 Unterlage, die sich für Steinobst bewährt hat.

Pfirsich

In unseren Breiten ist das Klima für den Pfirsichanbau nicht gerade günstig. Deshalb muß man dem Schnitt und der Pflege besondere Aufmerksamkeit schenken. Die Zeit von der Blüte bis zur Reife ist ziemlich lang, dadurch reift auch das Holz bis zum Frosteinbruch schlecht aus. Unausgereiftes Holz ist aber frostempfindlich. Schwache Jahrestriebe sterben häufig ab, oft kommt es zu Gummifluß.

Durch kurzen Rückschnitt kann man die Bildung von wahren Fruchttrieben fördern. Durch regelmäßigen jährlichen Schnitt erreicht man, daß der Pfirsich immer im Trieb bleibt. Bedingt durch diesen kräftigen Trieb wiederum, sollte im Sommer ein Grünschnitt durchgeführt werden. Einmal, um die Früchte freizustellen, und zum andern, um die zu dicht stehenden und schwachen Triebe zu entfernen.

Pfirsich.

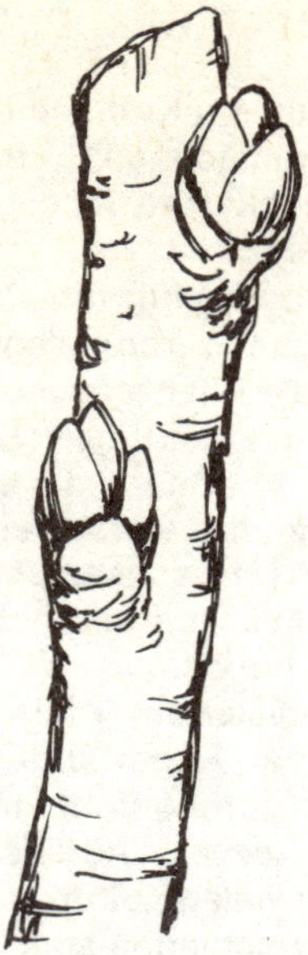

Echter Fruchttrieb mit Blatt- und Blütenknospen.

Falscher Fruchttrieb mit nur Blütenknospen.

Den Frühjahrsschnitt führt man erst vor der Blüte durch, d. h., wenn die Knospen schon Farbe zeigen. Schnittunterscheide bei den einzelnen Sorten sind bei Pfirsichen im Gegensatz zu Kernobst nicht von Bedeutung. Ungeschnittene Pfirsichbäume verkahlen gerne von unten her, da der Mitteltrieb den Drang zum Durchwachsen hat und das ganze Wachstum zur Spitze ausgerichtet ist.
Beim Pfirsich wird auch die Unterlage der St.-Julien-Pflaume verwendet. Pfirsichsämlingsunterlagen sind nur für leichte, sandige Böden zu empfehlen.

Nachfolgend einige Sorten in der Reihenfolge der Erntezeit:
Mayflower: mittelgroße Frucht, an der Sonnenseite gerötet. Sie löst sich gut vom Stein. Die Sorte hat einen starken Wuchs und ist widerstandsfähig gegen Kräuselkrankheit. Gute Frosthärte.
Genußreife: Mitte Juli.
Amtsden: mittelgroße Frucht, die unter der Haut leicht gerötet ist; löst sich nicht ganz vom Stein; starker, gesunder Wuchs, auch für rauhe Lagen geeignet. Empfehlenswerte Frühsorte.
Genußreife: Mitte–Ende Juli.
Früher Alexander: schöne große Früchte, ähnlich vorstehender Sorte.
Genußreife: Ende Juli.
Waterloo: ziemlich kugelförmige Frucht, weißgelb/braunrot; löst sich aber nicht gut vom Stein. Gute Sorte mit kräftigem Wuchs.
Genußreife: Ende Juli.
Madam Rogniat: wertvolle bewährte Sorte. Die Früchte sind groß und gut gefärbt. Die Steinlöslichkeit ist mittelmäßig.
Genußreife: Mitte–Ende August.
Kernechter vom Vorgebirge: guter Einmachpfirsich, der sich gut vom Stein löst. An der Sonnenseite wird die

Frucht leuchtendrot. Gute, ertragreiche späte Sorte.
Genußreife: Anfang – Mitte September.

Aprikose
Die Aprikose wird meistens als Mittel- oder Niederstamm gepflanzt. In klimatisch begünstigten Gebieten, wie z. B. an der Bergstraße, wird die Aprikose weit mehr angebaut als in weniger günstigen Gebieten. Im Kleingarten wird sie in der Regel als Spalier gezogen.
Der Schnitt der Aprikose ist nicht so intensiv wie beim Pfirsich, da eine Verkahlung kaum eintritt. Hinzu kommt, daß Aprikosen kurzes Fruchtholz bilden.
Trotzdem muß ausgelichtet und rechtzeitig verjüngt werden. Die Aprikose liebt zwar feuchte Böden, aber keine stauende Nässe. Im Garten hat man bestimmt eine geschützte Stelle für sie. Leider nimmt sie bei Spätfrösten, bedingt durch die frühe Blüte, oft Schaden. Deshalb empfiehlt sich notfalls ein Schutz mit Strohmatten oder Sackleinen, trotzdem ist man aber gegen Spätfröste, was die Aprikose betrifft, nicht gefeit. Im verblühten Zustand kann der Frost weit weniger schaden als während der Blüte.
Nachfolgend zwei Sorten in der Reihenfolge der Erntezeit:
Wahre Große Frühaprikose: große, längliche Frucht, die steinlösend ist; trägt regelmäßig, gesunder und starker Wuchs.
Genußreife: Ende Juli – Anfang August.
Ungarische Beste: mittelgroße Frucht, saftig und aromatisch; leicht vom Stein lösend. Als Einmachsorte bestens geeignet. Die Sorte ist jedoch empfindlich.
Genußreife: Anfang–Mitte August.

Pflanzenschutz im Obstbau

Wenn man von Krankheiten und tierischen Schädlingen im Obstbau spricht, denkt man dabei gleich an ihre Bekämpfung.
Der Obstbauer führt im Jahr mehrere Spritzungen durch. Wegweisend für ihn sind die Pflanzenschutzdienststellen, die die richtigen Spritztermine mitteilen. Aber auch die entsprechenden Spritzmittel werden empfohlen, so daß der Erwerbsobstbauer nicht lange suchen muß, um das richtige Spritzmittel zu finden.
Im organisierten Kleingartenwesen wird in der Regel vom Verein eine Spritzung durchgeführt, meistens eine Winter- bzw. Austriebsspritzung. Durch die vielen Kulturen, die in jedem Garten verschieden sind, wären mehrere Spritzungen zu verschiedenen Jahreszeiten gar nicht möglich. Deshalb führt man nur eine Spritzung zu Beginn des Austriebs durch.
Für Pflanzenschutz im kleinen Garten – speziell für den Obstbau – kann man aber auch eine Menge tun, ohne daß man nur Pflanzenschutzmittel einsetzt (ohne die man jedoch zur Zeit noch nicht auskommt). So kann durch Schnittmaßnahmen der Krankheitsbefall eingeschränkt werden, indem man bereits befallene Zweige entfernt. Mehltaubefallene Triebe können z. B. durch den Grünschnitt entspitzt werden (Apfelmehltau tritt im Anfang nur an den Triebspitzen auf), doch muß man 5–8 cm tiefer schneiden als der Befall sichtbar ist.
Die sogenannte Zweigdürre (Monilia), die besonders bei Steinobst auftritt, kann ebenfalls durch Entfernen und Verbrennen der befallenen Triebe bekämpft werden.
Die in manchen Jahren sehr stark auftretende Kräuselkrankheit bei Pfirsi-

chen kann ebenfalls durch scharfen Rückschnitt im Frühjahr eingedämmt werden.
Es ist zwar noch strittig, doch sollte man Schneidewerkzeuge, die man zum Entfernen von kranken Trieben und Ästen verwendet, vor dem Schnitt gesunder Gehölze desinfizieren. Empfehlenswert ist natürlich, Schneidegeräte für gesundes und krankes Holz zu haben, so kann man sich nicht den Vorwurf machen, gesunde Bäume oder Sträucher angesteckt zu haben.
Richtige Düngung ist ebenfalls eine Pflanzenschutzmaßnahme. So kann eine Stickstoffüberdüngung das Gehölz anfällig für Krankheiten machen.
Um dem Obstbauer bei der Schädlingsbekämpfung zu helfen, hat die Industrie Lockstoffallen für Insekten entwickelt. Dieses Fallensystem ist allerdings nicht für die Direktbekämpfung gedacht, sondern in erster Linie soll diese Falle Aufschluß über den Flug bestimmter Schadschmetterlinge geben. Die Falle wird in Augenhöhe im Kronenbereich eines Baumes aufgehängt. Sie beinhaltet Sexuallockstoff der Schmetterlingsweibchen, der die Männchen in die Falle lockt, hier bleiben sie am Leimboden (ein mit Raupenleim bestrichener Karton, der ausgewechselt werden kann) hängen. Durch regelmäßige Kontrolle lassen sich genaue Hinweise über den Flug der Schadschmetterlinge geben. Der Erwerbsobstbauer kann seine Spritzmaßnahmen für die überwachte Anlage genauer bestimmen. Wird während der betreffenden Flugzeit kein Falter gefangen, kann man davon ausgehen, daß das Schadinsekt in der Anlage nicht vorkommt, eine Spritzung erübrigt sich somit. Diese Fallen werden hauptsächlich für die Überwachung des Apfelwicklers, des Fruchtschalenwicklers sowie des Pflaumenwicklers angewendet. Um für den Nichtfachmann das Erkennen der Schadschmetterlinge zu erleichtern, sind auf den Fallen die Schmetterlinge abgebildet.

Lockstoffalle für Insekten, hier für den Apfelwickler.

Blick in das Innere der Falle, es sind deutlich die gefangenen (festgeklebten) Falter zu erkennen.

Lichtfalle; sie lockt im Dunkeln Insekten an.

Gegen Wildverbiß im Winter lassen sich seitlich aufgeschlitzte durchlöcherte Kunststoffrohre anbringen.

Eine weitere Insektenfalle ist die Lichtfalle. Sie dient zur Beobachtung des Insektenflugs. Sie lockt im Dunkeln fliegende Insekten an, diese fallen durch einen Trichter in eine Fangflasche. Die Auswertung setzt hier allerdings Kenntnisse über Insektenarten voraus. Aber auch mit dieser Falle kann der Fachmann den Flug von Schadinsekten kontrollieren, um eventuelle Spritzmaßnahmen einzuleiten.

Bei tierischen Schädlingen wird man wohl nicht umhinkommen, öfter einmal zur Spritze zu greifen. Doch sollte der Kleingärtner speziell von den für seinen Gebrauch konzipierten Abpackungen und Dosierhilfen von Schädlingsbekämpfungsmitteln Gebrauch machen. Häufig sind Pflanzenschutzmittel schon so abgepackt, daß eine Einheit für 5 oder 10 l Wasser ausreicht, sogenannte Portionspackungen; ein Abwiegen oder Abmessen entfällt.

Beerenobst

Wenn man von Beerensträuchern spricht, so muß man diese in 2 Gruppen einteilen: echte Beerensträucher und Halbbeerensträucher. Zu der Gruppe der Beerensträucher zählen Stachel- und Johannisbeeren sowie Gartenheidelbeeren. Zu der Gruppe der Halbbeerensträucher zählen die Himbeeren und Brombeeren.

Doch zunächst zu den Johannisbeeren, die am häufigsten angebaut werden.

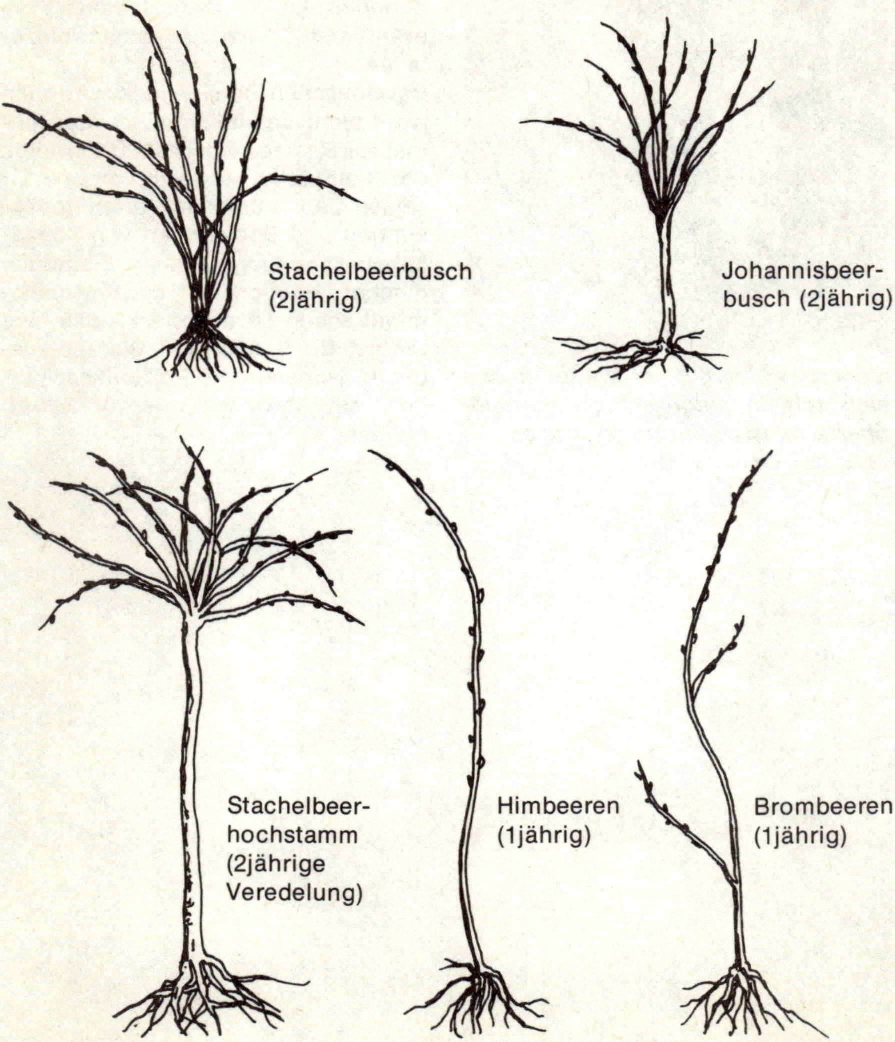

Beerensträucher, wie sie von Qualitätsbaumschulen angeboten werden.

Beerensträucher

Rote Johannisbeeren

Die Johannisbeere stellt keine besonderen Ansprüche an Boden und Klima. Trotzdem ist sie für lockere Humusböden dankbar und beweist es durch reiches Tragen. Man sollte deshalb schon beim Pflanzen den Boden gründlich mit Komposterde und Torf vermischen. Pflanzen sollte man im Herbst, gleich, ob man Büsche oder Stämmchen pflanzt. Ein starker Pflanzenschnitt ist zu empfehlen. Der Pflanzabstand beträgt mindestens 1 m, maximal 2 m. Man kann Büsche, Halbstämme (Fußstämme 50 cm) oder Hochstämme (90 cm) pflanzen. Alle Stammarten muß man auf jeden Fall anpfählen, da die Stämme relativ dünn sind und besonders bei Fruchtbehang unweigerlich abbrechen würden.

Beim Kauf von Johannisbeeren sollte man darauf achten, daß man kräftige Pflanzen bekommt (bei Büschen 5–7 Triebe). Bei roten Johannisbeeren gibt es Sorten, die sich gut verzweigen, und Sorten, die sich weniger gut verzweigen. Deshalb sollte man die Eigenschaften der Sorte vorher kennen. Bei den verzweigenden Sorten ist ein Rückschnitt nicht nötig (außer Pflanzschnitt). Bei den wenig verzweigenden Typen dagegen sollten die Jahrestriebe etwa um ein Drittel gekürzt werden. Schwache Triebe entfernt man unmittelbar über dem Boden. Den Winterschnitt führt man schon im Januar durch. Alte, abgetragene Triebe, die keine Triebkraft mehr zeigen, müssen durch neue heranwachsende ersetzt werden. Man muß also dafür sorgen, daß ein gewisser Ausgleich geschaffen wird. Für entferntes, abgetragenes Holz sollte immer ein Ersatz von jungen Trieben da sein. Oft muß man Kompromisse machen, indem man einen älteren Trieb noch stehen läßt, da der an seine Stelle tretende Jungtrieb noch nicht kräftig genug ist. Den alten Trieb entfernt man dann allerdings bereits nach der Ernte.

Der kleine Garten ist für den Anbau von Stammformen gut geeignet. Diese lassen sich gut überschauen und ernten. In der Pflege gibt es zwischen Busch und Stämmchen nur wenig Unterschiede. Im Erwerbsgartenbau allerdings pflanzt man nur die anspruchslosen Büsche.

Nachfolgend einige empfehlenswerte Sorten in der Reihenfolge der Erntezeit:

Jonkheer van Tets: frühe Sorte, sehr lange, dunkelrote Trauben bildend. Diese sehr reichtragende Sorte hat aufrechten Wuchs und liebt humusreichen Boden.

Rote Vierländer: große dunkelrote Beeren bildend; langtraubig, ertragreich; widerstandsfähig gegen Krankheiten, mittelfrüh.

Heros: lange Trauben, dunkelrote, große Beeren bildende Sorte. Sie ist sehr widerstandsfähig, mittelfrüh.

Red Lake: diese Sorte bildet ebenfalls ziemlich lange Trauben und ist sehr ertragreich.

Heinemanns Rote Spätlese: hellrote Frucht an sehr langen Trauben; kräftiger Wuchs. Die Sorte benötigt gute Düngung, da sonst etwas krankheitsanfällig. Sie wird erst im August erntereif.

Krankheiten und Schädlinge

Die am häufigsten vorkommenden Krankheiten der roten Johannisbeere sind die Blattfallkrankheit und die Blattrandkrankheit.

Die **Blattfallkrankheit** beginnt mit dunklen Flecken in den Blättern, sie rollen sich später ein, vertrocknen und fallen ab. Verkahlung des Busches oder Bäumchens tritt ein. Ist die Krankheit einmal aufgetreten, sollte im kommenden Jahr gleich nach Austrieb vorbeugend gespritzt werden, aber auch nach der Ernte ist eine Spritzung zu empfehlen; gut bewährt hat sich Euparen (0,2%).

Die **Blattrandkrankheit** entsteht meistens durch Kalimangel. Blätter werden oft schon im Juni gelb, die Ränder werden braun und sterben ab, die Folge ist vorzeitiger Blattfall. Hier hilft eine Düngung mit schwefelsaurem Kali.

Die **Johannisbeermotte** macht sich durch angefressene Blatt- und Blütenknospen bemerkbar. Auch Raupenfraß an jungen Trieben erkennbar. Vorbeugen durch Winter- oder Austriebsspritzung. Im Kleingarten lassen sich die Raupen auch ablesen.

Die **Stachelbeerwespe** und der **Stachelbeerspanner** treten auch an Johannisbeeren auf.

Kahlfraß durch grünliche, raupenartige Larven (Stachelbeerwespe). Beim Stachelbeerspanner einzelne Fraßstellen, schwarz-weiß-gelb gefleckte Räupchen. Mit Insektizidmittel spritzen oder Räupchen ablesen.

Blattläuse kommen häufig an jungen Trieben und Blättern vor. Die Spitzen der Triebe sowie deren Blätter rollen sich ein und verkrüppeln, wenn man nachsieht, stellt man Blattläuse fest. Spritzen mit Insektizidmittel mit kurzer Wartezeit.

Knospenfraß durch Vögel: In den Wintermonaten kommt es häufig vor, daß Vögel von roten oder weißen Johannisbeeren die Knospen verbeißen, d. h., es kommt zum „Knospenverbiß", wie der Fachmann sagt. In der Hauptsache sind es Finkenvögel, an erster Stelle der Grünfink. Sie fressen nur das Knospeninnere, der Knospenmantel, der hart und, wie bei den meisten Knospen, wachshaltig ist, schmeckt ihnen nicht.

Diese so angefressenen oder ausgehöhlten Knospen treiben natürlich nicht mehr aus, so kann es vorkommen, daß ganze Triebe verkahlen. Denn haben die Vögel erst einmal diese zusätzliche Futterquelle entdeckt, ruhen sie nicht eher, bis der Busch oder das Bäumchen ziemlich kahl ist.

Es ist keinesfalls richtig, daß dieser Knospenfraß nur im Spätwinter stattfindet, also etwa im Februar/März, wie behauptet wird, sondern die Knospen werden bereits Anfang Dezember an Johannisbeeren und Sauerkirschen angefressen.

Es gibt Wildverbißmittel, die auch gegen Knospenfraß wirken sollen, jedoch sind diese Mittel nicht sehr wirksam.

Das einfachste Mittel, den Knospenfraß zu verhindern, dürfte wohl das Abdecken der Gehölze mit Nylonnetzen sein. Der Handel bietet sie in verschiedenen Breiten und Längen an, nur muß man darauf achten, daß das Netz engmaschig ist. Grobmaschige Netze geben noch zu viele Triebe frei, so daß die Vögel die Möglichkeit haben, trotzdem noch einen Teil der Knospen zu fressen. Nach starkem Schneefall sollte man den Schnee abschütteln, da sich das Netz zusetzt und die schwere Last des Schnees den Büschen und Bäumchen unter Umständen Schaden zufügen kann.

Bei Beginn des Austriebs müssen die Netze rechtzeitig abgenommen werden, denn sonst wachsen sie regelrecht mit ein. Die Folge ist, daß man bei zu spätem Abnehmen einen Teil der Knospen – hauptsächlich die leicht zerbrechlichen Blütenknospen – mit abreißt, das Abdecken hätte man sich dann ersparen können.

Im Sommer während der Reifezeit empfiehlt sich ebenfalls Abdeckung zum Schutz der Früchte gegen Vogelfraß (Amsel).

Weiße Johannisbeeren
Weiße oder gelbe Johannisbeeren werden von Liebhabern gerne angepflanzt. Durch die geringe Säure haben sie mehr Süße und werden deshalb gerne zum Frischverzehr genommen. Die Kultur entspricht der der roten Johannisbeere.
Zwei empfehlenswerte Sorten sind:
Weiße Versailler: hoher Ertrag mit großen Beeren zeichnet diese Sorte aus.
Weiße aus Jüterburg: ausgezeichnete, reichtragende Sorte mit langen Trauben; sowohl für Busch als auch für Stamm geeignet.

Schwarze Johannisbeeren
Schwarze Johannisbeeren sind im Wuchs stärker als rote. Ein kräftiger Rückschnitt bei der Pflanzung ist notwendig, später jedoch beschränkt man sich nur auf das Auslichten, das gilt für Büsche und Stämmchen. Gut ausgelichtete Gehölze bringen gute Erträge. Einige Sorten in der Reihenfolge der Reifezeit:
Rosenthals langtraubige Schwarze: große, schwarze Beeren an langen Trauben. Die Sorte ist selbstfruchtend, deshalb zwei Büsche oder Bäumchen pflanzen. Sehr gute Sorte, doch etwas frostempfindlich.
Silvergieters Schwarze: gute Sorte mit hervorragender Trageigenschaft. Diese Sorte ist etwas frosthärter als vorgenannte.
Daniels September: späte Sorte, die guten Ertrag bringt und als Massenträger bezeichnet werden kann.

Krankheiten und Schädlinge

Amerikanischer Stachelbeermehltau: kommt auch an schwarzer Johannisbeere vor. Im Hochsommer werden die Blätter und Stiele oft mit einem weißen Belag überzogen, danach bekommen sie dunkle Flecken und werden braun, meistens an den Triebspitzen beginnend.

Nach der Ernte befallene Triebe zurückschneiden; Spritzung mit einem geeigneten Fungizidmittel (Fachhandel).

Säulenrost: Diese Pilzkrankheit tritt an schwarzen Johannisbeeren mitunter auf, besonders dann, wenn Schwarz- oder Weymouthskiefern in der Nähe stehen. Sie gelten nämlich als Zwischenwirt für diese Krankheit und sollten daher nicht angepflanzt werden.

An den Blattseiten bilden sich gelblichbraune Rostpusteln. Mehrmaliges Spritzen mit geeigneten Fungizidmitteln ist erforderlich (nach der Blüte und Ernte), Kiefern entfernen.

Die **Johannisbeergallmilbe** tritt hauptsächlich bei schwarzer Johannisbeere auf. Das Schadbild ist leicht zu erkennen, ein Teil der Knospen schwillt im Frühjahr (April) unnatürlich an. Es findet aber kein Austrieb statt, sondern die Knospen sterben nach einiger Zeit gänzlich ab.

Radikal zurückschneiden, Bäumchen oder Büsche neu aufbauen, abgeschnittene Triebe verbrennen. Mehrmaliges gründliches Spritzen mit geeigneten Mitteln (z. B. Thiodan 35), Gebrauchsanweisung beachten.

Stachelbeeren

Stachelbeeren, als Stämmchen gezogen, machen sich im Kleingarten besonders gut. Man läßt in der Regel 4–5 Haupttriebe um den Mitteltrieb wachsen, das ganze bildet dann die Krone. Stachelbeeren verzweigen sich stark, gutes Auslichten und regelmäßiges Verjüngen ist deshalb erforderlich.

Junges Holz erkennt man an der hellen Farbe, so daß man altes und junges Holz gut unterscheiden kann. Gedrehte, verkrüppelte Triebenden deuten auf Stachelbeermehltau hin, deshalb schneidet man einjährige Triebe im Januar zurück. Die abgeschnittenen Triebe verbrennt man. Das Einkürzen der jungen Triebe kann man natürlich auch vornehmen, wenn kein Mehltaubefall vorliegt, es ist dann eine vorbeugende Maßnahme.

Noch ein Wort zum Pflanzschnitt: Der Pflanzschnitt sollte ziemlich radikal vorgenommen werden, denn nur so erhält man kräftige Jungtriebe, um ein Kronengerüst aufbauen zu können; dasselbe gilt auch für Büsche.

Einige empfehlenswerte Sorten in der Reihenfolge der Reifezeit:

Hönings Früheste: gelbe, sehr frühe Sorte mit mittelgroßen, behaarten Früchten, die besonders zum Frischverzehr geeignet sind. Der Wuchs ist mittelstark.

Maiherzog: rote, frühe Sorte, die sehr reichtragend ist und zu den besten unter den roten Stachelbeeren zählt. Die Frucht ist groß und rundlich.

Weiße Triumphbeere: Die weiße, großfrüchtige Sorte ist mittelfrüh und wird auch im Erwerbsobstbau mit großem Erfolg angebaut.

Rote Triumphbeere: das Gegenstück zur vorgenannten Sorte; ideale Sorte für den Kleingarten. Sie ist starkwachsend und bildet rote bis dunkelbraunrote Früchte. Auch sie wird mit Erfolg im Erwerbsobstbau angebaut.

Früheste von Neuwied: empfehlenswerte Sorte für den Kleingärtner. Die grüne Frucht ist groß und dünnschalig, mittelfrüh.

Grüne Kugel: altbewährte, mittelfrühe Sorte, die sehr ertragreich ist; starker

Wuchs mit grünen, großen runden Früchten.

Krankheiten und Schädlinge

Amerikanischer Stachelbeermehltau: Im Frühsommer tritt weißer Pilzbelag an den Blättern auf, der später braun wird, auch Früchte werden fleckig und braun.

Nach Austrieb mit geeigneten Mitteln vorbeugend (wie gegen Echten Mehltau) spritzen. Es empfiehlt sich, zweimal zu spritzen. Wie schon eingangs erwähnt, im Januar Triebspitzen einkürzen, abgeschnittene Triebe verbrennen.

Blattfallkrankheit: Blätter bekommen dunkle Flecken, vertrocknen und fallen bereits im Sommer ab. Büsche oder Bäumchen verkahlen. 1–2 Spritzungen unmittelbar nach der Blüte und nach der Ernte. Geeignete Mittel sind im Fachhandel erhältlich (z. B. Euparen, 0,2 %).

Stachelbeerblattwespe, Stachelbeerspanner; siehe unter rote Johannisbeeren.

Kulturheidelbeeren

Kulturheidelbeeren, schlicht Gartenheidelbeeren genannt, benötigen humosen, sauren Boden, der gut durchlüftet sein muß. Sie sollten eine geschützte warme Stelle im Garten bekommen. Sehr wichtig ist eine gute Bodenvorbereitung mit reichlicher Torfbeigabe. Der Handel bietet ein spezielles Torfprodukt unter dem Namen „Rhodohum" hierfür an, doch kann man selbstverständlich auch normalen Torf verwenden. Gaben von Aluminiumsulfat, das man auch für Moorpflanzen verwendet, tragen zur Säuerung des Bodens bei.

Gartenheidelbeeren blühen im Mai und sind während der Blüte sehr dekorativ. Die Früchte sind groß und wohlschmeckend. Im Herbst färbt sich das Laub rötlichbunt.

Auf größeren Flächen werden sie bis jetzt nur in Niedersachsen angebaut, doch wird sich das bestimmt ändern. In den übrigen Gegenden sieht man sie hauptsächlich in Gärten.

Die Schnittbehandlung ist relativ einfach. Neben dem Rückschnitt beim Pflanzen beschränkt man sich später nur noch auf das Auslichten der Sträucher, dazu gehört natürlich auch das Wegschneiden abgestorbener und kranker Triebe. Eine Erziehungsform irgendwelcher Art ist bei Gartenheidelbeeren nicht gegeben.

Die Höhe der Pflanzen liegt beim Kauf etwa bei 30–40 cm; sie erreichen je nach Sorte eine Höhe von 100–180 cm. Die Sorte ‚Weymouth' reift früher als die Sorte ‚Jersey', die sehr starkwachsend ist. Die Hybridsorte ‚Amblue' ist spätfruchtend und sehr ertragreich.

Halbbeerensträucher

Himbeeren

Himbeeren gehören nicht zu der Gruppe der Sträucher, sondern zu der der Halbsträucher. Die Triebe sind nur zweijährig, d. h., im 1. Jahr wachsen sie 1–2 m hoch, ohne sich zu verzweigen. Nach der Winterruhe treiben sie wieder aus und bilden Seitentriebe, an denen sich die Blüten bilden. Nach der Fruchtreife sterben die Triebe ab und werden unmittelbar über dem Boden abgeschnitten. Inzwischen sind schon wieder junge Ruten herangewachsen, die im folgenden Jahr die Fruchttriebe stellen. Man hat also bei Himbeeren immer mit zweierlei Holzarten zu tun, das erleichtert auch die Arbeit, da man die absterbenden Triebe gut erkennen kann. Zweimaltragende Sorten brin-

Himbeeren können auch als Sichtschutz dienen.

gen sowohl im Herbst als auch im Frühjahr Früchte. Danach werden auch sie abgeschnitten.

Bei der Pflanzung kürzt man die Ruten auf etwa 30 cm ein. Dieses Einkürzen ist wichtig. Die Pflanze soll ihre Kraft nicht in die obere Rute, sondern in die unmittelbar über den Wurzeln sitzenden Augen treiben. Gepflanzt wird im April. Durchlässiger Boden, gut mit Kompost verarbeitet und gut feucht gehalten, gibt für die flachwurzelnden Himbeeren ein ideales Pflanzbeet. Himbeeren lieben Bodenbedeckung (Mulchen), halbverrotteter Stallmist, Kompost, aber auch Grasmahd können dazu verwendet werden.

Man läßt nicht mehr als 5–6 Ruten pro Strauch stehen. Schwache Ruten werden ganz entfernt. Pflanzt man in Reihen, läßt man 8–10 kräftige Ruten je laufenden Meter stehen. Zieht man sie am Spalier, schlägt man in die Reihe genügend lange Pfähle, die man durch Latten oder Spanndraht verbindet (in der Regel genügen 2 Drähte), daran bindet man dann die Ruten fest. Schwache Triebe kann man einkürzen. Himbeeren bilden gerne Ausläufer und kommen oft an Stellen heraus, die weit weg vom eigentlichen Stock sind. Rechtzeitiges Ausreißen oder Aushacken ist zu empfehlen, damit die Triebkraft nur in die eigentlichen Trageruten geht.

Himbeeren besitzen einen hohen Nährwert, deshalb sollte man sie auch im kleinen Garten viel mehr anbauen. Bei ihnen braucht man sich nicht vor Spätfrösten zu fürchten, da diese in der Blütezeit nicht mehr auftreten.

Es gibt einmal- und mehrmalstragende Sorten.

Malling Promise: starkwachsende bewährte Sorte, die zu empfehlen ist. Die Früchte sind groß und fest; widerstandsfähig gegen die Rutenkrankheit (einmaltragend).

Zeva II: Diese Sorte ist eine schweizerische Züchtung. Die starkwachsenden Triebe bringen große, dunkelrote Früchte (einmaltragend).

Zeva Herbsternte: ebenfalls eine schweizerische Züchtung. Die nur bis 1,20 m hoch werdende Sorte reift – wie der Name schon sagt – im zeitigen Herbst (September–Oktober). Diese Sorte braucht nicht aufgebunden zu werden. Die Früchte sind sehr groß und dunkelrot (zweimaltragend).

Romy: Diese Sorte wird nur etwa 80 cm hoch, ein Anbinden ist nicht erforderlich. Die Blüte beginnt im Sommer (August) und dauert bis in den Herbst hinein. Wohlschmeckende, große, dunkelrote Früchte zeichnen diese Sorte aus (mehrmalstragend).

Schönemann: Starker Wuchs und reichliches Tragen zeichnen die Sorte aus. Die Reifezeit ist etwa 2 Wochen später als Malling Promise. Zur Saftgewinnung und zum Einfrieren ist die Sorte bestens geeignet (einmaltragend).

Malling Exploit Auslese: Diese Sorte ist noch relativ jung; die Frucht ist sehr groß und hat volles Aroma. Sehr ertragreiche empfehlenswerte Sorte (einmaltragend).

Krankheiten und Schädlinge

Rutenkrankheit: Diese von Mai bis September auftretende Krankheit ist sehr gefürchtet, da sie häufig mit dem Absterben der Ruten endet.

An den einjährigen Ruten bilden sich blauviolette Flecken, später stirbt die Rinde ab, oft stirbt danach der ganze Trieb. Man kann vorbeugen, indem man gut mulcht, denn Bodenabdekkung ist wichtig. Gut auslichten, überalterte Pflanzen entfernen. Spritzung mit Kupfermitteln; Empfehlung des Pflanzenschutzamtes beachten.

Botrytis (Fruchtfäule): Früchte faulen am Strauch und sind schimmelartig überzogen. Spritzung mit geeigneten Mitteln vornehmen (z. B. Euparen).

Himbeerkäfer/Himbeerwurm: Die sogenannten Würmer in den Waldhimbeeren sind vielen bekannt, sie können auch an den Gartenhimbeeren auftreten. Es handelt sich hierbei nicht um Würmer, sondern um Larven. Schuld daran ist ein kleiner Käfer, der in der Blütezeit (Mai/Juni) sein Ei ablegt.

Spritzungen mit Insektizidmitteln vor Blühbeginn und während der Blüte; nur mit bienenungefährlichen Präparaten spritzen; Spritzmittel mit kurzen Wartezeiten verwenden.

Himbeerblütenstecher: Das Schadbild zeigt sich in angefressenen Blütenstielen, die auch abknicken. Schuld daran ist eine Käferlarve, die im Innern der Blütenstiele bzw. der Knospe frißt.

Spritzung mit geeigneten Insektizidmitteln vor und nach Blütenaufbruch. Warndienst des Pflanzenschutzamtes beachten.

Brombeeren

Bei Brombeeren muß man 2 Arten unterscheiden, aufrechtwachsende und rankende Sorten. Aufrechtwachsende Sorten kann man etwa wie Himbeeren behandeln. Bezieht man die Pflanzen in Containern, verzichtet man auf einen Pflanzschnitt. Sonst schneidet man sie zurück. Ein Sommerschnitt ist bei aufrechtwachsenden Sorten nicht nötig.

Anders ist es bei rankenden Brombeeren. Sie verlangen mehr Schnittarbeit. Hier ist auch ein Sommerschnitt

Stachellose Brombeeren sind meistens schon an den gefiederten Blättern zu erkennen.

vorzunehmen. Die Triebe des Pflanzjahres sind ohne Bedeutung. Wichtig sind die nachfolgenden Triebe. Man läßt 4–6 kräftige Ruten stehen und bindet sie an. Man hat sich natürlich vorher ein Spaliergerüst gebaut. Denn am Spaliergerüst gezogen, braucht man sich auch nicht vor stacheligen Sorten zu fürchten. Man baut das Gerüst aus Dachlatten oder zieht Spanndrähte zwischen den Pfählen (3–4 Bahnen). 4 Spanndrähte sind sehr vorteilhaft, da man unten Platz für die jungen Neutriebe hat, die ja im darauffolgenden Jahr Tragruten sein sollen; man hält sie praktisch in Reserve. Abgetragene Triebe kann man im Herbst am Boden abschneiden, oder man läßt sie bis zum Frühjahr als Winterschutz für die jungen Triebe stehen.

Beim Sommerschnitt werden die Seitentriebe entgeizt, man schneidet sie auf 1–3 Augen zurück. Über Winter kann man die Triebe losbinden und auf den Boden legen, das ist besonders in rauhen Gegenden zu empfehlen. Bei stachellosen Brombeeren, die sich mehr und mehr durchsetzen, ist das kein Problem. Dagegen muß man bei stacheligen Pflanzen schon feste Handschuhe anziehen, um sich vor den Stacheln zu schützen. Im Frühjahr werden die Ruten wieder ans Spalier gebunden, hat man alte Triebe stehenlassen, werden sie jetzt über der Erde abgeschnitten. Wenn man diesen ständigen Wechsel beachtet und durch Schnitt steuert, wird man bestimmt Freude an den Brombeeren haben.

Nachfolgend einige bewährte Sorten:
Wilsons Frühe: Diese aufrechtwachsende Sorte fängt schon früh an zu reifen (Juli–September). Sie ist reichtragend und frosthart. Die Früchte sind ziemlich groß.
Theodor Reimers: starkwüchsig, rankende Sorte. Sie ist sehr ertragreich. Die Früchte sind tiefschwarz und haben sehr gutes Aroma.
Thornless Evergreen: stachellose Sorte, die stark rankt; für den kleinen Garten gut geeignet. Die Reifezeit dauert von Juli bis September. Ertragreiche Sorte mit gefiedertem Blatt.
Thornfree: Diese sehr ertragreiche Sorte mit mittelstarkem Wuchs ist ebenfalls stachellos; wertvolle Spätsorte, Früchte müssen gut ausreifen.

Krankheiten und Schädlinge
Brombeerkrankheit: Ranken bekommen rotbraune Flecken. Mehrmals mit Grünkupfer spritzen (im Fachhandel erhältlich).
Brombeergallmilbe: Blätter und Triebe bekommen weißlichgelbe Stellen. Früchte bleiben zum Teil fleckigrot.
Dreimalige Spritzung mit Netzschwefelpräparaten.
Einige Krankheiten und Schädlinge der Himbeeren kommen auch an Brombeeren vor, z. B. **Botrytis** (Fruchtfäule), siehe „Himbeeren".

Preiselbeeren
Die im Garten kultivierten Preiselbeeren sind noch wenig bekannt, und die Meinungen über Kultur und Ertrag gehen auseinander. Die Pflanzen eignen sich als immergrüne Bodendecker recht gut. Die Frucht wird bedeutend größer als die der Wildpreiselbeeren, doch erreicht sie nicht das Aroma. Der Vitamingehalt ist sehr hoch. Man wird von einigen wenigen Pflanzen mit dem Ertrag nicht zufrieden sein, deshalb empfiehlt sich schon ein Pflanzenbestand von mindestens 8–10 Pflanzen. Der Boden muß vor der Pflanzung gründlich mit Torf durchgearbeitet werden. Der Standort sollte sonnig bis halbschattig sein.

Erdbeeren

Was wäre ein Kleingarten ohne Erdbeeren. Sicher hat jeder Gartenfreund ein Plätzchen für Erdbeeren reserviert. Im allgemeinen stellen sie weniger Ansprüche an Boden und Pflege als häufig angenommen wird. Sie lieben lockeren, humosen, feuchten Boden, aber keine stauende Nässe. Sie können im Spätsommer und Frühjahr gepflanzt werden, doch sollte man die Pflanzung im August, spätestens Anfang September vorziehen. Für die Frühjahrspflanzung sollte man nur Topfware verwenden. Pflanzen, die Ende September und im Oktober noch gepflanzt werden, entwickeln sich nicht mehr so gut wie im August gepflanzte. Dementsprechend fällt auch im 1. Jahr die Ernte aus.

Bodenvorbereitung

Das Erdbeerbeet sollte rechtzeitig vorbereitet werden. 2–3 Wochen vor dem Pflanzen wäre angebracht. Deshalb empfiehlt sich eine Vorkultur, die rechtzeitig abgeerntet werden kann, z. B. Frühkartoffel, aber auch Erbsen oder Spinat, Kopfsalat und Frühkohl. Auf eine Vorkultur braucht man jedenfalls nicht zu verzichten.

Das Beet wird tief umgegraben; hat man verrotteten Stallmist zu Verfügung, gräbt man diesen mit ein. Nach dem Graben arbeitet man mit einem Vierzink Kompost und Torf sowie 50 g Blaukorn pro m² ein und zieht das Beet glatt. Sollte es zu dieser Zeit sehr trokken sein, wird das Beet ständig feucht gehalten.

Kompost und Torf kann man auch erst unmittelbar vor der Pflanzung einarbeiten und die beiden Bodenverbesserer solange als Mulchdecke darauf liegen lassen. Durch diese Bodenbedekkung bleibt das Pflanzbeet feucht und locker.

Pflanzung

Man pflanzt entweder auf Beete (1,20 m breit) oder in Reihen ohne Beeteinteilung.

Von schwachwachsenden Sorten kann man 3 Reihen, von starkwachsenden (das sind meist spätere Sorten) 2 Reihen aufs Beet bringen. Der Abstand in der Reihe sollte 40 cm betragen. Bei der Reihenpflanzung ohne Beet wählt man einen Reihenabstand von 60–70 cm; innerhalb der Reihen 40 cm.

Man pflanzt möglichst bei trübem Wetter. Bei sonnigem Wetter sollte man in den frühen Morgenstunden oder noch besser abends pflanzen. Erdbeerpflanzen sollten nach dem Setzen nicht welken, sie benötigen dann zu lange Zeit, bis sie sich wieder erholen, und diese Zeit fehl ihnen dann, um vor dem herannahenden Herbst noch kräftig Fuß zu fassen. Daß man nach dem Pflanzen gut angießt, ist wohl selbstverständlich. Oft gibt es im Spätsommer noch recht heiße Tage, so daß für frisch gepflanzte Beete ein Sonnenschutz zu empfehlen ist (nur wenn man Pflanzen ohne Topfballen gepflanzt hat). Man baut ein provisorisches Gestell und breitet Schattenleinen, ausgediente Gardinen u. ä. darüber; es soll ja nur ein Notbehelf sein, in wenigen Tagen kann man das Ganze wieder abbauen.

Jungpflanzen

Erdbeerjungpflanzen bezieht man in der Regel aus einer guten Gärtnerei. Ob man sie selbst abholt oder ob man

Frisch pikierte Erdbeerpflanzen.

sie sich zuschicken läßt, bleibt den gegebenen Möglichkeiten überlassen, wobei das Selbstabholen im Fachbetrieb und das anschließende sofortige Pflanzen natürlich das idealste ist.
Man kann sich Jungpflanzen aber auch selber ziehen. Voraussetzung ist jedoch, daß man reine Sorten hat, eine reine Sorte kann aber nur aus einem anerkannten Fachbetrieb kommen.
Zur Gewinnung von Jungpflanzen benötigt man eine Anzahl von Mutterpflanzen, die gesund sind und gut getragen haben. Nach der Ernte, zum Teil aber auch schon während des Tragens, bilden die Erdbeeren Ausläufer, an diesen bilden sich wieder Blätter und Wurzeln (an den Knoten der Ausläufer). Die Jungpflanzen, die sich als erste an den Ausläufern bilden, sind für die Pflanzgewinnung maßgebend. Man bezeichnet sie auch als Pflanzen 1. Grades, die nachfolgenden sind dann 2. und 3. Grades usw.
Zu den Mutterpflanzen, die besonders gut tragen, steckt man Stäbe, d. h., man markiert sie. Denn sind die Erdbeeren erst einmal abgeerntet, läßt sich nicht mehr mit Sicherheit sagen, welche Pflanze gut und welche weniger gut getragen hat. Durch die Kennzeichnung hat man beim Abtrennen der Jungpflanzen die Gewißheit, daß sie von guten Eltern stammen, denn in der Regel ist es so, daß Jungpflanzen die Eigenschaften der Mutterpflanzen übernehmen.
Sehr empfehlenswert ist es, die von den Mutterpflanzen abgetrennten Jungpflanzen auf ein Anzuchtbeet, das gut mit Torf vorbereitet wurde, zu pikieren. Das kann man schon Ende Juni, Anfang Juli machen, so bekommt man bis zur Pflanzzeit im August kräf-

Dieselben Pflanzen 4 Wochen später.

tige, gut entwickelte, ballenhaltige Pflanzen.
So gezogene Pflanzen entwickeln sich nach dem endgültigen Auspflanzen (im August) noch so gut, daß man im Frühjahr schon mit einer Vollernte rechnen kann.

Düngung

Etwa Ende April empfiehlt sich eine Stalldüngergabe, d. h., man breitet auf dem Erdbeerbeet eine Düngerdecke aus, bis zur Ernte ist diese ausgelaugt, so daß das Stroh später als Unterlage für die Früchte dient. Diese Düngerdecke wiederholt man nach der Ernte. Zuvor säubert man das Erdbeerbeet gründlich und entrankt die Pflanzen mit einem Messer oder einer Schere. Im Spätherbst empfiehlt sich nochmals eine Düngerschicht, die nun mehr als Winterschutz dient.

Leider ist es heute schwierig, Stalldünger zu bekommen, so daß man meistens auf diese wertvolle Düngerdecke verzichten muß. Man kann aber trotzdem eine Düngerdecke bilden, und zwar verwendet man dazu Kompost; dieser kann ruhig noch etwas grob sein. Handelsdünger (z. B. Blaukorn) gibt man nach der Ernte und im Frühjahr. Allerdings gibt man den Handelsdünger, 60–80 g/m^2, nicht auf einmal, sondern $^2/_3$ nach der Ernte und nur $^1/_3$ im Frühjahr. Man darf es auf keinen Fall umgekehrt machen, denn sonst treiben die Erdbeerpflanzen sehr stark ins Kraut und weniger in den Fruchtansatz bzw. in die Blüte.
Diese Düngung ist besonders wichtig, wenn Mischkultur betrieben wird. Diese läßt sich mit Erdbeeren genausogut durchführen (besonders bei Neuanlagen) wie mit anderen Gemüsearten (siehe Mischkulturen). Die Er-

Gut entwickelte Erdbeerpflanzen vom Pikierbeet.

fahrung hat gezeigt, daß sich Mischkulturen bei Erdbeeren positiv auf den Geschmack auswirken.

Krankheiten und Schädlinge

Bei Erdbeeren gibt es Krankheiten, die mehr oder weniger auch vom Wetter abhängig sind. Aber auch falsche Düngung, z. B. zu starke Stickstoffgaben im Frühjahr, können das Auftreten von Grauschimmel begünstigen.

Chlorose: Die Blätter werden gelb, Adern bleiben grün, die Pflanze verkümmert. Hier liegt Eisen-Mangan-Mangel vor.

Bodenverbesserung, Standort wechseln.

Botrytis (Grauschimmel): sehr verbreitete Krankheit, die besonders bei feuchter Witterung stark auftritt. Die Früchte zeigen weißgrauen schimmelartigen Überzug, ganz oder nur teilweise; Früchte faulen. Bei der Erdbeerernte sollten die kranken, befallenen Früchte mit abgenommen werden.

Vorbeugende Spritzungen mit Euparen während der Blüte sind zu empfehlen. Zu dichtes Pflanzen vermeiden.

Weitere Pflanzenschutzmaßnahmen

Etwa 3 Wochen nach der Ernte empfiehlt es sich, die Pflanzen abzumähen. Die abgemähten Blätter und abgetragenen Stiele verbrennt man möglichst, denn sie sind mehr oder weniger mit Schädlingen und Krankheiten befallen.

Die Pflanzen treiben dann kräftig durch und gehen gestärkt in den Winter. Doch sollte man die durchtreibenden Pflanzen vorbeugend noch 2mal

Abgedeckte Erdbeeren während der Reifezeit (Vogelfraß).

spritzen, z. B. mit Afugan im Spätsommer und Herbst.

Um die Frucht vor Vogelfraß zu schützen, sollte man rechtzeitig mit leichten Nylonnetzen abdecken. Das erspart viel Ärger und macht sich letzten Endes auch bezahlt. Denn die Vögel, insbesondere die Amseln, fressen mit Vorliebe meistens die größten und schönsten Früchte an. Besonders betroffen sind hiervon die sehr frühen Sorten.

Das sehr häufig angewendete Umgraben der Erdbeerbeete im Herbst ist nicht zu empfehlen. Erdbeeren sind bekanntlich Flachwurzler. Durch das Umgraben werden die Pflanzen zu sehr gelockert, so daß Frostschäden entstehen können. Dem Umgraben sollte ein Mulchen vorgezogen werden.

Bewährte Sorten

Gorella: frühreifende Sorte. Die Früchte sind leuchtendrot und haben starkes Aroma; widerstandsfähig gegen Krankheiten. In Holland mit großem Erfolg angebaute Sorte.

Senga-Sengana: Diese mittelfrühe Sorte wurde weltbekannt. Sie zählt auch heute noch zu den häufigsten angebauten Erdbeersorten in unseren Breiten. Sie ist ein Massenträger und stellt keine besonderen Ansprüche an den Boden. Trotzdem sollte sich der

Farbtafel 15: Gelbfärbung der Blätter (siehe Magnesium- oder Eisenmangel (oben); Pfirsich, Kernechter vom Vorgebirge (unten).

Kleingärtner (zieht er seine Jungpflanzen selbst) im Laufe der Jahre neues Pflanzgut von dieser Sorte besorgen. Die Früchte sind groß und dunkelrot, läßt man sie gut ausreifen, werden sie schwarzrot. Was diese Sorte noch auszeichnet, ist ihre Festfleischigkeit, die kaum von einer anderen Sorte erreicht wird.

Senga-Gigana: mittelfrühe Sorte, die leuchtendrote, sehr große Früchte bringt. Trotz der großen Früchte hat diese Sorte gutes Aroma.

Senga-Litessa: Diese mittelfrühe bis späte Sorte hat den Vorteil, daß sie eine längere Erntezeit als ‚Senga-Sengana' hat. Die Früchte sind groß und festfleischig, ideal zum Frischverzehr, aber auch zum Einfrieren; starkwüchsige Pflanzen.

Humi-Ferma: mittelfrühe bis späte Sorte mit dunkelrosa bis roten, großen Früchten, die sehr aromatisch sind. Zum Frischverzehr, aber auch zum Einfrieren, wird sie sehr geschätzt.

Ostara: immertragende Sorte, die sehr zu empfehlen ist. Die Früchte bleiben in der Größe kaum unter denen der nur einmal tragenden Sorten zurück. Sehr zu schätzen ist auch das Aroma. Nach der Juni-Ernte erholt sich die Pflanze etwas, um ab August bis Frostbeginn ständig Früchte zu liefern. Die Pflanzen wachsen stark, bilden jedoch nur wenig Ausläufer für die Jungpflanzenanzucht.

Selekto: immertragende Sorte, die sehr große, lackrote Früchte bringt. Die Früchte sind vollfleischig, robuste Pflanzen.

Tago: eine holländische Sorte, die spät reift und somit die Erdbeerzeit verlängern kann. Die Früchte sind groß und festfleischig. Ertragreiche Sorte, die Spitzenerträge bringt.

Rankende Erdbeeren

Diese Erdbeeren, häufig als „kletternde Erdbeeren“ bezeichnet, klettern auf keinen Fall alleine hoch, sondern müssen hochgebunden werden. Sie sind mehr etwas für Liebhaber, bringen aber keine Rekordernten (wie häufig angepriesen). Diese rankenden Erdbeeren benötigen unbedingt ein Klettergerüst. Der Handel bietet spezielle Spiralstäbe dafür an, doch man kann auch Baugitter, Maschendraht u. ä. dazu verwenden. Wichtig ist jedoch, daß man die Pflanzen von Zeit zu Zeit anbindet.

Monatserdbeeren

Monatserdbeeren, die man nicht mit den mehrmalstragenden Sorten verwechseln darf, sind als Einfassungen für Beete und Wege geeignet. Sie bringen bis in den Herbst hinein kleine wohlschmeckende Früchte, die an den Geschmack der Walderdbeere erinnern.

Empfehlenswert ist die Sorte ‚Rügen', aber auch ‚Baron Solemacher' ist zu empfehlen.

Monatserdbeeren kann man auch aus Samen ziehen. Man sät möglichst schon im Januar/Februar in Saatkistchen aus und pikiert ein- oder zweimal. Sind die Pflanzen kräftig genug, pflanzt man aus. Da man sie meistens als Einfassung pflanzt, können sie ziemlich eng gesetzt werden (20 cm).

Farbtafel 16: Rote Johannisbeeren 'Jonkheer van Tets' (oben);
im Winter gegen Knospenfraß abgedeckte Johannisbeeren (unten).

Kleine Boden- und Düngerlehre

Boden, die oberste Verwitterungsschicht der Erde, ist für jegliche Vegetation Grundlage zur Existenz.
Der Kulturboden, wie man ihn nennt, muß durch Düngung, Bearbeitung und Wässern im Garten in einen Zustand versetzt werden, daß er Erträge bringt. Zunächst muß man sich aber klar werden, mit welchem Boden man es im eigenen Garten zu tun hat.

Sandböden
Sand besteht aus gröberen Mineralteilchen, in der Mehrzahl jedoch aus Quarzkörnern, die praktisch unlöslich sind und auch keine Nährstoffe enthalten. Sandboden ist sehr durchlässig, Wasser versickert schnell. Er erwärmt sich schnell, kühlt aber ebenso schnell ab, d. h., er ist stark von der Temperatur abhängig.
Sandboden enthält keinen Kalk, deshalb wachsen auch ausgesprochen kalkfeindliche Pflanzen darauf (z. B. gelbe Lupinen). Da er arm an Nährstoffen ist, muß er unbedingt verbessert werden. Durch reichliches Unterbringen von organischer Substanz (Kompost, Mist, Torfmull) kann man ihn gut verbessern und einen gartenwürdigen Boden schaffen.

Tonböden
Tonböden sind weitverbreitet. Sie kommen aber für die meisten Kulturen wenig in Frage. Ton war schon in unserer Vorzeit ein hochgeschätzter Werkstoff für Gefäße aller Art.
Infolge der Feinheit der Bodenteilchen ist Tonerde sehr dicht und kalt. Sie ist wasserhaltig und daher wenig luftdurchlässig.
Tonböden sind von Natur aus sehr nährstoffreich, auch zugeführte Nährstoffe werden nicht so schnell ausgewaschen. Zur Verbesserung des Tonbodens reichert man ihn mit Humus an, auch Kalkgaben sind wichtig. Stalldung wird aber nur langsam zersetzt, besonders wenn keine Luftzufuhr besteht; es kommt dann zur Fäulnis.

Lehmböden
Der Hauptbestandteil des Lehmbodens ist feiner Quarzsand. Er liegt etwa in der Mitte zwischen Sand- und Tonboden. Seine Farbe ist hellgelb bis dunkelbraun (Eisengehalt). Sein Nährstoffgehalt ist sehr hoch, deshalb wird er auch im Garten sehr geschätzt. Er hält zugeführte Pflanzennährstoffe und Wasser fest. Die Krümelung ist bei genügend Kalkgehalt sehr gut. Die Gabe von Stalldung und Torfmull macht Lehmböden zu idealen Kulturböden.

Kalkböden/Mergelböden
Diese Böden sind für den Garten noch weniger geeignet als Sand- und Tonböden. Sie sind sehr wasserarm, zugeführte Nährstoffe werden schlecht gehalten. Mergelböden sind Mischböden (Kalk mit Ton oder Sand).

Humusböden
Diese Böden bestehen nicht aus reinem Humus, sondern es sind vorgenannte Böden, die mit einem hohen Prozentsatz Humus angereichert sind. Ausgesprochene Humusböden enthalten über 20% Humus. Humus fördert das Bakterienleben und die Bodengare. Die Farbe ist braun bis schwarz.

Gärtnerische Kulturerden

Unter gärtnerischen Kulturerden versteht man solche, die der Gärtner zum Mischen für seine Topfkulturen (hauptsächlich) verwendet, aber auch für Aussaaten usw. Es werden im Handel zwar sogenannte „Einheitserden" angeboten, aber viele Gärtner stellen ihre Erdmischungen für einzelne Topfkulturen auch heute noch selbst zusammen. Den Wert eines guten Erdlagers kann man an den verschiedenen Erdarten messen. Doch viele Erwerbsgärtner greifen aus Kostengründen zur Fertigerde.

Komposterde

Diese für den Kleingärtner so wichtige Erdart kann man selbst ohne viel Mühe und Kosten herstellen. Ein Komposthaufen sollte in keinem Garten fehlen. Alle Gartenabfälle, wie Grasmahd, Laub, abgeblühte Blumen, abgeschnittene Stauden: alle pflanzlichen und tierischen Stoffe kommen, soweit sie nicht anders verwendet werden, auf den Komposthaufen.

Es muß dabei beachtet werden, daß keine mit Pilzkrankheiten befallenen Pflanzen oder Pflanzenteile sowie samentragende Unkräuter auf den Kompost kommen. Pilzsporen sind meistens ziemlich langlebig, sie können auch noch leben, wenn aus den Kompostabfällen bereits fertige Erde geworden ist, und dann bringt man sie wieder auf das gehegte Kulturland. Dasselbe gilt für Unkrautsamen, dieser ist sehr widerstandsfähig und bleibt lange keimfähig.

Hat man kein Kompostsilo zur Verfügung, breitet man die Abfälle gleichmäßig aus: Breite etwa 1,20 m, die Länge spielt keine Rolle; es kommt immer auf das Platzangebot an, natürlich sollte die Länge mindestens 1,50 m sein. Der Platz sollte schattig sein. Der Kompost kann durch verschiedene Einlagen verbessert werden. Eine Lage Mist (20–30 cm) oder eine Lage Erde zwischendurch, machen ihn wertvoller, man kann auch etwas Torf daruntermischen. Durch Zugabe von Branntkalk (je Kubikmeter 5 kg) beschleunigt man die Kompostierung. Statt Kalk kann man auch Kalkstickstoff verwenden (etwa 3 kg je m^3). Nach jedem Aufbringen von Abfällen streut man etwas Kalkstickstoff darüber. Kalk und Kalkstickstoff verhindern auch die manchmal unangenehme Geruchsbildung, die besonders im Sommer auftritt.

Beim Aufsetzen achte man auf eine gleichmäßige Schichtung, die sich nach oben verjüngen sollte (konisch). Man sollte nicht höher als 1,20 m gehen. Danach deckt man den Komposthaufen mit Erde ab. Kompost kann durch Jauche wesentlich angereichert werden. Man richtet an der Oberseite eine Mulde ein und gießt von Zeit zu Zeit diesen Zusatz hinein. Feuchtigkeit ist zur schnelleren Reifung des Kompostes sehr vorteilhaft, die Reifung erfolgt durch Wärmeentwicklung.

Im Winter, bei frostfreiem Wetter, spätestens jedoch im Frühjahr, setzt man den Komposthaufen um. Das Innere des Haufens wird dabei nach außen gebracht und die zuletzt aufgeschichteten, noch groben Abfälle nach innen; dadurch verhilft man dem Haufen zur guten Durchlüftung, die für die Zersetzung sehr wichtig ist. Beim Umsetzen streut man noch einmal gleichmäßig Kalk dazwischen.

Wenn man jährlich ein- oder zweimal umsetzt, hat man in 2 Jahren, maximal 3 Jahren fertige Komposterde, die durch nichts zu ersetzen ist. Das

schränkt natürlich nicht ein, daß man auch halbfertigen Kompost verwenden kann, sei es zu Mulchzwecken oder als Bodenverbesserer.
Um immer fertige Komposterde zur Verfügung zu haben, ist es empfehlenswert – sofern Platz vorhanden – 2 oder 3 Komposthaufen anzulegen.
Komposterde kann man für alle Freilandkulturen zur Anreicherung des Bodens verwenden. Allerdings darf man Komposterde niemals untergraben, denn sonst geht der Wert dieser nahrhaften Erde verloren. Man bringt Komposterde nur auf der Oberfläche der Beete aus und hackt sie leicht ein. Wenn man das mehrere Jahre hintereinander macht, erreicht man einen ganz hervorragenden lockeren Kulturboden.

Kompostsilo

Meistens hat man für einen Komposthaufen herkömmlicher Art wenig Platz im Garten, so daß man auf ein Kompostsilo zurückgreift. Diese Silos werden in verschiedenen Varianten aus verschiedenen Materialien angeboten. Solche Silos haben den Vorteil, daß sie überall im Garten aufgestellt werden können. Doch ist auch hier darauf zu achten, daß für genügend Luft- und Sauerstoffzufuhr gesorgt ist, denn nur so kann es zu einer schnellen Vergärung kommen. Ideal ist es, wenn man 2 Silos zur Verfügung hat, so daß man im ständigen Wechsel kompostieren kann.

Mistbeeterde oder Misterde

Mistbeeterde wird in der Regel wie Komposterde hergestellt, nur, daß nicht alle möglichen Abfälle mitverwendet werden.
Sie besteht aus verrottetem Stalldung. Hat man ein Frühbeet mit Pferdemist gepackt, verwendet man diesen Dung ebenfalls für die Herstellung von Mistbeeterde. Sie ist sehr humusreich und bereichert besonders die Sandböden, aber auch für schwere Böden ist sie geeignet. Niemals untergraben, sondern nur oberflächig einarbeiten.

Lauberde

Lauberde besteht aus verrotteten Blättern der Laubbäume. Das Laub wird wie Kompost kompostiert, Eichenlaub ist für Lauberde weniger gut geeignet, da es viel Gerbsäure enthält.
Lauberde ist nicht sehr nahrhaft. Man kann sie für Kulturen verwenden, die saure Erde lieben. Sie kann auch als Ersatz für Heideerde verwendet werden.

Torf

Torf ist im Garten nicht zu entbehren, er wird als Torfmull verwendet. Er besteht aus pflanzlichen Stoffen, die unter Luftabschluß zersetzt wurden. Torf kann seine Wirkung nur zeigen, wenn er gut feucht ist. Deshalb sollte man ihn nie trocken verwenden. Zum Anfeuchten sollte man ihn in einen Behälter geben und kräftig Wasser hinzufügen. Man kann den Torf auch mit Nährstoffen anreichern, indem man Jauche zusetzt oder in das Anfeuchtwasser Handelsdünger hineingibt.
Torf sorgt für lockere, durchlässige Erde. Man sollte kein Saatbeet ohne Torf vorbereiten; durch ihn werden Aussaaten gleichmäßig feucht gehalten. Er trägt viel zur Wurzelbildung bei, deshalb verwendet man ihn auch besonders beim Pikieren. Beim Anlegen eines Rasens ist er ebenso wichtig wie bei der Bepflanzung von Balkonkästen.

Kulturboden

Um einen optimalen Kulturboden im Garten zu erreichen, benötigt man oft

Verschiedene Kompostsilos.

viele Jahre. Aber auch wenn man einen guten Gartenboden hat, muß dieser stetig durch Anreichern mit Humus und Nährstoffen versorgt werden, um den Pflanzen die besten Lebensbedingungen zu geben.
Dazu zählt natürlich auch die Bodenbearbeitung. Schon unsere Vorfahren hatten erkannt, daß Boden gelockert werden muß, soll er Ertrag bringen; sie verwendeten den Pflug. Wir als Klein- oder Hobbygärtner verwenden im Herbst den Spaten, in der Hoffnung, daß uns im Winter der Frost hilft, den Boden krümelig zu machen. Durch das Gefrieren dehnt sich das im Boden befindliche Wasser aus, der Boden wird nach oben gedrückt. Dadurch verändert sich das Gefüge des Bodens. Die Klumpen zerfallen in kleine Krümel und füllen die Spalten aus. Dadurch lockert sich das feine Bodengefüge, denn die durch den Frost hochgehobenen kleinen Bodenteilchen bleiben nach dem Auftauen in ihrer Lage. Je stärker der Frost auch in die engsten Hohlräume eindringen kann, desto besser wird der Boden durchgefroren und diese durch den Frost hervorgerufene Veränderung des Bodens kann kein Bodenbearbeitungsgerät ersetzen.

Bodenbedeckung

Schon früh hat man im Gartenbau durch Versuche mit Bodenbedeckungen aller Art erkannt, wie wertvoll diese für die Bodenverhältnisse sein können. Versuche durch teerfreie Pappe wurden durch Verwendung schwarzer Folie abgelöst. Diese Bedeckung soll dem Boden Feuchtigkeit und Wärme erhalten, die wiederum dazu beitragen, die Bakterienentwicklung zu fördern. Hinzu kommt, daß das Lockern (Hacken) des Bodens entfällt, die gute Krümelstruktur wird erhalten; und was noch sehr wichtig ist, das Unkraut kann nicht wachsen. Ein weiterer Vorteil ist, daß besonders im Frühjahr, wenn es noch recht kühle Nächte gibt, eine extreme Abkühlung des Bodens verhindert wird.
Für den Kleingärtner kommt diese Art von Bodenbedeckung wahrscheinlich weniger in Betracht. Bei Erdbeerneupflanzung ist die Folienabdeckung aber auch im kleinen Garten recht vorteilhaft.
Im kleinen Garten wird man jedoch, bedingt durch die vielen Kulturarten, eine Bodenbedeckung mit Stallmist, Torf, Grasmahd, grobem Kompost oder eventuell auch Laub vornehmen. Dieses **Mulchen,** wie man es bezeichnet, wendet man besonders gerne bei Beerenobst an, aber auch um Obstbäume kann man diese Art des Bedekkens durchführen. Das Mulchen mit Stalldung hat den Vorteil, daß gleichzeitig eine Düngung durchgeführt wird, bei jedem Regen saugt sich der Mist voll und gibt dann nach und nach das mit Nährstoffen angereicherte Wasser an den Boden bzw. an die Pflanze ab. Auch bei dieser Bodenbedeckung sind die Vorteile wie bei der Folienbedeckung gegeben, und sie ist besonders im kleinen Garten recht problemlos durchzuführen.

Bodenlockerung

Durch die Bodenlockerung möchte man erreichen, daß die Pflanzenwurzeln leichter den Weg durch das Erdreich finden, aber auch eine Durchlüftung des Bodens wird dadurch erreicht; denn die Wurzeln brauchen Sauerstoff. Durchlüfteter Boden regt die Bakterienarbeit an, man spricht dann von einer guten Bodengare. Um eine solche zu erhalten, muß man den Boden bearbeiten; Frost, Humus, Kalk und Beschattung helfen dabei.

Kulturboden hat die Neigung zusammenzusinken, deshalb muß immer wieder aufgelockert werden. Je poröser und lockerer eine Kulturerde ist, um so besser ist die Pflanzenentwicklung. Sehr wichtig für diese Entwicklung ist der Wasserhaushalt, auch hier kann man durch Lockerung einwirken. Im Boden bilden sich sogenannte Harrröhrchen (Kapillare), diese leiten das Wasser nach oben, wo es verdunstet. Zerstört man diese Röhrchen an der Oberfläche durch Bodenbearbeitung, bleibt das Wasser im Boden und kommt den Pflanzen zugute. Deshalb ist es bei trockenem Wetter oft besser, zu hacken als zu gießen.

Nach Regen und darauffolgendem Sonnenschein kommt es bei mittleren und schweren Böden zur Krustenbildung. Dadurch wird die Bodenatmung unmöglich; somit findet kein Bodenleben statt. Feine Aussaaten haben es dann sehr schwer durchzudringen, eine Krustenbildung verhindert auch das Eindringen von Gießwasser. Deshalb muß man nach starkem Regen den Boden mit Rechen, Hacke oder Vierzink sobald wie möglich auflokkern.

Durch häufiges Hacken verhindert man auch rechtzeitig das Entstehen von Unkraut.

Noch ein paar Sätze zum herbstlichen Umgraben.

Es wird häufig der Fehler gemacht, daß der Garten im Herbst besonders tief umgegraben wird und dabei noch Kompost, Mist oder Gründung in die unterste Ackerschicht mit eingegraben wird. Diese Mühe ist zwecklos und nicht von Nutzen. Diese Dünger vertorfen und bringen überhaupt keinen Düngewert; hinzu kommt, daß steriler Boden nach oben gelangt, in den man im Frühling einsäen oder pflanzen möchte.

Boden und Wasser

Das Wachsen und Gedeihen unserer Pflanzen ist vom Wasser abhängig, sie beziehen ihre Nährstoffe durch das Wasser. Die Wasserversorgung der Kulturen im Garten ist in der Regel von den Niederschlägen abhängig, aber auch das Grundwasser ist sehr wichtig. Reichliche Niederschläge führen zu einem Überschuß an Wasser, das wiederum stört das normale Bakterienleben, da die Zufuhr von Sauerstoff gehemmt wird. Fehlen Niederschläge, findet eine Wasserbewegung von unten nach oben statt, nämlich Grundwasser steigt durch die Kapillare nach oben (siehe Bodenlockerung). Bei Niederschlägen ist es umgekehrt, ein Teil des Wassers sickert nach unten und geht ins Grundwasser über.

Fehlen Niederschläge längere Zeit, reicht das Grundwasser nicht aus, um die Pflanzen mit genügend Wasser zu versorgen, man muß dann zur Gießkanne greifen. Besonders flachwurzelnde Pflanzen benötigen bei Trokkenheit unsere Hilfe.

Das Wasser, das man zum Gießen verwendet, stammt entweder aus der Wasserleitung oder ist gesammeltes Regenwasser. Es gibt hartes und weiches Wasser. Hartes Wasser ist kalkhaltig. Der Gärtner muß darauf achten, daß er kalkhaltiges Wasser nicht für kalkfeindliche Pflanzen verwendet.

Bewässerung

Bewässert man mit dem Schlauch direkt von der Wasserleitung, sollte man einen Regner oder Zerstäuber verwenden. Durch die feine Verteilung und den Weg durch die wärmere Luft wird das Wasser erwärmt. Ideal ist natürlich, wenn man einen genügend großen Vorratsbehälter zur Verfügung hat und das Wasser dort hineinpumpt. Hier kann es sich erwärmen, so daß man zum abendlichen Gießen oder Spritzen gut temperiertes Wasser zur Verfügung hat.

Zum Bewässern frischer Aussaaten nimmt man selbstverständlich die Kanne. Man verteilt die zugedachte Wassermenge auf zwei Gießvorgänge, damit es kein Verschlämmen gibt (später Krustenbildung). Frisch gesetzte Pflanzen gießt man einzeln an, so hat man die Gewißheit, daß auch jede Pflanze genügend Wasser bekommen hat.

Düngemittel

Man unterscheidet im Gartenbau zwei Düngegruppen:

1. Wirtschaftsdünger (organische Dünger),
2. Handelsdünger (anorganische Dünger).

Wirtschaftsdünger

Wirtschaftsdünger bestehen aus humusbildenden Stoffen. Sie führen dem Boden nicht nur Nährstoffe zu, sondern auch Humus. Humusbildung ist für das Wachstum der Pflanzen sehr wichtig, dadurch wird das Bodenleben (Entwicklung der Bodenbakterien) sehr begünstigt. Diese Düngemittel wirken langsam, aber auch nachhaltig. Sie müssen erst einen Verwesungsprozeß durchmachen, bevor sie von den Pflanzen aufgenommen werden können.

Stalldung

Stalldung enthält Wasser, Stickstoff, Phosphorsäure, Kali und Kalk; hier sind die wichtigsten Nährstoffe vorhanden. Je nach Tierart ändert der Stalldung seinen Gehalt an Wassermenge. Stalldung von Pferden und Schafen erwärmt sich schnell, ist hitzig, erwärmt auch den Boden. Das heißt, daß diese beiden Dünger für schwere, kalte Böden besonders geeignet sind.

Rinder und Schweine liefern einen wasserreichen Dünger. Rinderdünger ist aber dem Schweinedünger auf jeden Fall vorzuziehen, er zersetzt sich zwar langsam, ist aber in seiner Wirkung nachhaltend. Er ist besonders für leichte, sandige Böden gut geeignet. Schweinedung sollte man nur zur Kompostierung verwenden. Er ist für die Frischverwendung nicht sehr wertvoll.

Geflügeldünger ist sehr reich an hochprozentigen Nährstoffen. Hinzu kommt, daß die Hauptnährstoffe, nämlich Stickstoff, Kali, Phosphor und Kalk, im Geflügeldung ziemlich gleich hoch enthalten sind. Durch den hochprozentigen Nährstoffgehalt ist er mit Vorsicht anzuwenden. Es empfiehlt sich, ihn erst zu kompostieren, aber auch in Wasser gelöst kann man ihn nach dem Vergärungsprozeß verwenden, trotzdem Vorsicht!

Die Qualität des Stallmistes ist auch vom Streumaterial abhängig, aber auch von der Lagerung und Verarbeitung. Man sollte ihn bis zum Verbrauch im Garten mit Erde abdecken; niemals ausgebreitet liegen lassen, dazu ist Stalldung heute zu kostbar. Es gibt eine Reihe von Kulturen (Gemüse und Zierpflanzen), die keinen frischen Stalldung vertragen, deshalb immer vergewissern (auf Samentüten, Fachliteratur usw.).

Kompost

Der Kompost als Wirtschaftsdünger hat in den letzten Jahren wieder mehr an Bedeutung gewonnen (siehe Komposterde).

Gründung

Gründung ist schon ein uraltes Verfahren. Dabei werden Grünpflanzen mit ihren Wurzeln in den Boden eingegraben. Man verwendet dazu Schmetterlingsblütler (Lupinen, Erbsen, Wikken), aber auch Senf kann im Kleingarten verwendet werden. Durch die Gründüngung wird dem Boden Humus und Stickstoff zugeführt.

Im kleinen Garten sollte man die Gründüngung anwenden. Über den Zeitpunkt der Anwendung gehen die Meinungen auseinander. In der Regel gilt

Gründung, aber auch andere Gartenabfälle lassen sich ähnlich wie im Hügelbeet auf diese Art verwenden.

für schwere Böden Herbstanwendung, für leichte Frühjahrsanwendung.

Knochen- und Hornmehl, Hornspäne, Blutmehl, Guano

Diese Dünger sind konzentrierte Wirtschaftsdünger. Sie sind dem Kleingärtner wohl bekannt und werden auch mit Erfolg angewendet, da man nichts falsch machen kann.

Knochenmehl wird, wie der Name schon sagt, aus Knochen gewonnen. Gutes Knochenmehl muß fein und entfettet sein, denn Fett würde die Zersetzung sehr verlangsamen. Die Industrie hat eine Reihe von Verfahren entwikkelt, damit sich das Knochenmehl relativ schnell zersetzt und die Kulturerde mit Phosphorsäure anreichert.

Hornmehl und **Hornspäne** werden aus den Hörnern und Klauen der Rinder gewonnen. Diese Dünger haben Langzeitwirkung, da sie sich langsam zersetzen, besonders Hornspäne. Wegen des hohen Stickstoffgehalts empfiehlt sich die Anwendung für Pflanzen, bei denen es auf Blattbildung ankommt.

Blutmehl enthält ebenfalls einen hohen Prozentsatz Stickstoff (9–14%). Es empfiehlt sich, Blutmehl bei leichten Böden zu verwenden. Die Zersetzung erfolgt ziemlich schnell, sofern das Wetter warm und genügend Feuchtigkeit vorhanden ist.

Guano besteht aus Seevögelkot und ist wegen des etwa gleichen Gehalts an Stickstoff, Phosphorsäure und Kali sehr beliebt. Nur ist dieser Dünger nicht gerade billig.

Es gibt noch eine Reihe von konzentrierten Wirtschaftsdüngern im Handel, die mehr oder weniger hochprozentig sind. „Biologisch düngen" heißt es in der Werbung, doch sollte man darauf achten, daß man den Garten nicht überdüngt.

Düngung soll die von der Pflanze entnommenen Nährstoffe ersetzen. Düngt man mehr als die Pflanze verbraucht, entsteht ein Überschuß, dieser bleibt ungenutzt und wird ausgewaschen (besonders bei Handelsdünger).

Handelsdünger (mineralische Dünger)

Diese Dünger werden oft fälschlicherweise als Kunstdünger bezeichnet, sie führen im Gegensatz zu den Wirtschaftsdüngern dem Boden nur Nährstoffe zu. Die Ausgangsstoffe der Handelsdünger kommen aus der Natur

und werden nicht künstlich hergestellt, wie oft angenommen wird. So kommt Kali z. B. aus den großen Kalisalzlagern. Kalk wird gebrochen und gemahlen und kommt als kohlensaurer Kalk in den Handel, oder er wird gebrannt und kommt als Branntkalk zum Verkauf.
Man unterscheidet Düngemittel mit nur einem Kernnährstoff und mit mehreren Kernnährstoffen, die man dann als Mischdünger bezeichnet.
Handelsdünger werden nur im gelösten Zustand von der Pflanze aufgenommen, manche unmittelbar, manche erst später und manche erst nach einer Umwandlung. Es gibt schnell- und langsamwirkende Dünger.
Handelsdünger sind Nebendünger, sie ergänzen humusbildende Dünger, deshalb stehen sie auch hinter den Wirtschaftsdüngern. Für den Kleingärtner kommt im Gegensatz zur Landwirtschaft in erster Linie Mischdünger in Frage.

Stickstoffdüngemittel
Stickstoff fördert die Bildung von Blättern und Trieben, er gibt der Pflanze grüne Farbe. Einseitige Stickstoffzufuhr kann schaden; Obst und Gemüse wird dadurch weniger haltbar. Der dem Kleingärtner wohl bekannteste Stickstoffdünger ist der **Kalkstickstoff.** Er wird zur Kompostierung und zu Düngezwecken verwendet. Kalkstickstoff muß mindestens 2–3 Wochen vor Anbau ausgestreut und eingearbeitet werden. Herbstanwendung ist zweckmäßig.
Salpeterdünger wirkt sehr rasch, wird aber ebenso schnell wieder ausgewaschen, z. B. durch Niederschläge oder Gießen. Man gibt ihn zu schwachen Pflanzen, die zurückgeblieben sind und die man schnell kräftigen möchte (als Kopfdünger geben).
Kalkammonsalpeter wirkt ebenfalls schnell, aber auch nachhaltig, dadurch ist er auch für Kulturen zu verwenden, die sauren Boden nicht vertragen.
Schwefelsaures Ammoniak kommt als weißes Salz in den Handel (Nebenprodukt der Leuchtgaserzeugung), aber auch gefärbt. Im Handel kommt es mit etwa 20% Stickstoff zum Verkauf, es muß aber erst in Salpetersäure umgewandelt werden, wenn es von der Pflanze aufgenommen werden soll. Die Wirkung hält lange an. Es wird als Streumittel und nicht als Kopfdünger verwendet, da die Umwandlung in Salpetersäure im Boden stattfindet. Als saurer Dünger wird es bei kalkfeindlichen Pflanzen verwendet.

Phosphordünger
Phosphordünger bewirkt frühzeitige Knospenbildung, Förderung der Fruchtbildung, Samenansatz sowie beschleunigte Reife der Pflanze.
Superphosphat ist im Gegensatz zum Thomasphosphat leicht löslich. Deshalb bringt man es kurz vor der Aussaat oder Pflanzung in den Boden (unterarbeiten). Eine nachhaltige Düngung ist nicht gegeben.
Thomasphosphat oder Thomasmehl, das bekannte Düngemittel, wird bei der Stahlherstellung als Nebenprodukt (Thomasbirne) gewonnen. Thomasmehl ist nicht wasserlöslich, deshalb ist keine Kopfdüngung möglich, es zersetzt sich erst im Boden. Es wirkt langsam und hat deshalb eine vorratshaltige Wirkung. Thomasmehl verwendet man besonders im Gemüse- und Obstbau (Herbst/Winter).

Kalidünger
Kalidüngemittel sind echte Salze. Große Lagerstätten befinden sich in Thüringen, aber auch in Baden und im

Elsaß. Kalisalze sind Ablagerungen der Binnenmeere.
Kali braucht die Pflanze zur Bildung von Zucker, Stärke und Zellstoff. Es gibt der Pflanze Standhaftigkeit. Kali wirkt auch auf den Wasserhaushalt der Pflanze und schützt sie somit vor leichten Frösten, aber es macht sie auch widerstandsfähig gegen Krankheiten (z. B. Rost).
40%iger Kali wird im Freiland am meisten angewendet. Der Kaligehalt beträgt etwa 38–42%; es sollte mindestens 4 Wochen vor dem Anbau gestreut werden, doch nicht im Herbst, da es sonst bis zum Frühjahr ausgewaschen ist. Ins Saatbeet eingearbeitet, kann es den Keimungsprozeß verzögern.
Schwefelsaures Kali wird besonders in Gärtnereien für Topfkulturen verwendet. Der Gehalt an Reinkali ist sehr hoch, er liegt etwa bei 48–52%; geringer Chlorgehalt.
Schwefelsaures Kalimagnesium enthält etwa 26–30% Reinkali und führt dem Boden zusätzlich Magnesium zu, das für die Pflanzen unentbehrlich ist. Hinzu kommt, daß es fast chlorfrei ist.

Kalkdünger

Kalk benötigen die meisten Kulturpflanzen zur Festigung ihrer Zellwände und zum Abbau schädlicher Stoffwechselprodukte (z. B. Oxalsäure). Die größere Bedeutung kommt dem Kalk jedoch als Bodenverbesserer zu:

1. er fördert die Verwesung organischer Teile,
2. er unterstützt die Verwitterungsvorgänge,
3. er hilft die Bodengare her zustellen,
4. er entsäuert den Boden.

Kalkarmut entsteht durch:

1. Auswaschung (vor allem im Sandboden),
2. Entzug durch Pflanzen,
3. Lösung des Kalks durch Kohlensäure bei Wirtschaftsdüngergaben (deshalb nicht mit Stalldung zusammenbringen).

Große Humuswirtschaft fordert hohe Kalkgabe (den Boden auf Kalkzustand prüfen). Kalk sollte nicht zu tief untergebracht werden (Auswaschung). Das Ausbringen sollte bei trockenem Boden und Wetter geschehen. Das Frühjahr ist dafür geeignet oder der Herbst, wenn die Beete frei sind.
Die gebräuchlichsten Kalkarten im Garten sind:
Branntkalk = 75–90% Branntkalk und gebranntes Magnesium,
kohlensaurer Kalk = 80–95% kohlensaurer Kalk und kohlensaures Magnesium.

Mischdünger

Mischdünger setzt sich aus mehreren Nährsalzen zusammen. Die Düngemittelindustrie hat eine Reihe verschiedener Mischdünger in den Handel gebracht, die das Düngen relativ leicht machen. Früher mußte sich der Erwerbs- oder Kleingärtner Mischdünger selbst zubereiten. Im kleinen Garten wird man in der Regel sowieso Mischdünger verwenden. Man verläßt sich da ganz auf die Industrie, die die richtige Zusammenstellung liefert. Dünger in schönen Packungen angeboten müssen noch lange nicht das halten, was sie versprechen; „Wunderdünger" gibt es nämlich nicht.
Der bekannteste Mischdünger ist wohl das Nitrophoska blau oder Blaukorn. Blaukorn ist ein Markenname für einen chloridfreien Universaldünger.
Neben den drei Hauptnährstoffen (12% Stickstoff, 12% Phosphat und 17% Kali) enthält Blaukorn noch 2% Magnesium, 6% Schwefel sowie Kalzium und die Spurenelemente Bor, Kupfer, Mangan, Molybdän, Zink.

Blaukorn findet Verwendung im Obst- und Gemüsebau sowie im Zierpflanzenbau.
Nachfolgend einige Anwendungsempfehlungen:
Bohnen, Erbsen: 40–80 g/m², vor der Aussaat in einer Gabe, bei Erbsen nur 40 g m².
Gurken, Tomaten: 150–180 g/m², 1/3 – 1/2 vor der Aussaat oder Pflanzung; 2/3 – 1/2 in zwei weiteren Gaben.
Kohlarten: 150–250 g/m², 1/2 vor dem Pflanzen, 1/2 in zwei weiteren Gaben nach je 4 Wochen. Bei Frühkohl 2/3 vor dem Pflanzen, 1/3 etwa 3–4 Wochen später.
Kopfsalat: 80–100 g/m², bei Pflanzkultur in einer Gabe vor dem Pflanzen. Wintersalat 1/3 vor dem Pflanzen, 2/3 im Frühjahr vorsichtig zwischen die Pflanzen streuen.
Obstbäume: 120–150 g/m², 2/3 im zeitigen Frühjahr, 1/3 im Mai/Juni.
Beerensträucher: 80–150 g/m², 2/3 im Frühjahr, 1/3 nach der Ernte. Himbeeren und Brombeeren je m² 80–150 g. Johannisbeeren und Stachelbeeren je Strauch 150–300 g, Schwarze Johannisbeeren die größere Menge.
Erdbeeren: 60–80 g/m², bei einjähriger Kultur vor dem Pflanzen im August, bei mehrjährigen Anlagen 2/3 nach der Ernte, 1/3 im Frühjahr.
Rosen, Stauden, laubabwerfende Gehölze: 180–240 g/m², 2/3 im Frühjahr vor Vegetationsbeginn, 1/3 im Sommer. Rosen besser nur 1/3 im Frühjahr, 1/3 nach dem Flor, 1/3 Ende Juli.
Sommerblumen: 80–120 g/m², 1/3 vor der Saat, 2/3 in zwei Gaben nach jeweils 4 Wochen.
Serbische Fichte und andere Nadelgehölze: 60–100 g/m², 2/3 im Frühjahr zum Vegetationsbeginn, 1/3 etwa 6 Wochen später. Jüngere Bäume erhalten die geringere Menge.
Rasen: auf 100 m², Ende März 1mal 4 kg, Mitte April 1mal 4 kg, ab Anfang Mai, nach jedem zweiten Schnitt bis Mitte September je 500 g (Schnittabstand etwa 1mal jede Woche); Ende September oder Anfang Oktober 1mal 3 kg.
Oft bereitet das Abwiegen von Düngern Schwierigkeiten, da meistens keine geeignete Waage zur Hand ist; nachstehend ein paar Dosierungshilfen.

1 Eimer (10 l) =
etwa 12,5 kg Blaukorn,
1 Liter =
etwa 1250 g Blaukorn,
1 Tasse (200 cm³) =
etwa 250 g Blaukorn,
1 Handvoll =
etwa 50 g Blaukorn,
1 Eßlöffel (gehäuft) =
etwa 30 g Blaukorn,
1 halber Teelöffel =
etwa 1 g Blaukorn.

Bodenuntersuchung

Man sollte den Garten nicht nur düngen, sondern von Zeit zu Zeit auch feststellen oder feststellen lassen, ob er richtig mit Nährstoffen versorgt ist. Viele Gärten sind häufig nicht zu wenig, sondern zu viel gedüngt. Es kommt zu Wachstumsstörungen, doch man sucht vergebens nach Krankheiten oder Schädlingen. Einseitige Düngergabe ist ebenso unangebracht wie zu reichliche Gaben.

Düngt man z. B. im Obstbau einseitig mit Stickstoff, merkt man spätestens beim Genuß des Obstes, wie wenig aromatisch die Früchte schmecken. Zuviel Stickstoff wirkt sich aber nicht nur auf die Früchte aus, auch der Baum selbst reift im Herbst schlecht aus, und es kann zu empfindlichen Frostschäden kommen.

Man sollte den Boden ruhig einmal prüfen lassen, es kostet gar nicht soviel wie man vielleicht annimmt, und es macht sich letzten Endes doch bezahlt. In der Regel führen die landwirtschaftlichen Versuchsanstalten Bodenuntersuchungen durch. Die Landwirtschaftliche Versuchsanstalt in Kassel-Harleshausen, Am Versuchsfeld 13, sendet auf Anforderung gerne ein Merkblatt zu, aus dem man alles erfahren kann über Kosten, Menge der Probe, Versand usw.

Bodenuntersuchungen selbst durchgeführt

Boden kann sauer, neutral oder alkalisch sein. Die Bodenreaktion (Gehalt an Säure oder Kalk) zu kennen, ist für den Hobbygärtner ebenso wichtig wie für den Erwerbsgärtner. Wenn man den pH-Wert des Bodens kennt, kann man auch entsprechend düngen. Unter pH-Wert versteht man eine wissenschaftliche Bezeichnung.

Aber man braucht nicht unbedingt wissenschaftlich zu werden, wenn man den Säuregrad des Bodens feststellen möchte. Man merkt sich, daß bei der pH-Zahl 7 der Boden annähernd neutral ist. Ist die pH-Zahl kleiner, spricht man von saurem Boden – je kleiner desto saurer. Ist die pH-Zahl größer, hat man es mit alkalischem Boden zu tun – je größer die Zahl desto kalkhaltiger.

In der Regel bezeichnet man den Boden nach pH-Werten folgendermaßen:

pH 4 und darunter = Boden stark sauer (sehr starker Kalkbedarf),
pH 5 = Boden sauer (starker Kalkbedarf),
pH 6 = Boden schwach sauer (mäßiger Kalkbedarf),
pH 7 = Boden neutral (kein Kalkbedarf),
pH 8 = Boden alkalisch (kein Kalkbedarf),
pH 9 = Boden stark alkalisch (kein Kalkbedarf).

Die geeignetste Methode, um den Säuregrad festzustellen, dürfte für den Gartenfreund wohl das „Hellige-Pehameter" sein (siehe Abbildung). Einfache Handhabung und Zuverlässigkeit der ermittelten Ergebnisse zeichnen dieses kleine Gerät aus. Es besteht aus einer Pehameterplatte mit Farbskala, einem kleinen Löffel zur Entnahme der Bodenproben und einer Tropfflasche mit Bodenindikator.

In der Pehameterplatte befindet sich eine Rille, die in einer runden Vertiefung endet. Zu beiden Seiten der Rille befindet sich eine Farbskala, diese ist in 6 Felder mit 6 Farben (auf beiden Seiten gleich) eingeteilt. Die Farben entsprechen folgenden ph-Werten:

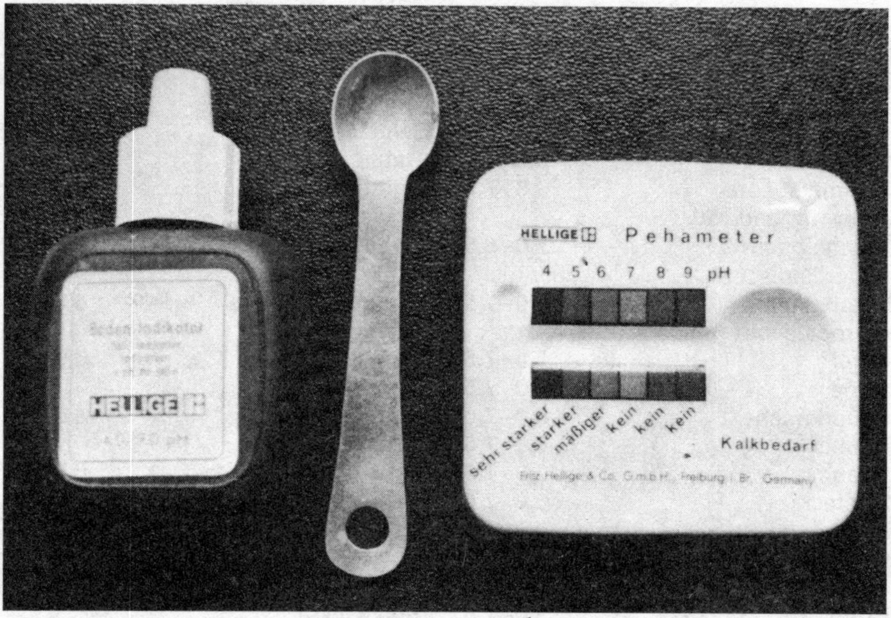

Hellige Pehameter; ein sicheres Gerät für die Bodenuntersuchung.

rot = pH 4,
orangerot = pH 5,
gelb = pH 6,
olivgrün = pH 7,
grün = pH 8,
blaugrün = pH 9.

Man entnimmt mit dem kleinen Löffel aus etwa 10 cm Tiefe die Bodenprobe und gibt sie in die runde Vertiefung des Pehameters. Dann läßt man den Bodenindikator auf die Probe tropfen, bis sie richtig durchtränkt ist und die Lösung etwas übersteht. Das Ganze wird nun leicht umgerührt und 2–3 Minuten einwirken lassen. Danach neigt man das Pehameter so, daß die überstehende Lösung in die Rille laufen kann. Jetzt braucht man nur noch die Lösungsfarbe mit den Farben auf der Pehameterplatte zu vergleichen. Die dazu passende Farbe zeigt den Säuregrad durch die danebenstehende Zahl an.

Leichter läßt sich wohl diese Bodenuntersuchung nicht durchführen; jedes Samenfachgeschäft führt diese Hellige-Pehameter.

Um den pH-Wert des Bodens um 1 pH zu erhöhen, sind laut Angaben der Firma Hellige & Co. GmbH in Freiburg folgende Kalkmengen erforderlich:
bei schweren Böden 20 kg Brannt- oder Löschkalk je 100 m^2,
bei mittleren Böden 17 kg Brannt- oder Löschkalk je 100 m^2,
bei leichten Böden 30 kg kohlensaurer Kalk je 100 m^2.

Verschiedene Handelsdünger können den Säuregrad des Bodens beeinflussen, deshalb ist es wichtig, daß man den pH-Wert kennt, bevor man düngt. Ebenso sollte man sich wenigstens die pH-Zahlen für die wichtigsten Pflanzen, Sträucher und Bäume aufschreiben.

Hier einige Beispiele:

Beeren und Obstbäume	pH-Wert
Brombeere	6,0–7,5
Erdbeere	7,0–8,0
Himbeere	5,5–7,0
Johannisbeere (schwarz und rot)	6,0–7,5
Stachelbeere (amerikanische)	5,0–6,5
Stachelbeere (europäische)	6,0–7,5
Apfel	6,0–7,5
Birne	6,0–7,5
Sauerkirsche	6,0–7,0
Pfirsich	6,0–7,5
Pflaume	6,0–7,5
Zwetschge	6,0–7,5
Gemüse	
Blumenkohl	6,0–7,5
Bohnen	6,0–7,5
Endivien	6,0–7,0
Erbsen	6,0–7,0
Gurken	5,5–7,0
Kohlrabi	6,0–7,5
Kopfsalat	6,0–7,5
Lauch	7,0–8,0
Petersilie	6,0–7,0
Rettich	6,0–7,0
Rosenkohl	6,0–7,5
rote Rüben	7,0–8,0
Sellerie	6,0–7,0
Spinat	6,5–7,5
Tomaten	5,5–7,5
Weißkraut	6,5–7,5
Wirsing	6,5–7,5
Zwiebeln	6,0–7,0
Sommerblumen/Stauden	
Ageratum	6,0–7,0
Anemonen (Windröschen)	5,5–6,5
Bellis (Maßliebchen)	6,0–7,0
Calendula (Ringelblume)	6,0–7,5
Campanula (Glockenblume)	6,0–7,0
Chrysanthemum (Chrysanthemen)	6,0–7,5
Dahlia (Dahlie)	6,0–7,0
Dianthus (Nelke)	6,0–7,5
Digitalis purpurea (Roter Fingerhut)	6,0–7,5
Gladiolus (Gladiole)	6,0–7,0
Helianthus (Sonnenblume)	6,0–7,5
Hepatica (Leberblümchen)	6,0–7,0
Iberis (Schleifenblume)	6,0–7,0
Iris germanica (Schwertlilie)	6,5–7,5
Lathyrus (Edelwicke)	6,0–7,5
Lobelia (Lobelie/Männertreu)	6,0–7,5
Lupinus (Lupine)	5,0–6,0
Lychnis (Lichtnelke)	5,5–7,0
Matthiola (Levkoje)	6,0–7,5
Muscari (Traubenhyazinthe)	6,0–7,5
Myosotis (Vergißmeinnicht)	6,0–8,0
Narzissus (Osterglocke)	5,5–6,5
Paeonia (Pfingstrose)	6,0–7,5
Papaver (Mohn)	6,0–7,5
Pelargonium (Geranie)	5,0–7,0
Petunia (Petunie)	6,0–8,0
Phlox paniculata (Staudenphlox/hoch)	6,0–8,0

Primula angustifolia (Primel)	5,0–6,5
Primula auricula (Primel)	6,0–7,5
Ranunculus (Butterblume)	6,0–8,0
Reseda	5,0–8,0
Rosa (Rose)	6,0–7,0
Scilla (Meerzwiebel)	6,0–8,0
Tagetes (Studentenblume)	5,5–6,5
Trollius europäum (Trollblume)	5,5–7,0
Tropaeolum (Kapuzinerkresse)	5,5–7,5
Tulipa (Tulpe)	6,0–7,0
Viola (Stiefmütterchen)	5,5–6,5
Zinnia (Zinnie)	6,0–7,5

Pflanzenschutz im Kleingarten

Pflanzenschutz heißt, wie der Name schon sagt, die Pflanzen vor Krankheiten und Schädlingen, aber auch vor Wildschäden oder überwachsendem Unkraut zu schützen.
Bei chemischen Pflanzenschutzmitteln werden mehrere Gruppen unterschieden:

1. **Fungizide**
   Das sind chemische Bekämpfungsmittel (Schwefel-, Kupfer-, Quecksilberpräparate, auch Stoffe auf organischer Basis) gegen Pilzerkrankungen bzw. Schadpilze.

2. **Insektizide**
   Chemikalien (Blausäure-, Arsen-, Kohlenwasserstoffverbindungen u. a.) zur Bekämpfung schädlicher Insekten als Fraß-, Atem- oder Kontaktgifte wirksam.
   Hierzu kann man noch die Akarizide zählen; das sind Mittel gegen schädliche Milbenarten.

3. **Herbizide**
   Diese Mittel werden gegen Unkräuter eingesetzt, hauptsächlich in der Landwirtschaft. Im Kleingarten verwendet man diese Mittel nur, um Wege und Plätze unkrautfrei zu halten.

Neben diesen vorgenannten Gruppen gibt es noch eine Anzahl weiterer Mittel.

Nematizide – gegen Nematoden
Molluskizide – gegen Schnecken
Rodentizide – gegen Nagetiere

Doch sollte man sich von der Vielzahl der Mittel nicht irritieren lassen. Die Giftapotheke sollte nur die Mittel enthalten, die man tatsächlich benötigt. Es gibt Mittel, die eine kurze Wartezeit (auf den Gebrauchsanweisungen in Tagen angegeben) haben und in entsprechenden Kleinpackungen (portionsgerecht) angeboten werden. Das ist für den Kleinverbraucher schon ein wesentlicher Faktor. Man kann bestimmte Pflanzenschutzmittel nicht über viele Jahre hinaus aufbewahren. Pulverisierte Mittel nehmen Feuchtigkeit an, Etiketten und Anwendungsvorschriften werden unleserlich, so daß die Mittel letzten Endes nicht mehr der Vorschrift entsprechend angewendet werden können.
Nachfolgend ein paar Mittel, die man im Kleingarten bei Obst, Gemüse und Zierpflanzen anwenden kann.

Fungizide gegen pilzliche Krankheiten

Bayleton 100: Spritzmittel gegen pilzliche Krankheiten; Rosen (Echter Mehltau, Sternrußtau, Rosenrost); dieses Mittel hinterläßt keine Spuren nach dem Spritzen.
Euparen: Spritzmittel gegen pilzliche Krankheiten; Erdbeeren (Grauschimmel, Lederfäule), Rosen (Echter Mehltau), Gemüse (Grauschimmel an Tomaten).
Saprol: Spritzmittel gegen pilzliche Krankheiten; Beerenobst (Stachelbeermehltau), Rosen (Echter Mehltau, Rosenrost, Sternrußtau).

Insektizide gegen alle beißenden und saugenden Schadinsekten

Folidolöl: Austriebsspritzmittel gegen überwinternde Schadinsekten; Obstbau, Beerenobst, Koniferen, Ziergehölze, Erdbeeren (Erdbeermilben).
Metasystox R: Spritz- und Gießmittel gegen saugende und beißende Insekten; für Zier- und Nutzpflanzen (z. B. gegen Blattflöhe, Rote Spinne, Blattläuse).

Spruzit flüssig: ungiftiges Spritzmittel gegen beißende und saugende Insekten.

Spruzit Staub: Stäubemittel gegen Schadinsekten (Kartoffelkäfer, Erdflöhe usw.).

Unden: Spritzmittel gegen alle Arten von Blattläusen und Schadinsekten (Gemüse-, Obst-, Zierpflanzenbau).

Die Anwendungsbreite der vorgenannten Mittel ist oft noch umfangreicher als hier angegeben.

Herbizide zur Unkraut-, Ungräser- und Moosbekämpfung

Kerb 50: Gieß- und Spritzmittel zur Bekämpfung gegen Quecken und Unkräuter, das bereits in den Wintermonaten angewendet werden kann.

Unkraut Ex: total wirkendes Unkrautbekämpfungsmittel für Wege und Plätze.

Vorox Plus: Gieß- und Spritzmittel zur totalen Unkrautbekämpfung für Wege und Plätze.

Schutzmittel gegen Wildverbiß

100prozentige Mittel gegen Wildverbiß gibt es nicht, hier kann man nur vorbeugend wirken.

Arbin: Wildverwitterungsmittel, Lappen mit Mittel tränken und an Stecken befestigen, diese in Abständen von 5 Metern in die Erde stecken.

Arikal 67: Wildverbißschutzmittel zum Schutz vor Wildschäden an Gemüse und Zierpflanzen während der Vegetation (Kaninchen, Hasen).

Nach den Verordnungen der Länder über den Handel mit Giften wurden neue Gefahrensymbole geschaffen. Diese müssen auf allen Packungen und Umhüllungen an auffallender Stelle mit dem Kennbuchstaben angegeben sein.

Pflanzenschutzmittel mit dem Kennbuchstaben -T- dürfen nur gegen Giftempfangsschein in Verbindung mit der Eintragung in ein „Giftbuch“ abgegeben werden.

Gefahrensymbole für Gifte (Pflanzenschutzmittel).

Ansetzen der Spritzbrühe

Wenn man Spritzbrühe ansetzt, muß man folgendes beachten:
Zunächst gibt man die erforderliche Spritzpulvermenge in ein Gefäß und fügt etwas Wasser hinzu, dann rührt man das Ganze gut um, bis eventuelle Klümpchen aufgelöst sind. Flüssige Pflanzenschutzmittel rührt man genauso an.
Danach wird die erforderliche Menge Wasser abgemessen (im Kleingarten genügen in der Regel 5 oder 10 l Spritzbrühe), und man führt das aufgelöste Spritzmittel unter ständigem Umrühren der Wassermenge zu. Dann füllt man die Spritzbrühe in den Spritzbehälter – dieser sollte ein Sieb in der Öffnung haben – um eventuell unaufgelöste oder fremde Teile festzuhalten. Man muß sich aber genau an die angegebene Dosierung halten und nicht meinen, ein wenig mehr kann nicht schaden. Man hat dann die Gewißheit, daß man sich an die angegebenen Wartezeiten halten kann und später keine gefährlichen Rückstände im Erntegut vorhanden sind.
Die Konzentration der Pflanzenschutzmittel zur Anwendung ist in der Regel auf den Packungen in Prozenten angegeben:

1,0%	–	100 g (cm^3) auf 10 l Wasser
0,5%	–	50 g (cm^3) auf 10 l Wasser
0,1%	–	10 g (cm^3) auf 10 l Wasser
0,01%	–	1 g (cm^3) auf 10 l Wasser

Man sollte sich eine kleine Waage speziell für den Pflanzenschutz zulegen. Der Handel bietet einfache Waagen mit Meßbecher und dergleichen an, das ist eine einmalige Ausgabe und gehört beim Umgang mit Pflanzenschutzmitteln einfach dazu.
Daß man beim Ansetzen des Spritzmittels nicht essen, trinken und rauchen darf, ist wohl selbstverständlich.

Ausbringung

Das Ausbringen von Pflanzenschutzmitteln im Garten kann durch Flüssigkeitsanwendung oder durch Anwendung in fester Form erfolgen. Durch Spritzen oder Sprühen kann man das Mittel gut verteilen; so gelangt es auch an unzugängliche Stellen.
Vom Spritzen spricht man, wenn die Tropfengröße etwa 0,15 mm Durchmesser hat, liegt der Durchmesser darunter (etwa 0,05–0,15 mm) dann spricht man vom Sprühen.
Das Ausbringen der Mittel in fester Form geschieht im Kleingarten durch Bestäuben. Stäubemittel sind zwar gebrauchsfertig in Stäubedosen erhältlich, doch die Anwendung bzw. die Verteilung ist nicht so gut wie bei Flüssiganwendung; hinzu kommt, daß die Haftbarkeit an den Pflanzen zu wünschen übrig läßt.
Neben den Stäubemitteln gibt es noch Streugranulate. Diese streut man aus der Dose unmittelbar um die Pflanze oder ins Pflanzloch.
Bei der Ausbringung durch Spritzung ist es wohl selbstverständlich, daß man nur einwandfrei funktionierende Spritzgeräte benutzt. Schutzkleidung, Handschuhe, Gesichtsmaske sind besonders bei der Spritzung von Gehölzen notwendig, da hierbei das Spritzmittel meistens ziemlich hoch ausgebracht werden muß. Auch muß auf das Wetter Rücksicht genommen werden. Bei Frost, Regen, starkem Wind unterläßt man selbstverständlich eine Spritzung.
Verstopfte Düsen dürfen niemals mit dem Mund ausgeblasen werden!
Nach der Spritzung wird das Spritzgerät richtig gesäubert. Auch sollte man es sich zur Selbstverständlichkeit machen, ein Spritztagebuch zu führen. Am besten nimmt man einen Kalender,

Spritzung mit einer Hydronette (hier nur angedeutet, deshalb ohne Schutzkleidung und Handschuhe).

in dem man alle Pflanzenschutzmaßnahmen einträgt. Zum Beispiel: Datum; Pflanzenschutzmittel; Menge/Konzentration; Kultur.
Man kann dann immer nachschlagen, z. B. vor einer eventuellen Ernte, ob die Wartezeit abgelaufen ist. Ein Spritztagebuch läßt auch in den kommenden Jahren immer wieder Vergleiche ziehen über besonders starkes Auftreten von Schädlingen und Krankheiten.
Pflanzenschutzmittel müssen immer getrennt von Lebens- und Futtermitteln, möglichst unter Verschluß in einem Schränkchen, aufbewahrt werden.
Pflanzenschutz im Kleingarten ist immer problematisch. Durch das Nebeneinander verschiedener Kulturen ist es oft nicht möglich, chemische Mittel zu verwenden.
Neben den chemischen gibt es den biologischen Pflanzenschutz. In der Land- und Forstwirtschaft sowie im Erwerbsgartenbau gibt es zur Zeit keine wirkungsvolle Alternative zur Chemie im Pflanzenschutz.
Pflanzenschutz ohne Chemie und ohne biologische Mittel läßt sich aber nirgends besser durchführen als im Kleingarten. Man hat hier einen genauen Überblick über jeden Baum, Strauch, ja sogar über jede Pflanze. Man kann eine Reihe von Maßnahmen

ohne großen Aufwand durchführen und ohne gleich zu irgendwelchen Mitteln zu greifen:

1. Untersuchung des Bodens auf den richtigen pH-Wert (Kalkbedarf); übersäuerte Böden bringen Mangelerscheinungen an den Pflanzen mit sich, ein gesundes Wachstum ist nicht gegeben, die Pflanzen werden anfällig gegen Krankheiten.
2. Wahl und Pflanzung resistenter Sorten.
3. Den richtigen Pflanzort, die richtige Lage (Sonnenlage, Schattenlage) wählen.
4. Den richtigen Abstand beim Pflanzen wählen, zu enges Pflanzen begünstigt das Auftreten von Krankheiten.
5. Die richtige Versorgung des Bodens mit organischer Substanz (Kompost, Stallmist, Knochenmehl, Hornmehl). Richtige Düngung, einseitige Stickstoffgaben schwächen den Widerstand der Pflanzen.
6. Bodenbearbeitung; Bodenlockerung, mulchen, wässern.
7. Mischkulturen pflanzen; neben gesundem Wachstum läßt sich auch der Schädlingsbefall mindern (Karotten/Zwiebeln – Möhrenfliege/Zwiebelfliege).
8. Manuelles Ablesen von Schädlingen (Raupen, Schnecken).
9. Entfernen (Abschneiden) von stark befallenen Trieben, Blättern, Früchten (z. B. durch Monilia, Mehltau).

Neben den chemischen Pflanzenschutzmitteln gibt es eine Reihe von nichtchemischen Mitteln, die sogenannten biologischen Pflanzenpflegemittel. Diese können als Alternative angesehen werden, wenn sie auch vielleicht nicht so durchschlagend sind. Sie sind inzwischen überall im Handel zu beziehen. Der Ursprung dieser Wirksubstanzen ist meistens pflanzlicher Herkunft. Die Wirkung zielt in erster Linie auf die Stärkung und Abwehrkraft der Pflanzen.

Man sollte sich aber nicht scheuen und ängstigen, chemische Pflanzenschutzmittel anzuwenden, wenn es um die Gesundung unserer Kulturpflanzen geht und andere Mittel versagt haben. Bei genauer Beachtung der Anwendungsvorschriften, Dosierung, Wartezeiten, Bienengefährlichkeit, vorsichtigem und gezieltem Ausbringen, wenn also keine Nachteile für Mensch und Tier oder Umwelt entstehen, kann man chemische Pflanzenschutzmittel getrost anwenden.

Wichtige Helfer in der Schädlingsbekämpfung

Marienkäfer

In den USA hat sich sogar das Landwirtschaftsministerium mit dem Marienkäfer befaßt und die Nützlichkeit dieses „Räubers" bestätigt. Es gibt mehrere Arten dieses nützlichen Käfers mit rotbraunen, gelben und schwarzen Flügeldecken. Am häufigsten kommt bei uns der Siebenpunktkäfer vor. Dieser Käfer und seine Larven ernähren sich von Blattläusen. Deshalb sollte man diesen wichtigen Helfer hegen und vielleicht auf eine Spritzung verzichten, wenn er gerade am Werk ist. Durch die Spritzung töten wir nicht nur die Blattläuse, sondern auch den niedlichen Käfer und seine Larven.

Spinnen

Auch Spinnen sind nützliche Helfer. Viele Arten fertigen Fangnetze an, die oft sehr kunstvoll sind (Kreisnetze), um darin Insekten zu fangen. Das ist z. B.

bei den Flugzeiten des Apfel- und Pflaumenwicklers interessant. Man sollte deshalb Spinnennetze nicht zerstören oder entfernen, wenn sie nicht gerade im Wege sind.
Als weiterer Blattlausjäger gelten die Florfliege bzw. ihre Larve sowie die Schwebefliege, die die Blattläuse aussaugt.
Nicht zuletzt seien die Meisenarten erwähnt. Diese Insektenjäger haben einen ungemein hohen Wert als Schädlingsvertilger.
Hinzu kommen noch der Igel und die Kröte, die auf ihren nächtlichen Beutezügen als Schädlingsvertilger sehr wertvoll sind. Auch die kleine Spitzmaus verzehrt einen Teil schädlicher Insekten, doch leider wird sie häufig aus Unwissenheit gefangen und getötet.

Regenwürmer

Die drei bei uns hauptsächlich vorkommenden Regenwurmarten sind: Gemeiner Regenwurm, Mistwurm und Laubwurm.
Im Sommer, besonders nach feuchten Nächten, werden häufig kleine Erdhäufchen sichtbar, die sich auf Rasen, Beetwegen usw. gebildet haben. Hierbei handelt es sich um den Auswurf des Regenwurms. Dieser Auswurf ist sehr wertvoller Humus. So hat man festgestellt, daß er fünfmal mehr Stickstoff, siebenmal mehr Phosphat und elfmal mehr Kali enthält als gewöhnliche Erde. Daraus läßt sich ersehen, wie wertvoll dieser lebende Humusproduzent ist.
Würmer sind in keiner Weise schädigend; sie fressen weder Wurzeln noch Pflanzen ab, sondern sie ernähren sich von verwesenden Stoffen (Laub, Grasmahd, faulende Pflanzenteile) mit Erde vermischt. Der Wurm frißt täglich soviel wie er schwer ist; er hat keine Augen, aber Gefühlsnerven.
Der Mistwurm, auch Gelbwurm genannt, ist, wie der Name schon sagt, in Mist- und Komposthaufen zu Hause. Man erkennt ihn auch an den gelben und roten Streifen. Er wird gerne zum Angeln verwendet.
Der Laubwurm oder Rotwurm, wie er auch genannt wird, lebt da, wo verwesendes Laub zu finden ist. Aber nicht nur unter diesem Laub hält er sich auf, sondern auch unter verfaultem Holz, in das er oft hineinkriecht. Auch unter Brettern, die längere Zeit liegen und unter Steinen findet man ihn.

Gartengeräte

Der Kleingärtner sollte sich bewußt sein, daß er gute Arbeit auch nur mit guten Werkzeugen und Geräten leisten kann. Er sollte sich davor hüten, zu denken, das Billigste ist gerade gut genug für einen Garten.
Gute Geräte kauft man in der Regel nur einmal, schlechte Geräte dagegen halten nicht lange, und schon nach wenigen Jahren sieht man sich gezwungen, wieder neue anzuschaffen.

Spaten
Der Spaten ist wohl das wichtigste Arbeitsgerät des Kleingärtners. Man sollte beim Kauf darauf achten, daß er nicht zu schwer ist und ein leicht gewölbtes, aus einem Stück hergestelltes Blatt hat. Der sogenannte Gärtnerspaten besitzt einen Stiel mit T-Griff, der aus Eschenholz sein sollte. Eschenholz ist elastisch und nicht zu schwer.
Bevor man einen Spaten kauft, sollte man ihn ruhig erst einmal in die Hand nehmen und mit ihm ein paar Grabbe-

Gartengeräte von links nach rechts: Spaten, Grabegabel, Kreil, Doppelhacke.

wegungen machen; man merkt dann schon, ob er einem gut in der Hand liegt. Der Stiel sollte eine Länge von etwa 85 cm haben.
Es gibt auch einen sogenannten „Damenspaten" im Handel; dieses etwas leichtere Modell (kleineres Blatt) ist, wie der Name schon sagt, für Frauen und ältere Leute geeignet. Aber auch hier muß man auf Qualität achten.

Grabegabel
Die Grabegabel hat 4 flache, fast gerade Zinken. Auch hier gibt es schwere und leichte Ausführungen. Der Stiel sollte ebenfalls 85 cm lang und aus Esche sein.
Man verwendet die Grabegabel zum Graben von schweren Böden. Gerade bei diesen Böden hat sie dem Spaten etwas voraus. Man braucht weniger Kraft zum Einstechen, außerdem bleibt das Erdreich lockerer. Aber nicht nur zum Graben benötigt man die Grabegabel. Zum Herausnehmen von Zwiebel- und Knollengewächsen (z. B. Dahlien) oder Stauden, gibt es kein besseres Gerät als die Grabegabel.

Die Grabegabel zählt zu den wichtigsten Gartengeräten, sie ist nicht nur zum Graben, sondern auch bestens zum Ernten von Wurzelgemüse geeignet.

Kreil
Der Kreil, Karst, Dunghacke oder Vierzink, wie er auch genannt wird, ist ein sehr wichtiges Gerät für die Bearbeitung des Bodens. Er besteht aus 4 giebelförmig gebogenen Zinken. Der Stiel ist etwas länger als beim Spaten oder der Grabegabel, etwa 135 cm lang.
Zum Vorbereiten des Bodens zur Aussaat oder Bepflanzung, besonders bei schweren Böden, kann man auf den Kreil nicht verzichten. Aber auch zum Auflockern (Durchziehen) der Beete läßt er sich gut verwenden.

Eisenrechen
Der Eisenrechen dient in der Hauptsache zur Fertigstellung des Saat- oder Pflanzbeetes, nachdem es mit dem Kreil vorbereitet wurde. Eisenrechen gibt es in verschiedenen Breiten, 10, 12, 14 oder 16 Zinken. Die Länge des Stiels sollte sich nach der Körpergröße richten. Kleine Menschen kommen mit einer Länge von 130 cm aus, größere benötigen schon eine Stiellänge von 150 cm.

Garten- oder Düngegabel
Die Gartengabel sollte leicht sein und 4 dünne, leicht gebogene Stahlzinken haben. Der Stiel sollte eine Länge von etwa 135 cm haben und ebenfalls aus Eschenholz sein.
Die Gabel kann man zum Zusammentragen von Gras, Unkraut usw. gut verwenden. Als Mistgabel findet sie beim herbstlichen Umgraben zur Aufbringung des Stalldungs Verwendung, sofern man Dung zur Verfügung hat.

Hacken
Das Sortiment der Hacken ist ziemlich groß. Der Anfänger ist oft etwas ratlos, für welche Hacke er sich entscheiden soll. In der Regel genügen 2 Hacken. Eine Doppelhacke, die auf der einen Seite ein gerades Blatt, auf der anderen 2 oder 3 Zinken besitzt, und eine sogenannte Rüben- oder Unkrauthakke. Diese Hacke, die scharf sein soll, gibt es in verschiedenen Breiten; eine mittlere Breite von 15/16 cm sollte genügen. Aber auch hier gilt: keine Billigware!

Handspaten/Pflanzspaten/ Pflanzkelle
Der Handspaten oder die Pflanzkelle findet Verwendung beim Auspflanzen, insbesondere dann, wenn man wegen der Größe der Pflanzen kein Pflanzholz verwenden kann, nämlich bei allen Pflanzen die größere Ballen haben. Das übliche Lochgraben mit der Hand entfällt bei Verwendung dieses kleinen, sehr nützlichen Geräts.

Kultivator
Der Kultivator wird besonders nach dem Regen angewendet zur Lockerung des Bodens, wenn dieser durch nachfolgenden Sonnenschein zu verkrusten droht. Es gibt verschiedene Arten mit 1–5 Zinken oder kleinen Scharen sowie verstellbare und starre Geräte. Der Kultivator wird ziehend verwendet.

Gartenwiesel
Dieses Gerät wird zwar sehr viel angepriesen, doch ist es nicht für jeden Boden verwendbar. Bei schweren Böden läßt es zu wünschen übrig, da kann man oft mit anderen Geräten viel mehr ausrichten.
Das Gartenwiesel wird sowohl zum Lockern des Bodens als auch zum Unkrautvernichten verwendet. Es besitzt 48 Scherzinken. Diese laufen beim Abrollen kreuzweise ineinander und zerkleinern somit den Boden, gleichzeitig wird das Unkraut mit herausgedreht.

Pflanzleine
Eine Pflanzleine besteht aus 2 Steckhölzern und einer Schnur von 10, 20 oder 30 m Länge. Man benötigt sie zum Abstecken von Beeten und, wie der Name schon sagt, selbstverständlich zum Pflanzen. Aber ebenso zieht man die Saatrillen danach oder steckt mit ihrer Hilfe Zwiebeln.
Der Handel bietet auch Pflanzleinen an, die man mit einer Kurbel auf eine Spule aufwickeln kann und die sich dann bei Gebrauch selbsttätig abwikkelt. Aber die einfache Pflanzleine kostet nur halb soviel und läßt sich mit ein bißchen Geschick gut und schnell kreuzweise aufwickeln.
Ein Kleingärtner, der keine Pflanzschnur besitzt, sollte sich nicht Kleingärtner nennen.

Diese aufgeführten Werkzeuge und Pflanzhilfen sollten die Grundausrüstung für jeden Klein- oder Hobbygärtner sein. Natürlich gibt es noch eine ganze Reihe von Gartengeräten und Werkzeugen, die man für spezielle Arbeiten benötigt und ohne die man wahrscheinlich oft nicht auskommen wird.

Hat man Obstbäume und Ziersträucher im Garten, benötigt man allerhand Geräte zur Pflege.

Baumsäge
Gut bewährt haben sich Bügelsägen mit drehbarem Sägeblatt.

Baumschere (Gartenschere)
Diese Schere benötigt man zum Entfernen von kleinen Zweigen, dünneren Ästen usw.; es sind ein- und zweischneidige Scheren im Handel. Zweischneidige sind vorzuziehen; einschneidige verursachen mitunter Quetschungen bei den Gehölzen.

Raupenschere
Diese Schere besitzt Gußstahlmesser und ist für Äste bis zu 30 mm Stärke gedacht. Besonders im Obstbaumschnitt (Hochstämme) leistet sie gute Dienste.

Für die Rasenpflege werden benötigt:
Rasenmäher
Je nach Größe des Rasenstücks Handmäher, Elektro- oder Motormäher. Für eine kleine Fläche bis zu 30 m^2 kommt man mit einem Handmäher aus.

Rasenschere
Sie wird für Rasenkanten und für den Rasenmäher nicht erreichbare Stellen verwendet. Die Griffe sind übereinander angeordnet; durch mehrfache Übersetzung hat man leichtes Schneiden. Auch Akku-Rasenscheren sind im Handel, doch sind diese nicht immer gut in der Schnittleistung.

Schneiderechen (Vertikutierrechen)
Dieser Rechen wird zum Entlüften und Entmoosen des Rasens verwendet. Die Messer sind meistens doppelschneidig.

Rasenrechen
Sofern man nicht einen Rasenmäher mit Auffangkorb besitzt, ist ein Rasenrechen erforderlich. Er wird zum Zusammenrechen der Mahd benötigt; es gibt Breiten von 60–80 cm.

Weitere kleine und große nützliche Geräte, die dem Gartenfreund das Arbeiten erleichtern:

Kleinhäckchen
Ein Kleinhäckchen mit 2 oder 3 Zinken benötigt man für Arbeiten im Frühbeet, Saat- oder Pikierbeet, aber auch für den Friedhof.

Unkrautstecher
Dieses Gerät ist meistens ganz aus Metall mit hohler Schneide.

Gartenmesser
Da wäre als erstes die Gartenhippe (gekrümmtes Messer) zu nennen. Sie findet im Garten vielerlei Verwendung, so z. B. für das Nachschneiden von Sägewunden beim Obstbaumschnitt. Das Okulier- oder Kopuliermesser, für Gartenfreunde die solche Arbeiten vornehmen unbedingt erforderlich.

Blumenschere
Die Blumenschere ist in erster Linie zum Blumenschnitt gedacht, aber auch zum Abschneiden der Fruchtstände.

Gartenspritze
Für den Pflanzenschutz benötigt man ein Gerät, um Spritzmittel auszubringen. Hier ist das Angebot recht groß und für den Gartenliebhaber oft etwas undurchschaubar. Man kommt in der Regel mit einer Hydronette recht gut aus. Sie besteht aus einer Kolbenspritze aus Messing, einem 1,5 m langen Schlauch sowie einem 5-l-Umhängebehälter aus Kunststoff. Durch die doppelseitige Wirkung (man betätigt sie ähnlich wie eine einfache Fahrradluftpumpe) erzielt man ein gleichmäßiges Ausbringen des Spritzmittels. Hinzu kommt, daß man durch langes oder kurzes Ausfahren des Kolbens die Spritzweite sehr gut regulieren kann, zumal man im kleineren Garten oft auf engstem Raum, d. h. ohne andere Kulturen mitzuspritzen, Pflanzenschutzmaßnahmen durchführen muß.

Gießkanne
Für die Gartenpflege benötigt man noch einen sehr wichtigen Behälter, ohne den man als Klein- und Hobbygärtner nicht auskommt, nämlich die Gießkanne. Meist oval, aber auch rund aus Zink oder Kunststoff, gehört sie unbedingt in jeden Garten. 8- oder 10-Liter-Kannen sind als die richtige Größe anzusehen. Sie besitzen eine Aufsteckbrause, die entweder eine Flachform oder Rundform hat.
Die Gießkanne dient, wie ihr Name schon sagt, in erster Linie zum Gießen. Sie dient aber ebenso zum Düngen bei der Kopfdüngergabe sowie zur Unkrautbekämpfung, wenn man Unkrautvertilgungsmittel damit ausbringt (anschließend gründlich ausspülen). Über Winter bewahrt man sie an einem trockenen Ort auf.

Gartenhandschuhe
Bei der Gartenpflege sollte man aber auch an die Hände denken. Gartenhandschuhe sind deshalb für manche Arbeiten unerläßlich. Es gibt sie aus festem Baumwollgewebe mit Lederflächen. Auch für Gartenarbeiten im Winter kommt man ohne sie nicht aus.

Gartenkarre (Schubkarre)
Auch als Klein- oder Hobbygärtner sollte man sich den Luxus einer Garten- oder Schubkarre leisten. Zu empfehlen ist eine luftbereifte, mit nahtlos gezogener Mulde hergestellte Karre, die leicht und wendig sein sollte. Es muß ja nicht unbedingt gleich eine Schubkarre sein, die auch für den Bau geeignet ist. Ein Fassungsvermögen von 70–75 Liter ist groß genug.

Register